本书在研究过程中得到国家社会科学基金重点课题"社会体制改革的总体目标、整体规划和配套设计研究"的支持,项目批准号13AZD017。

Developmental
Law of Society

社会的逻辑

丁元竹 /著

图书在版编目(CIP)数据

社会的逻辑/丁元竹著. —北京:北京大学出版社,2017.3
ISBN 978-7-301-26916-9

Ⅰ. ①社… Ⅱ. ①丁… Ⅲ. ①社会发展—研究 Ⅳ. ①K02

中国版本图书馆 CIP 数据核字(2016)第 029643 号

书　　　名	社会的逻辑 SHEHUI DE LUOJI
著作责任者	丁元竹　著
责 任 编 辑	陈相宜
标 准 书 号	ISBN 978-7-301-26916-9
出 版 发 行	北京大学出版社
地　　　址	北京市海淀区成府路 205 号　100871
网　　　址	http://www.pup.cn
电 子 信 箱	ss@pup.pku.edu.cn
新 浪 微 博	@北京大学出版社
电　　　话	邮购部 62752015　发行部 62750672　编辑部 62765016
印 　刷 　者	北京溢漾印刷有限公司
经 销 者	新华书店
	965 毫米×1300 毫米　16 开本　20 印张　308 千字 2017 年 3 月第 1 版　2017 年 3 月第 1 次印刷
定　　　价	52.00 元

未经许可,不得以任何方式复制或抄袭本书之部分或全部内容。
版权所有,侵权必究
举报电话: 010-62752024　电子信箱: fd@pup.pku.edu.cn
图书如有印装质量问题,请与出版部联系,电话: 010-62756370

关注人与重视人心(代序)

一、社会治理"治什么"和"怎么治"

为什么我们这个社会需要治理,而不仅仅是管理?目前学界似乎更多从治理主体多元化这一角度来对这个问题作解读,从过去单一的政府管理走向多元主体的参与,的确是一大进步,确实有其道理。但是仔细观察我们的现实生活,问题似乎要复杂许多,需要从多个角度来理解。

最近到某省出差,寄宿该省一大学宾馆。下了飞机,大约半个小时的车程就到了学校的大门。进入大门,似乎进入一座城市,先是一段快速行驶,接着绕道一大花盘,又是一段疾速行驶,车子在校园内奔驰,大约一刻钟的时间才到了学校宾馆,一路上我为校园之大而感叹。负责接待的学校同仁说,整个校园占地4000多亩。类似的学校在全国不少,前几年去过另外一个省的大学,据说占地6000多亩。

我出于好奇,也是为了锻炼,第二天早上五点早早起床,快步把整个校园转了一遍,足足走了一个小时五十分钟,其中,小湖就有三个之多,可见校园之大。不过在走过的路上,看到的建筑并不让人感到惬意,许多建筑上的贴面砖已经脱落,湖水有些脏,流入湖里的是污水。还有，校园有专门供学生吃饭的地方，类似城市中的小吃街，但是，大清早起来，遍地一次性饭盒和卫生纸，着实有点惨不忍睹。

边走边看，边看边想。如果这个校园建设一开始就从百年大计出发，慢慢建设，坚持高标准，可能就会是一个可以流芳千古的校园，就像十几年前看到的哈佛大学校园以及美国其他拥有百年历史的学校。记得，十几年前，我到美国匹茨堡大学做访问学者，在我办公的大楼边上正在建设一座建筑，一座四层高的楼房足足建设了几年，看似有磨洋工之嫌，但是，我相信这座建筑可以基业常青，百年不老。眼下，这所学校的建筑在某种程度上代表了我们的一些建设项目和工程。三十多年来，我们的发展速度确实很快，但是，留下了许多本不该发生的问题和矛盾，如收入差距、环境污染、食品安全、公共安全等。要进一步发展，这些问题不仅仅是要管理，而是要治理，要首先把发展中形成的问题处理好，才能轻装前进。我们要从根本上治理，所以，治理在现代意义上，不仅仅是主体多元的问题，还是如何面对过去遗留下来的、影响进一步发展的问题和因素。

"治"在中国文化中从来就是一个包含了丰富内容的字，大禹治水，不是"堵"，而是"疏"，讲的就是因势利导。

治理除了要解决好历史遗留问题，还要坚持以"疏"代"堵"。也就是要遵循客观规律，不能盲目乱干，否则一定会出问题。党的十八届三中全会提出的推进国家治理体系和治理能力现代化不是一时心血来潮，也不仅仅是借鉴其他国家的经验，而是深深扎根于中国的实际，对中国现代化进程中遇到的种种矛盾和问题，彻底下决心，要从根本上、源头上加以治理。

就目前来说，社会治理至少包含三个方面的含义：一是要从单一的政府治理走向政府、社会组织、企业和个人的共治共享的多元治理；二是针对改革开放三十多年来发展中出现的矛盾和问题，综合施策，加以解决，为进一步发展扫清障碍；三是遵循发展规律，顺应发展趋势，因势利导，以最小的成本取得最大的成效。

二、因势利导必须坚持人是社会的中心

记得 20 世纪 90 年代初期，我随社会学家费孝通教授出差，走到山东，他去了曲阜。那天，他参观了孔林、孔庙和孔府。在从曲阜回济南的路上，他说，孔子的伟大就在于他看到了人与人之间的关系、心与心之间的关系。在建成小康社会之后，中国恐怕会遇到心与心之间的关系问题，心与心之间的关系处理不好，可能会引发深刻的社会矛盾和社会冲突。要了解人与人之间的关系、心与心之间的关系，必须认识人自身。认识人自身又谈何容易，人类认识自己有几千年的历史了。

中国传统文化所具有的人本主义思想是通过其主流文化中的直接阐释和间接倾向等渠道表现出来的。虽然以儒家思想为主流的中国传统文化并没有明确提出过"以人为本"的口号和"人本主义"哲学原则，但是儒家一向把人道作为理论阐述的中心，其基本观点是仁义道德为人类行为的准则。孙中山曾说："中国有一段最有系统的政治哲学……就是《大学》中所说的'格物、致知、诚意、正心、修身、齐家、治国、平天下'那一段的话。把一个人从内发扬到外，由一个人的内部做起，推到平天下止。像这样精微开展的理论，无论外国什么政治哲学家都没有见到，都没有说出，这就是我们政治哲学的知识中独有的宝贝，是应该要保存的。"①在他一生的革命实践中，孙中山一再要求革命党人在国家的建设中多关注人的建设，认为只有造出新的国民，国家才能有稳固的根基，新的国家才能有大的发展。

儒家思想中的"仁"主要包含三个方面的内容。一是作为政治学的"仁政"，强调"民贵君轻""民为邦本"，强调的是统治者如何对待被统治者才能巩固和维护统治地位。这与其称为"以人为本"，不如称为"以民为本"。当然，这种"民本"思想的前提是"民可使由之，不可使知之"，其局限性显而易见。二是作为社会伦理学的"仁爱"，即"仁者爱人"，"己所不欲，勿施于人"，倡导"杀身成仁，舍身取义"。这种思想曾经为无数"仁人志士"提供了精神

---

① 孙中山：《三民主义》（一九二四年一月至八月），载《孙中山全集》第九卷，中华书局 1986 年版，第 247 页。

支柱,并作为社会的道德规范,发挥了积极意义。但"仁"的政治内涵是维护"仁君"的"仁政",其阶级局限性也是显而易见的,常常成为封建统治者要求臣民尽愚忠的根据和封建礼教摧残人、束缚人的绳索。三是作为哲学认识论和主体论,强调自我修养,"修身齐家治国平天下",宣扬"人定胜天""天人合一"等思想,既包含某些朴素唯物主义的成分,也包含某些唯心主义先验论的成分。

西方社会"以人为本"的思想最早可以追溯到古希腊,当时智者学派的普罗塔哥拉提出"人是万物的尺度"的思想,强调任何事物的真假、是非都只是相对于人而言的,人在认识外在世界的过程中起着重要的作用,他注重个人,注重道德,这被后人称为"人道主义的启蒙"。中世纪前期罗马哲学思想中的人道主义,被看作是对希腊文化的继承和发展,而且,中世纪后期,神学思想中的人道主义也被解释为是引用希腊哲学思想,是从理论上论证这样一个思想,即人是神创造的,因而人性是高贵的。15、16世纪是西欧资本主义关系形成时期,古代希腊、罗马的文化在这一时期得到了"复兴",历史上称为"文艺复兴"时期。"文艺复兴"时期"人文主义"运动的主要精神就是注重人,主张"一切为了人",其矛头直接指向封建的宗教所宣扬的"一切为了神"的观念。这种以人为中心的"世俗"文化,把人们的眼光从虚幻的天国,拉回到现实的人间,提倡"人"或人道精神。他们认为,通过古典文学,人曾经拥有的却在中世纪丧失了的一种精神的"再生"得以实现,这就是维护了人对理性自主要求的自由精神,这种精神使人看到自己处在自然和历史之中。

最早兴起于意大利的人文主义运动,不久就扩展而遍及西欧各国。人文主义者为新兴资产阶级争取生存和发展的权利,反对神权统治,反对教皇和教会的绝对权威,他们在鞭挞神权、神性的同时,又以炽烈的热情歌颂"人"的力量的伟大,人性的崇高,要人们把目光从神转向人,追求人的独立地位,提出我自己是自己的目的,应该按照人类的自然本性享受人间的欢乐。作为德国古典哲学终结人的费尔巴哈在人道主义的理解和阐释上可作为西方人本主义的典型代表。他从人本主义出发,认为人是自然的产物,是肉体和精神的统一体。在费尔巴哈看来,人的本质必须从人的自然需要,即人的生理机能去考察,他完全从生物学角度看待人的本质,把人能够维持生命的一切本能需要的总和说成是人的本质,明确断言人的至高本质"就是人的一切本能需要和本质之总和"。费尔巴哈从他对人的这种学说中所引申出的结论,构成了一个完整的唯物主义观点,肯定人所属的物质的、感性的世界是唯一的客观实在。但是,费尔巴哈主要是把人看作一个自然的、生物学所研究的、感性的实体或对象,而不是看作社会的、历史的、实践活动的主体。他所说的那种自然的人尽管同唯心主义所说的作为精神实体的化身或表现的人根本不同,其实还是抽象的、一般的人。马克思和恩格斯不止一次地指出,抽象的、没有阶级内容的"一般的"人道主义、"一般的"人性、"一般的"个性自由是一种企图掩盖劳动者和剥削者地位之间的鸿沟的幻想。对于俄国人本主义的代表人物车尔尼雪夫斯基的人本主义思想,列宁在其《哲学笔记》中曾经有一段评论:"车尔尼雪夫斯基所用的术语——哲学中的'人本主义原则'——是狭隘的。无论是人本主义原则,还是自然主义,都只是关于唯物主义的不确切的、肤浅的表述。"①

马克思主义人道主义在西方乃至许多社会主义国家都有着非凡的影响力,是一种高级形式的人道主义,是彻底的科学世界观和实践的结合,这种人道主义的目的是:使一切民族和种族的劳动人民从阶级压迫和民族压迫中,从不平等中解放出来,通过建立共产主义社会的途径以确立人的真正自由和幸福,在这样的社会里个性将获得全面发展,社会将实现最公正的原则——"各尽所能,按需分配"。马克思主义是具体地和历史地来对人进行考察的,并把"人的本质"的特征表述为"人对自身的任何关系,只有通过人对他人的关系才得到实现和表现"②,因此,他对社会的人、对人的现实解放的条件以及人的发展前途的理解是唯一科学的。马克思主义与资产阶级人道主义的对立以及马克思主义的人道主义与资产阶级的人道主义的质的区别在整个科学共产主义理论中是表现得清清楚楚的。根据科学共产主义理论,同一个历史过程,在私有制统治的条件下,导致了肢解个性的那种社会分工的发展,必然会为共产主义社会的充分全面发展的人的出现建立起物

---

① 列宁:《哲学笔记》,人民出版社1993年版,第58页。
② 《马克思恩格斯选集》第1卷,人民出版社2012年版,第58页。

质的可能性。

三、始终把社会生活摆在社会建设的中心位置

再说一件事,我在南方出差,在去机场的路上,送我的司机说了一句话,让我吃惊,也引导我思考。他生活的城市空气质量是非常好的,名列全国前列,他说,宁肯经济发展慢一些,也希望能够保住当地的环境和生态,如果地方领导不顾生态环境,发展经济破坏了环境,他宁肯搬到内地的小城市居住。我在车上就想,我们的地方领导可能与老百姓的想法并不一致,前者更希望经济发展快一些,哪怕是牺牲环境生态。社会政策要从哪里出发?这可是个根本性的问题。

社会建设的核心是提升和改善人民的社会生活。人民生活的核心是心与心之间的沟通。毛泽东同志把"全心全意为人民服务"作为共产党人的根本宗旨,列在中国共产党三大作风之首位,就是关注民心向背。在经济发展问题上,毛泽东同志历来十分重视把安排好人民群众的生活放在首位。在谈到编制第三个五年计划时,提出"三五"时期的基本任务之一,是"大力发展农业,基本解决吃穿用"。毛泽东对"三五"计划的制定作了指示,其中,强调指出:"对老百姓不能搞得太紧。把老百姓搞翻了不成。这是个原则问题。总而言之,第一是老百姓,不要丧失民心;第二是打仗;第三是灾荒。计划要考虑这三个因素。"[①]邓小平多次强调,社会主义不仅要创造出比资本主义发达的生产力,而且要创造出资本主义所不能比拟的社会主义新人来。他说:"社会主义制度优越性的根本表现,就是能够允许社会生产力以旧社会所没有的速度迅速发展,使人民不断增长的物质文化生活需要能够逐步得到满足。……使人民的物质生活好一些,使人民的文化生活、精神面貌好一些。"[②]邓小平多次强调,发展生产力是社会主义本质的体现,也是实现共

[①] 董宝存、狄敏:《"备战、备荒、为人民"口号的问世与叫响》,《学习时报》2014年7月28日,第A12版。

[②] 邓小平:《高举毛泽东思想旗帜,坚持实事求是的原则》,载《邓小平文选》第二卷,人民出版社1994年版,第128页。

同富裕的基本途径。共同富裕则是社会主义生产力发展的方向和目的,是发展生产力和发展人的统一。共同富裕既是社会主义最核心的内容,也是社会主义阶段人的全面发展的主要标志。邓小平认为人民群众的利益在社会主义现代化建设时期集中体现在社会主义的现代化建设事业上。他把人民群众的利益具体化为"三个有利于",即"判断的标准,应该主要看是否有利于发展社会主义社会的生产力,是否有利于增强社会主义国家的综合国力,是否有利于提高人民的生活水平"[①]。在邓小平理论中,发展生产力、提高人民群众的生活水平和走共同富裕的道路是三个相互联系、不可分割的组成部分,发展生产力的目的是提高人民的生活水平。

新中国成立以来的十二个五年计划的原则随着国家政治经济形势的变化表现出明显的阶段性,其中也出现反复,尤其是头五个五年计划。改革开放后的七个五年计划体现了我党对社会主义时期经济和社会发展规律的认识逐渐成熟的过程。党的"八大"报告对社会主义的生产目的作了明确的规定,但后来由于种种原因没有得到执行。"一五"和"二五"时期,主要的任务是完成生产资料的社会主义改造任务和进行工业化建设,也重视人民生活水平的提高;在经历了三年自然灾害之后,进行经济调整,"三五"计划开始强调要重视解决吃穿用问题;但"四五"和"五五"计划由于在"文化大革命"时期,带有强烈的政治色彩,以加强"大三线"建设、加强战备为主要任务。前五个五年计划的指导思想虽有所差别,但从总体上看,对人的发展的认识主要着眼于基本生活水平的保障和提高,有着局限性,体现出这一时期以阶级斗争和重工业建设为主要任务的特点。

"六五"计划体现了改革开放后经济建设指导方针的转变,重视人民生活水平的提高,提出在研究和安排计划顺序时,首先考虑人民生活最必须的改善程度;"七五"和"八五"都将人民生活和社会保障、发展教育、建设精神文明、实行环境保护等有关人的发展的任务和目标列入发展计划中。虽然从经济发展的角度看,"八五"以前基本上属赶超战略,在客观上导致某些时期发生经济过热的现象,但从政治高度看,对更快地增强综合国力、提高国

---

① 邓小平:《在武昌、深圳、珠海、上海等地的谈话要点》,载《邓小平文选》第三卷,人民出版社1993年版,第372页。

际地位、实现邓小平同志提出的"三步走"的战略思想是必要的。在总结了以往经验教训的基础上,《中共中央关于制定国民经济和社会发展"九五"计划和2010年远景目标的建议》更加成熟,应当说它是我们党对社会主义初级阶段的任务和目标的更深刻、更全面、更成熟的认识,其中显著的变化之一,就是愈加重视经济发展与社会发展之间、人类发展与环境和资源之间的关系的协调,强调实行可持续发展战略和经济与社会协调发展战略,实际上将保护和改善人的发展环境、提高人的自身素质放在了更加重要的位置上。

从"十一五规划纲要"开始,首次提出"以人为本"的指导思想,就是要因势利导,遵循经济和社会发展的规律。在一段时间内,党和政府在处理人民群众的长远利益与当前利益的关系上,在处理国家、集体和个人三者的关系上,在处理生产和生活、消费与积累、民主与集中、自由与纪律等关系上,有过一些片面的做法,尤其是在"文化大革命"时期,"左"倾思潮泛滥,出现了摧残人、漠视人和侵犯人权的极端做法。从纠正这些历史偏差的角度来说,重新提出重视人的发展也在情理之中。在当前,人心问题是社会建设的根本问题,不把人心扭转至真善美的境地,社会建设将是一句空话。

丁元竹

目 录

第一部分　社会在改革中进步

努力在全面深化改革上取得新突破 …………………………（3）

以实现公平正义推进全面深化改革 …………………………（14）

重视全面深化改革的方法论 …………………………………（19）

正确处理改革、发展、稳定之间的关系 ………………………（26）

第二部分　政府在社会事务中的角色

如何明晰政府与市场、社会的边界？ …………………………（33）

政府购买公共服务：技术路径与价值基础 ……………………（42）

明确审批放权边界的原则、标准和切入点 ……………………（55）

加快地方政府职能转变与机构改革 …………………………（62）

为创新插上制度翅膀 …………………………………………（66）

普京的新型国家治理思想 ……………………………………（71）

美国政治家的宏观调控手段 …………………………………（83）

政府实现公共利益的一种治理模式 ……………………………（86）

第三部分　定位官员的社会角色

在朝美政　在野美俗 ……………………………………………（95）

以完善公务员制度预防官员腐败 …………………………（100）

让权力回归本色 ……………………………………………（106）

为生民立命 …………………………………………………（112）

第四部分　民生是社会建设的基础

社会建设的理论探索和实践发展 …………………………（119）

经济社会发展的阶段性特征 ………………………………（126）

从全局和战略上谋划养老保险制度改革 …………………（131）

重视城市居民社会生活，提高城镇建设水平 ……………（136）

重新审视事业单位及其社保制度改革 ……………………（141）

社会保障如何补短板、兜底线 ……………………………（146）

国际视角下均等化的"得与失" ……………………………（152）

基本公共服务均等化的下一步 ……………………………（159）

完善首都基本公共服务供给方式 …………………………（163）

加快户籍制度改革 …………………………………………（171）

城镇化必须提高人民生活水平 ……………………………（182）

第五部分　社会怎样治理？

创新社会治理　激发社会发展活力 …………………………（199）

夯实社会治理的社会基础 ……………………………………（207）

让大数据成为提升社会治理水平的推手 ……………………（213）

发挥社会规范的基础性作用 …………………………………（221）

社会沟通关系社会秩序 ………………………………………（226）

创新社会动员方式 ……………………………………………（236）

基层的良好社会秩序呼唤善治 ………………………………（244）

社区建设要贴近人民生活 ……………………………………（249）

使法治精神深入人心 …………………………………………（254）

第六部分　从顶层设计经济与社会的关系

努力打造宏观经济调控升级版 ………………………………（261）

打造与新兴产业相适应的社会创新升级版 …………………（269）

把长江经济带建成实现中华民族复兴的支点 ………………（283）

为创新和产业升级创造制度环境 ……………………………（294）

社会责任投资加快金融体制改革 ……………………………（298）

发展的智慧来自实践 …………………………………………（303）

第一部分

社会在改革中进步

努力在全面深化改革上取得新突破

习近平同志全面深化改革思想有着坚实的政策和实践基础，以及他自己对生活的深刻理解、观察和思考。学习习近平总书记系列讲话既要深入阅读原著，也要深入研究历史。在宏大的历史叙事中理解当代中国波澜壮阔的改革开放是全面深化改革的重要条件，也是理解习近平同志改革思想的基本前提。

习近平同志认为，要认真回顾和深入总结改革开放的历程。"35年来，我们党靠什么来振奋民心、统一思想、凝聚力量？靠什么来激发全体人民的创造精神和创造活力？靠什么来实现我国经济社会快速发展、在与资本主义竞争中赢得比较优势？靠的就是改革开放。"①当前，改革已进入攻坚期和深水区，需要解决的问题十分繁重。要不失时机深化重要领域改革，攻克体制机制上的顽瘴痼疾，突破利益固化的藩篱。全面建成小康社会，对全面深化改革提出了更加迫切的要求。中国要前进，就要进一步解放和发展社会生产力，进一步激发和凝聚社会创造力。实践发展永无止境，解放思想永无止境，改革开放也永无止境，停顿和倒退没有出路。改革是党在新的历史条件下带领人民进行的新的伟大革命，是党的

---

① 习近平：《关于〈中共中央关于全面深化改革若干重大问题的决定〉的说明》，新华网，2013年11月16日，http://news.xinhuanet.com/politics/2013-11/15/c_118164294.htm。

历史上一次伟大觉醒,正是这个伟大觉醒孕育了新时期从理论到实践的伟大创造。改革开放是当代中国发展进步的活力之源,是党和人民事业大踏步赶上时代的重要法宝,是大势所趋、人心所向,是坚持和发展中国特色社会主义的必由之路。

一、实践发展永无止境,改革开放永无止境

(一) 亲历改革,与时俱进

习近平同志在清华大学读书期间(1975年至1979年),正值中国步入大转折时期。1975年,邓小平访问法国为中国的开放树立了一个先例,从1977年至1980年,很多领导干部分别外出考察,尤其是由谷牧同志率领的考察团于1978年5月2日至6月6日访问西欧,与1978年11月召开的中共中央工作会议以及同年12月召开的党的十一届三中全会一起,成为中国改革开放的三个转折点。为改革开放寻求启迪,1979年11月22日至12月6日,习近平同志的父亲、我国老一辈无产阶级革命家习仲勋同志以广东省革命委员会主任身份,率团访问澳大利亚。习仲勋同志是广东改革开放的奠基人、开拓者,这是习仲勋同志一生为党、国家和民族做出的重大贡献之一。1979年至1982年,习近平同志大学毕业后被分配到国务院办公厅、中央军委办公厅工作,直到1982年。这三年中,中国的改革开放扬帆启程,先后开始了广东和福建的实验(1979—1984年)、经济调整和农村改革(1978年)等。

(二) 言传身教,耳濡目染

习近平同志在清华大学学习期间和毕业分配到国务院办公厅、中央军委办公厅工作期间,正值习仲勋同志主政广东,为"改革开放先行一步"奔波操劳。1978年,在党的十一届三中全会的发言中,习仲勋要求中央给广东更大的支持,多给一些处理问题的机动余地,允许广东吸收港澳华侨资金到珠江三角洲搞"三来一补",得到与会者的支持和赞同。习仲勋和中共广东省委省政府在开展深入调查研究的基础上,决定充分发挥广东的特点和优势,

在全国改革开放中率先迈出一步,建设"贸易合作区"的设想得到了邓小平、叶剑英等中央领导的大力支持。邓小平经过深思熟虑后说:"可以划出一块地方,叫做特区。陕甘宁开始就叫特区嘛。""习仲勋同志在这个历史过程中,表现出了解放思想、实事求是、开拓创新的革命胆略,为广东改革开放事业和经济特区建设做出了重大贡献。"①在党中央的支持下,习仲勋和中共广东省委省政府提出了《关于试办深圳、珠海、汕头出口特区的初步设想》,并向中央工作组作了详细汇报,得到了中央的批准,从此,广东创办经济特区,踏上了光荣而又艰难的道路。深圳和珠海特区建设步伐的加快,带动了广东全省经济发展和其他各项改革。到1981年,在以习仲勋为首的中共广东省委领导下,广东省经济体制改革不断深入,中央也要求广东改革的步子再大一点,让广东更加大胆地去闯,给广东更多的独立自主权,允许广东实行特殊灵活的措施。这是习仲勋和杨尚昆离开广东调回中央工作之前,为广东争取的一把"尚方宝剑"。2001年10月,时任福建省省长的习近平同志在写给父亲八十八岁"米寿"的贺信中深情地说:"父亲的一生充满传奇色彩,为党和人民建功立业,我辈与父亲相比,太过平庸,汗颜不已。但更令我们感动的,是父亲从不居功,从不张扬,对自己的辉煌业绩视如烟云。这才是成大事者的风范,永远值得我辈学习和效仿。"②

(三)释放市场活力,激发社会活力

党的十一届三中全会以来,党中央在改革问题上与时俱进,不断探索,先后实现了工作重心的转移,从经济管理体制和经营管理改革方法入手,从农村联产承包责任制起步,进而拓展到城市整个经济体制改革,实行对内搞活,对外开放,在坚持社会主义市场经济改革方向的前提下,围绕增强活力、发展商品经济、完善宏观调控体系、理顺政府与企业关系、开展所有制改革和收入分配制度改革、加强党的领导、培育和发展市场体系、完善社会保障体系、深化农村改革、进一步扩大对外开放等,高举改革大旗,不断把改革大业推向深入。比较一下2003年党的十六届三中全会通过的《中共中央关于

---

① 《习仲勋同志生平》,《人民日报》2002年5月31日。
② 《习仲勋传》下卷,中央文献出版社2013年版,第642页。

完善社会主义市场经济体制若干问题的决定》,党的十八届三中全会通过的决定增加了七个方面的内容,包括健全城乡发展一体化体制机制、加强社会主义民主政治制度建设、强化权力运行制约和监督体系、推进文化体制机制创新、创新社会治理体制、加快生态文明制度建设,以及深化国防和军队改革等。这些,都是党中央根据新的历史条件作出的重要部署。

从20世纪70年代末期起,我国的改革大致经历了20世纪80年代的放权让利,20世纪90年代的建立市场体制,到21世纪初期的完善市场体制。在建立和完善市场模式的过程中,学术界和决策部门对于建立什么样的市场模式是颇费了一番心思的,曾经被讨论的至少包括"市场社会主义模式"(苏联、东欧模式),"东亚模式",即政府主导的市场经济模式,以及"自由市场模式",主要是指欧美的市场经济模式。最近一个时期,也有研究把欧美模式分开来讨论,提出"英美模式"。这种模式以市场经济为导向,以个人主义和自由主义为基本理论,强调短期股东价值取向。还有"莱茵模式",一种坚持实体经济,致力于制造业技术创新和低碳、环保、节能、新能源等技术密集型行业,坚持保守的财政政策,维持福利制度的市场模式。在当代中国改革历程中,对于社会主义市场经济模式的讨论一直没有停止过。改革开放发展永无止境,对于改革开放发展的探索也同样永无止境。

二、接触第一手材料,重要情况心中有数

(一) 深入实践,抓住问题的本质

1982年习近平同志主动要求离开中直机关到地方学习锻炼,先后担任河北省正定县委副书记和书记。20世纪80年代初期,习近平同志在担任河北省正定县委副书记和书记期间,勇于解放思想,大力发展经济。他说服当时县委主要负责人学习南方省份实行"大包干"的经验,制定并颁布了包干到户责任制办法,奠定了正定经济腾飞的基础。习近平同志和县委班子成员分头带领干部走出去,到南方改革开放先行地区取经,赴乡镇企业起步较早的浙江、江苏、天津考察学习,解放思想,实事求是,逐步确立了正定"依托城市、服务城市、打入石市、挤进京津、咬住晋蒙、冲向全国"的"半城郊型经

济"发展思路。习近平同志说:"城市需要什么,我们就种什么;城市需要什么,我们就加工什么。"当年,正定多种经营收入达4300万元,人均100元,社员收入由100多元增加到200多元。1984年6月17日,《人民日报》刊登了《正定翻身记》一文,肯定了正定的尝试。①

对于我国南方这个时期的发展,社会学家费孝通在1983年有一段描述,"我国农村自从拨乱反正,纠正了过去那些'左'的错误政策以来,这5年多时间里发展了多种经营和家庭副业,落实了联产承包责任制,经济面貌焕然一新。苏南农民的人均年收入这几年以每年增加50—100元的速度飞跃上升;太湖附近的几个县,县县都有人均年收入在500元以上的生产大队"②。最初的改革主要是针对计划经济体制,例如,先是在农村开展联产承包责任制,发展商品经济,减少国家对农副产品的统购统销,让农民进行市场交易,到1985年,整个农业除棉花和少量农产品外,基本实现了市场调节。与此同时,乡镇企业、个体工商经济、中外合资企业、外资企业逐步发展,在计划经济之外逐步培育出一个市场来。另外,国家还针对计划经济本身进行改革,诸如简政放权、扩大企业自主权、价格改革、国有企业改革等。这是二十多年前改革的主要内容和做法。

担任中共浙江省委书记期间,习近平同志应《浙江日报》约请,写了《从"两只手"看深化改革》一文,特别关注浙江的率先发展与市场体制的关系,指出正是市场体制充分调动了千百万人的积极性,市场经济的建设要紧紧依靠群众的首创精神,同时也要坚持党委和政府的积极引导,党委和政府要尊重群众的首创精神,稳步推进市场体制取向的改革。他说:"深化市场取向的改革,关键是要处理好政府与市场的关系。"③习近平同志从实践出发,认为在改革的不同阶段,政府与市场的关系是不一样的。改革开放以前,政府主要是发挥计划的作用,随着改革的深入,政府和市场的作用都要发挥好,这就需要正确处理二者之间的关系,在经济运行、公平与效率、城乡发展上采取不同的措施。党的十八届三中全会坚持问题导向也是习近平的一贯

---

① 《习近平同志在正定》,《河北日报》2014年1月4日。
② 《费孝通文集》第九卷,群言出版社1999年版,第85页。
③ 习近平:《从"两只手"看深化改革》,《浙江日报》2006年3月17日,第1版。

风格。早在浙江工作期间,他就在《之江新语》中写明"发展出题目,改革做文章"。要求各级领导干部,要勇于迎难而上,破难而进,变压力为动力,积极营造发展环境,增强发展活力。问题就是时代的口号,只有抓住问题,不断解决问题,才能引领社会前进。后来在党的十八届三中全会上对《中共中央关于全面深化改革若干重大问题的决定》的说明中,习近平同志强调要有强烈的"问题意识",要求以重大问题为导向,抓住关键问题研究思考,着力解决发展中的突出矛盾和问题。2005年12月8日中共浙江省委常委务虚会上,习近平针对改革问题指出其核心和难点,"在改革的广度上,不仅是经济体制方面的改革,还涉及政治、文化、社会等方面改革的协调配套;在改革的深度上,各项改革都将触及到一些根本性的体制机制问题;在改革的难度上,由于改革将触及更加复杂的利益关系,必然面临不同社会群体的利益调整,也会遇到多方面的阻力……"[1]浙江不同于其他地区,是一个市场经济较其他地区发达的省份,具有先天市场经济属性的民营经济在浙江成为重要发展支柱,民营经济使浙江发展出一个庞大的创业者群体。浙江又有着悠久的商业文化传统,浙商历史上就闻名于世。在这样的地区担任一把手,习近平同志对改革更是认识深刻,改革始终是浙江经济发展的动力和源泉,浙江的活力之源来自改革。"总的趋势是,在市场经济体制初步建立的基础上,改革要从打破传统体制障碍的局部突破,向建立完善的社会主义市场经济体制整体推进。"[2]对于市场经济,习近平同志认为关键是发挥"两只手",即市场这只"无形的手"和政府这只"有形的手"的作用。浙江当时在这方面做的事情是建设服务型政府,推进行政审批制度改革。2006年,浙江省已经把过去的3000多项审批项目减少到800多项,成为全国审批项目比较少的一个省。此外,浙江在发展多种所有制经济中搞活国有企业的同时,实现了民营经济的新发展,创造条件使浙商在市场经济建设中发挥主体作用。在浙江工作期间,习近平同志连续两年,即2005年和2006年,参加了浙商论坛峰会和浙商大会,并发表了重要讲话。

---

[1] 习近平:《干在实处 走在前列——推进浙江新发展的思考和实践》,中共中央党校出版社2006年版,第27页。
[2] 同上书,第69页。

(二) 改革不停顿,开放不止步

担任党的总书记以来,习近平同志把改革开放摆上重要议事议程。2012年12月,刚刚当选为党的总书记的习近平同志到深圳莲花山公园向邓小平铜像敬献花篮,表示要增强改革的系统性、整体性、协同性,做到改革不停顿、开放不止步。2013年11月12日,在《关于〈中共中央关于全面深化改革若干重大问题的决定〉的说明》中,习近平同志再一次提到邓小平同志的南方谈话,他说:"所以,我们讲,只有社会主义才能救中国,只有改革开放才能发展中国、发展社会主义、发展马列主义。"①而在2012年12月,在中央经济工作会议讲话中,习近平同志对改革和谋划改革提出了新的要求,即全面深化经济体制改革,坚定不移扩大开放。2012年12月31日中共中央政治局进行第二次集体学习,习近平同志就坚定不移推进改革开放发表重要讲话,强调以更大的政治勇气和智慧深化改革,朝着十八大指引的改革开放方向前进。2013年7月23日,习近平同志在湖北省武汉市主持召开部分省市负责人座谈会,征求对全面深化改革的意见和建议,强调加强对改革重大问题调查研究,提高全面深化改革决策科学性。2013年10月7日在亚太经合组织工商领导人峰会上的演讲中,习近平同志全面阐述了中国正在制定的全面深化改革方案和思路,并指出,全面深化改革,总的是要统筹推进经济、政治、文化、社会、生态文明建设等领域的改革,努力破解发展过程中出现的难题,消除经济持续健康发展的体制机制障碍,通过改革为经济发展增添新动力。在2013年12月的中央经济工作会议和中央城镇化工作会议上,习近平同志进一步强调全面深化改革的重要性并作进一步部署,要求把改革创新贯穿于经济社会发展各个领域各个环节,保持宏观经济政策连续性和稳定性;推进城镇化,既要坚持使市场在资源配置中起决定性作用,又要更好地发挥政府在创造制度环境、编制发展规划、建设基础设施、提供公共服务、加强社会治理等方面的职能。

2014年2月17日,省部级主要领导干部学习贯彻十八届三中全会精神

---

① 《中共中央关于全面深化改革若干重大问题的决定》,人民出版社2013年版,第62—63页。

全面深化改革专题研讨班在中央党校开班,习近平在开班式上发表重要讲话。他强调,必须适应国家现代化总进程,提高党科学执政、民主执政、依法执政水平,提高国家机构履职能力,提高人民群众依法管理国家事务、经济社会文化事务、自身事务的能力,实现党、国家、社会各项事务治理制度化、规范化、程序化,不断提高运用中国特色社会主义制度有效治理国家的能力。

习近平同志要求,坚持改革不停顿,开放不止步。这包含了对改革开放的深刻理解和认识。一是要改革传统社会和文化中阻碍现代化的因素。在现实中,官本位是亟须改革的一个问题,它使等级制度和观念侵蚀社会,破坏了社会和谐和公共参与的基本价值——平等,挫伤了社会成员的积极性和创造性。二是要改革计划经济中那些阻碍市场经济发展的因素,诸如土地产权制度、户籍制度、国有企业垄断、重要资源的定价、行政审批制度等。三是要改革现实中借鉴于西方和其他国家的经验里又被西方国家视为发展阻力的因素。例如,福利制度,我们借鉴了发达国家的经验,但是,发达国家在过去几十年实践中由于初始条件发生变化,社会福利制度的诸多问题暴露出来,类似不公平和不可持续,这些也影响到我国的社会保障和社会福利体制,西方国家在改革自己的社会福利制度,中国当前也要及早考虑这些问题。四是要改革过去在实践过程中由于认识的局限性造成的阻碍当前工作的因素。曾经在一个发展阶段上,我们认为市场是配置资源的唯一手段,忽视了政府和社会的角色,在教育卫生等领域实行产业化,导致了人民群众看病难、上学难等一系列非常直接和现实的问题,全面深化改革就是要坚持基本教育和公共卫生与基本医疗的公益性质。再如贫富差距,有人将其视为改革的结果,其实这个问题很复杂,是一个世界性问题。五是发展带来的新问题和人民群众在发展中形成的新期待,需要变革现行的体制机制,以适应这些发展变化和新期待。不能简单认为中国以往的改革仅仅是把容易改革的改掉了,剩下的都是最顽固和最难改的部分,这样认识改革过于简单,我们承认关键领域和重点环节的改革需要进一步加快推进。目前,世界范围内都在讨论第三次产业革命,新的产业革命以信息技术和新能源为核心,要求经济体制、社会体制、文化观念和行政治理模式的变革,换句话说,需要更深层次的改革。

改革不是中国独有的阶段性现象，是世界各国都面临的问题，罗斯福建立美国的社会保障体系是对美国传统的社会福利制度的改革，小布什对社会保障体制的改革，是对罗斯福以来的美国社会经济环境发生巨大变化导致原有的社会保障制度难以适应现实需要而进行的政策调整。里根、撒切尔在20世纪80年代对政府公共服务的改革是对传统的福利国家体制的改革。撒切尔、梅杰等实施以市场为导向，以经济效率为目标的改革，率先在公共部门引入竞争机制，这种以自由主义和市场化为导向的改革，将传统意义上的"国家照顾"转变为"社区照顾"，减轻了国家的负担，拓展了公共服务的内容和公共服务的供给方式。克林顿和戈尔在政府管理中实行绩效评估是对传统政府治理模式的改革。2010年，英国时任首相卡梅伦执政后进一步改进公共服务体制机制，发挥社区和社会组织的作用。改革是各国发展中的常态现象，要以平常心对待改革。

三、敢于出招善于应招，做到"蹄疾而步稳"

（一）明确目标，整体推进

《中共中央关于全面深化改革若干重大问题的决定》，对今后一个时期全面深化改革作出重要部署。中共中央政治局2013年12月30日召开会议，决定成立中央全面深化改革领导小组，由习近平任组长。这是习近平同志担任党的总书记以来，在改革开放这一关系中华民族前途命运的重大问题上继承党的十一届三中全会以来改革开放的方针政策，结合自己在地方和中央的工作经验作出的重大部署。

习近平同志要求改革要从问题开始。改革就是要解决问题，解决发展中的不平衡、不协调、不可持续问题，提升科技创新能力，实现产业合理布局和发展方式的根本转变，调整收入分配结构，缩小城乡之间、地区之间和群体之间的收入差距，化解社会矛盾，解决教育、就业、社会保障、医疗、住房、生态环境、食品医药安全、生产安全、社会治安、司法等领域存在的社会问题，努力解决部分社会成员的生活困难问题，克服官僚主义、形式主义、奢靡之风和享乐主义等。从问题开始，就必须坚持调查研究。调查研究是谋事之基、成事之道。

(二) 统一思想，重在落实

2013年12月31日，习近平同志在《人民日报》撰文《切实把思想统一到党的十八届三中全会精神上来》，要求坚持把完善和发展中国特色社会主义制度、推进国家治理体系和治理能力现代化作为全面深化改革的总目标，指出要进一步解放思想、进一步解放和发展社会生产力、进一步解放和增强社会活力，以经济体制改革为重点，发挥经济体制改革牵引作用，坚持社会主义市场经济改革方向，以促进社会公平正义、增进人民福祉为出发点和落脚点，紧紧依靠人民推动改革。

2014年1月22日，习近平主持召开中央全面深化改革领导小组第一次会议并发表重要讲话，他强调，贯彻落实三中全会精神，还存在一些值得注意的问题。主要是有的地方、单位、干部对三中全会精神理解不深、把握不准，对全面深化改革的艰巨性、复杂性、关联性、系统性估计不足；有的对全面深化改革的重要性和紧迫性认识不足，抓改革作风不扎实、工作不到位。他还特别强调，随着改革不断推进，对利益关系的触及将越来越深，对此也要有足够思想准备。

习近平同志认为，必须统筹推进经济、政治、文化、社会、生态文明建设等领域改革，努力破解发展过程中出现的难题，消除经济持续健康发展的体制机制障碍，为经济发展增添新动力。坚持和完善基本经济制度，增强公有制经济特别是国有经济发展活力，鼓励、支持、引导非公有制经济发展。进一步形成全国统一市场体系，形成公平竞争的发展环境，着力清除市场壁垒，提高资源配置效率。提高宏观调控水平，提高政府效率和效能，更大程度更广范围发挥市场在资源配置中的决定性作用，以加快转变政府职能为抓手，处理好政府和市场的关系。促进社会和谐稳定，通过社会体制改革创新，充分调动各方面积极性，增强社会发展活力，发挥人民群众首创精神，使全社会创造能量充分释放、创业活动蓬勃开展。依法保障人民权益，让全体人民依法平等享有权利和履行义务，以保障和改善民生为重点，促进社会公平正义。加强生态环境保护,扎实推进资源节约,为人民创造良好生产生活环境,为应对全球气候变化做出新贡献。稳定和扩大国际市场份额,发挥进口对结构调整的支持作用,促进国际收支趋向平衡,加强外商投资权益和知识产权保护,稳定利用外资规模,扩大对外投资,要继续推进多双边经贸合作,加快实施自由贸易区战略,坚持出口和进口并重,推动对外贸易平衡发展。深化投资、贸易体制改革,完善法律法规,创造公平经营的法治环境。健全科技体制,提高科技创新能力,着力构建以企业为主体、市场为导向、产学研相结合的技术创新体系。进一步提高党的领导水平和执政能力,要把党要管党、从严治党落到实处,增强全党特别是领导干部理想信念的坚定性,完善党内制度体系特别是民主集中制,推进体制机制改革创新,加强惩治和预防腐败体系建设。

习近平同志指出,必须坚持改革开放正确方向,坚持社会主义市场经济的改革方向不动摇。中国是一个大国,决不能在根本性问题上出现颠覆性错误。坚持解放思想、实事求是,以党的十八届三中全会就全面深化改革进行部署,抓住机遇,努力在全面深化改革上取得新突破。坚持从大局出发考虑问题,"不谋全局者,不足谋一域"。在不断实践探索中推进改革开放,摸着石头过河就是摸规律,从实践中获得真知,摸着石头过河和加强顶层设计是辩证统一的,局部的阶段性改革开放要在加强顶层设计前提下进行,加强顶层设计要在局部的阶段性改革开放的基础上谋划,应更加注重改革的系统性、整体性、协同性,鼓励大胆试验、大胆突破,把改革开放引向深入。

全面深化改革必须正确处理发展改革和稳定的关系。稳定是改革发展的前提,只有社会稳定,改革发展才能不断推进,只有推进改革发展,社会稳定才能具有坚实基础,把改革力度、发展速度和社会可承受程度统一起来,把改善人民生活作为处理改革发展稳定的结合点。

以实现公平正义推进全面深化改革

把公平正义作为全面深化改革的出发点和落脚点,紧紧围绕公平正义来推进社会体制和司法体制改革,道出了公平正义与全面深化改革之间的关系,也道出了历史发展的逻辑内涵。正如诺贝尔经济学奖获得者阿玛蒂亚·森在其著作《正义理念》中描述的,近代受到支持和拥护的每一个关于社会正义的规范理论,都要求在某些事物上实现平等,其中特别体现为平等的自由、平等的收入或平等对待每个人的权利或效用。公平正义是近代历史发展中的重大课题,任何发展改革都难以绕过它,在社会领域,它特别体现在收入差距和社会公正的关系上,必须谨慎对待,认真处理,因为,"不平等和社会反抗之间的联系十分紧密,它们之间的关系是双向的"[①]。

一、把坚持公平正义与实现全面深化改革的总目标有机统一起来

全面深化改革的总目标之一是完善和发展中国特色社会主义

---

① 〔印度〕阿玛蒂亚·森:《论经济不平等/不平等之再考察》,王利文、于占杰译,社会科学文献出版社2006年版。

制度。回顾历史,社会主义制度的形成与发展是一个漫长的过程。人类过去几个世纪的历史发展表明,社会差距和社会不平等在加剧,社会问题越来越突出。在这样的历史背景下,以马克思主义为代表的社会主义思潮应运而生,社会主义在许多国家得到实践。我们看到,几个世纪以来,经济发展遵循一个基本原则,经济增长带来的成果应该主要由那些创造财富的人分享。从这个意义上讲,普通阶层收入的增加与生产力增长之间的差距拉大是不可避免的。在技术进步加速并在经济增长中发挥越来越重要作用的前提下,没有接受过大学教育的劳动力的实际工资必然会减少。这种减少反过来又反映出长期的失业问题、全球化、制造业工作机会向低工资的服务业工作转移等。私有制本身会造成不平等和收入差距扩大,卢梭在其《论人类不平等的起源和基础》中说,"按照贤明的洛克的格言:在没有私有制的地方是不会有不公正的。"① 现代社会存在不平等是必然的。这也可以解释为什么在那些经济已经十分成熟、市场化程度非常高、政府公共福利制度非常完善的国家,收入分配和社会收入差距拉大依然存在,且这种趋势还在不断扩大。完善社会主义制度是当代中国共产党人和中华民族的伟大使命。

完善和发展中国特色社会主义制度必须坚持社会主义公有制和市场经济改革方向,积极实现二者的有机结合。全面深化改革,一是要缩小收入差距,完善分配体制。设计收入分配体制,既要超越既得利益,又要考虑既得利益,既要考虑中国现实实践,又要考虑人类社会近二百年来的历史和挑战,这的确需要大智慧。二是大胆探索。公平正义常常会牵扯对社会发展历程的基本评价,对于思想史的基本判断,面对这样一个问题,我们的思想需要有与之相适应的知识储备,在认识方法上需要有博大的包容性和历史的纵深性。三是要深入研究贫富差距和分配体制问题。这必然会碰到诸如所有制、市场机制、社会保障、政府职能以及社会参与等问题,需要战术和技术上的社会创新。

探索公有制与市场经济的有机结合必须探索如何使利己主义与利他主义并驾齐驱。当代美国经济学家加德·伯恩斯坦对当前美国经济中的不公

---

① 〔法〕卢梭:《论人类不平等的起源和基础》,李常山译,商务印书馆1997年版,第119页。

平现象,诸如医疗卫生私有化、贫富差距扩大、失业率不断攀升等,进行了大胆的批评。他认为,保护美国人民的私人权利一直是美国价值的核心,但是由于过分强调个人主义,人们被推到了相互孤立的境地,尽管经济持续发展,过分强调个人主义的政治和社会哲学正在伤害着美国,危及国家的未来,危及后代的发展。

二、在坚持公平正义原则的基础上设计关乎人民福祉的各项政策

发挥市场在配置资源中的基础性作用的同时实现社会的公平正义是全面深化改革的核心。这件事情说起来容易做起来难。2009年启动的医药卫生体制改革取得了巨大成就,尤其在医疗卫生设施建设方面功不可没,但具体到制度和机制上还需要进一步深化改革。医疗卫生是较早被产业化的行业,后来又在改革中被纠偏,转向公益化方向。但是,在这个过程中存在的问题还是不少,以挂号为例,替人排队在全国各地医院已经司空见惯,甚至出现了所谓的"黄牛党",也出现了合法化的VIP通道,这些看似发挥市场作用的手段,其实背后就隐藏着不公平和不公正,它意味着有钱人可以付得起额外的加价,可以优先于他人。当然,这不是中国特有的现象,在美国有偿替人排队和"特约医生"也司空见惯。如果金钱可以购买一切,富足与否就决定一切。如果把一切都交给金钱,人世间的诚信、友爱、奉献等社会价值和生活意义都会受到侵蚀。这可以帮助我们理解为什么《中共中央关于全面深化改革若干重大问题的决定》中特别强调在实现人民福祉、推进社会体制和司法体制改革中要坚持公平正义的原则。在全面深化改革的过程中,针对社会和司法领域的改革,必须坚持公平正义,确保其不受市场价值观侵蚀。

最大限度确保社会政策的公共性,避免利益集团干扰。科学技术研究和科学技术开发本身是没有什么价值取向的,对于那些从事科学技术研究和开发的人来说,他们完全可以按照价值中立原则进行技术研究和开发。市场经济则是完全按照利润最大化原则吸纳技术的,这就是过去几百年人

类在经济技术上取得巨大、快速进步的原因之一。但是,社会发展和社会政策则大不相同,社会政策的应用涉及实施这些政策的决策者的自身利益,在某种意义上,决策者本身是政策的受益者或受损者,决策者在实施政策、制定政策过程中难以坚持价值中立原则,这就必然造成社会发展领域的不平等,甚至出现"经济和技术越发达,社会就越趋向于不公正"的现象。市场如果受到富人或市场参与者的影响,将产生不平等,使得市场失效,并使不同利益群体产生扩大财富的不同激励。针对社会政策和社会保障失灵,出现了志愿主义的治理模式,那就是非营利部门参与社会福利和社会保障,但是,在社会政策制定领域,如何确保政策的公共性依然是一个确保实现公平正义的大课题。

三、把公平正义理念贯穿于社会体制改革的各个环节

从顶层设计各类社会物品的分配方式,在这里,公平正义涉及整个社会生活及公共善。这里讲的社会物品包括收入与财富、义务与权利、权力与机会、公共职务与荣誉等,而不仅仅是指财富的分配。在一个公平正义的社会里,必须以正当的方式把这些社会物品给予每个应得的社会成员,而不是将其集中在某些个人和集团手中。以公共职务和荣誉为例,公平正义的社会对官员的要求是,为公众服务可以获得在职期间的社会声望、稳定的收入和福利,如果服务期间有功绩,可以获得退休以后的功勋和荣誉,而不是在职期间除行政职务外,还染指企业、教育、科研领域的荣誉与利益。公平正义的原则要求在社会体制改革中关注人民群众社会生活中富有生气的价值观念,诸如公正与权利、义务与同意、荣誉与德性、道德与法律等。公平正义要求社会有一种善良生活以及支持这种善良生活的共同价值——公共善。

把所有制改革与市场经济结合起来进行顶层设计,在这里,公平正义涉及市场体制改革。2006年,沃伦·巴菲特在向比尔·盖茨基金会的认捐签署仪式上说了一番话:"市场经济无助于解决贫富差距。"对于美国的收入差距拉大问题,经济学家柯密特·高登有一个解释:"从某种意义上说,当代美国社会的结构是双层次的。其政治制度和社会制度提供了广泛的权利分

配,公开宣布所有公民一律平等。然而其经济制度却建立在市场决定收入的基础上,由此产生了公民生活水平和物质福利上的悬殊差别。"①这,值得我们在发挥市场配置资源的基础性作用时,考虑全面的利益格局调整及对策。

　　进一步完善社会保障和社会福利制度,在这里,公平正义涉及福利最大化。一是继续探索公务员和事业单位的养老保险改革,努力打破双轨制。改革"养老金"双轨制实际上就是李克强总理所说的触动利益格局,"割自己的肉"。二是努力实现基本社会保障均等化。基本社会保障均等化的核心就是确保包括低收入群体在内的各类社会群体有支付社会保险的财政能力,标准是保证基本生活。就预防性社会保障,诸如养老保险、医疗保险、失业保险、工伤保险、生育保险而言,要确保每个有能力建立自己账户的社会成员都能够建立这样的账户,雇主、个人和国家都要尽到各自的责任。三是把基本社会保障的差异问题摆在重要位置,努力实现城乡、地区、部门,甚至个体之间的差异协调与统一。四是在坚持社会政策兜底、保障民生的基础上进一步改善民生。进一步完善社会救助体系,完善财政体制和筹资机制。在属地管理的基础上,中央和地方要进一步完善社会救助专项调剂资金制度,用于补助中西部、革命老区、少数民族地区社会救助资金的不足。加快转移支付制度与方法、手段的改革,逐步采用以"因素法"为基础的转移支付办法。在转移支付的结构安排上,要根据地区人口、经济、财力和支出标准等综合因素,科学测算社会救助"标准支出"和地区财政"标准收入",依据客观指标,设置转移支付救助项目和指标,确定标准支出规模。

---

① 〔美〕柯密特·高登:《原序》,载〔美〕阿瑟·奥肯:《平等与效率——重大的抉择》,华夏出版社1987年版,第1页。

重视全面深化改革的方法论

如何形成适应全面深化改革的思维方式和领导方式,是关系到应对改革艰巨性、复杂性、关联性、系统性的关键问题。这要求,在政策制定中,要考虑总体设计、统筹协调;在实施过程中,要整体推进、督导落实;对其效果要科学评估,使各项政策行之有效。要逐步建立和完善实施全面深化改革的综合决策机制。

一、紧紧围绕利益关系完善全面深化改革的综合决策机制

全面深化改革政策的制定和实施依赖于各个利益相关者的参与,取决于他们对经济体制改革、政治体制改革、文化体制改革、社会体制改革、生态环境体制改革的相互关系及目标的把握和认识。跨部门分析要求检验主要部门之间的关系,分析部门与部门之间的影响。例如,雾霾问题已经成为当前社会高度关注的问题,中共北京市委全面深化改革领导小组建立了与雾霾治理有关的专门小组。从历史的经验看,20世纪50年代,美国经济在快速发展的同时也给生态环境带来了巨大压力;1972年亚利桑那州的凤凰城创下了153天无降雨的历史纪录;1974年,华盛顿特区的雾霾天气持续了3个月。举例来说,针对雾霾,美国联邦政府和各州政府采取

双重治理体系来应对：以联邦法律为基本框架，各州因地制宜治理雾霾。针对雾霾的区域性特征，打破州界，依据经济地理情况实施统一规划，统一管理，同时把排污交易等市场方法与公众参与有机结合起来，终于在20世纪80年代取得了较大进展。雾霾背后是一系列深层次的问题，诸如生产方式、产业结构、生活方式、消费模式、自然禀赋等，必须对各类因素整合优化，才能实现治理。还有，持续5年的医药卫生体制改革，取得了巨大成就，但是问题多多，不断增多的医患矛盾就是例证。以公立医院改革为例，尽管在改革初期就确定了公立医院改革的公益化方向，但是，依然存在诸如财政补偿机制不完善、基层医疗卫生机构人才短缺以及医疗卫生服务体制不能调动医生的积极性等问题，这些问题的解决不仅依赖于医院体制机制本身的改革，也需要政府的财政部门、人事部门，甚至编制部门一道努力。医疗卫生作为一种公共服务，其本质是医生与患者的关系，医药卫生体制改革理应吸纳医生参与，实现医疗、医保和医药的"三医联动"。

综合决策要求有关部门和利益群体参与决策的所有过程。通过沟通，使决策各部门和决策涉及的各利益群体达成共识。在一个国家社会结构单一的时候，决策者可以像指挥军队一样引领社会前进。当利益格局复杂、社会诉求多元时，未来的前途在何方就变得不够明确，应当把更多的决策交给社会去博弈，交给社会组织去负责。建立深改组的最大目的就是协调利益关系，跳出过去相当时期中各个部门"自己改自己"的路径依赖，借助于外部的力量，对自己的症结动手术，以刮骨疗毒、壮士断腕的勇气，把改革推向深入。

二、发挥现代技术和体制机制创新的支撑作用

（一）积极发挥大数据的作用

庞大而复杂的决策系统，必须依赖数据治理国家。纵观世界，包括亚洲国家，对于大数据战略日益重视，试图通过数据分析引领政府决策和社会进步。

全面深化改革综合决策的数据支持一方面依靠各个部门的专业数据，

也可以通过"云数据"来扩充自己的数据来源。全面深化改革领导小组办公室须拥有自己的"数据科学家",这是当代科学决策、综合决策的基础。作为一个协调机构,需要走出去,主动收集数据,了解社会对于全面深化改革的评价,单个社会成员对于某个具体问题的看法。世界各国对于民意调查都是非常重视的,从历史上就是这样。举个例子,近年来,美国政府尝试建立"数据驱动的决策方法",试图通过数据来改变目前的决策过程,从而使政府更有效率、更开放、更负责,引导经济社会发展的将是"基于实证的事实",而不是"差不多"的判断。准确的判断可以在更大程度上避免利益集团对于决策的影响和左右,实现决策科学化、民主化和法制化。在竞选美国总统之前,奥巴马承诺,为了确保每一个政府机构都能跟上21世纪的步伐,必须任命国家的首位首席技术官。奥巴马实现了自己的诺言,2009年3月5日,奥巴马上任不到两个月,就任命了联邦的首位首席信息官,4月18日,他又任命了联邦的首位首席技术官。2010年12月,美国联邦政府宣布了"云优先"政策,要求所有政府机构的信息系统,必须优先考虑建立云平台。2011年2月,白宫发布了《联邦政府云战略》,要求联邦政府机构必须在三个月确定三个可以推向云平台的系统,年内完成一个。2011年,联邦政府的2094所数据中心,通过云计算,在年内合并完成了137所,计划未来五年再精简800所。2012年,奥巴马政府发出大数据研究和开发倡议,探索如何使用大数据处理政府面对的问题,该倡议跨越6个部门,共有项目84个。①

完成全面深化改革的任务,至少必须考虑三个数据库建设。一是业务管理数据,诸如医疗卫生、社会保障、就业、经济运行、金融财政等。二是社情民意数据。一方面,要求决策人员和决策咨询人员深入进行实际调查研究;另一方面,要求政府支持建立第三方的社会调查系统,通过科学抽样,问卷调查,及时了解民意,使社情民意数据成为改革的"晴雨表"。三是物理环境的数据。这样,就可以实现各地区、各部门互联互通、资源共享,为把握改革的复杂性、关联性、系统性提供有力的技术支持。如习近平同志要求的,要把握好整体政策安排与某一具体政策的关系、系统政策链条与某一政策

---

① Executive Office of the President,"Big Data Across the Federal Government",March 29,2012.

环节的关系、政策顶层设计与政策分层对接的关系、政策统一性与政策差异性的关系、长期性政策与阶段性政策的关系。全面深化改革的大数据系统要具备把这五个关系的内容数量化的能力,这样才能够使其真正成为综合决策的技术支撑。

就全面深化改革需要进行的综合决策而言,建立信息收集和分析的步骤包括:一是在利用已经建立起来的全面深化改革信息系统和数据库的基础上,确定全面深化改革的具体方案,确定调查的范围、对象和时间;二是仅仅利用指标体系所建立的调查表格并不能说明所有问题,应当使用全面深化改革数据分析之外的其他研究方法,诸如政府文件、会议、对于参与者和公众的访问等;三是建立信息分析系统(数据库),充分利用大数据;四是建立分析模型——包括全面深化改革统计资料分析模型、全面深化改革现状评估模型、综合决策最优化规划模型等,这些模型可用于诊断预警、决策问题分析和决策问题求解。大数据在全面深化改革中的科学广泛应用,将使深化改革领导机构如虎添翼。

(二) 充分借鉴现代智库的方法

"从全球趋势看,随着信息技术的发展,全球化进程的不断加速,世界各国面临的内政、外交问题越来越复杂,从而促使政策制定者寻求政府体系以外的思想库的政策支持。"[①]中国改革开放三十多年,参与这场改革的老中青专家活跃在发展改革的不同领域,发挥他们的聪明才智是把改革推向深入的重要资源。专家提供的技术和信息将影响到综合决策的可行性以及决策的执行、监督和评估。召集一批能够将专业特长运用于综合决策的出色经济学家、政治学者、文化学者、社会学者、环境学者以及历史专家建立某种研讨机制非常重要,这些人必须熟悉经济、政治、社会、文化等领域的工作,既有理论,又有实践经验,又不具体执行政策、没有实权,能比较超脱独立地进行政策设计。在全面深化改革领导小组下建立这样一个机构非常必要,在一定时期,这让优秀学者能够集中精力研究与公共政策相关的问题,在全面

---

① 王莉丽:《旋转门——美国思想库研究》,国家行政学院出版社 2010 年版,第 4 页。

深化改革进程中发挥作用,提供真知灼见。以加拿大咨询局为例,该局本着"促进在不同思维方式下事实和观点的交流,及早发现和解决问题,并深化公众对这些问题的理解"的宗旨,在为加拿大政府提供决策咨询中发挥了重要作用,这个群体在政策制定的共同体中找到了一个清晰的服务领域。

(三) 紧紧依靠人民群众推动改革

人民是改革的主体。在中国这样幅员辽阔,人口众多,城乡差别、地区差别、群体差别较大的国家,推动全面深化改革,必须特别考虑社区人民的态度和社区自身的传统文化及生活方式。广泛有效的公众参与是实现信息对称和科学决策的坚实基础。每一个社区都会拥有自己独特的自然资源,按照其文化背景来综合考量全面深化改革的各个方面。实施综合决策战略,意味着更多地了解人民群众的需求和文化,这要在法律和制度中逐步形成标准。但是,这些标准应当不与全面深化改革总体布局和总体目标发生冲突。

三、几点建议

(一) 创造有效的合作文化或良好的人际工作关系准则

"全面",意味着两个或多个部门从事共同的改革,通过一道工作而不是独立行事来实现改革的总目标,至少包括:"为合作调配人力和财力资源;设计良好的运作系统并实施有效管理;在追求的主要目标和多种次级目标间的平衡上达成共识并保持共识;创造有效的合作文化或良好的人际工作关系准则;获得政治家的认可和支持等。"①通过综合思维,来认识当前的重大改革举措牵一发而动全身,在行动过程中,稳妥审慎。全面深化改革要求建立共同工作的文化和行为规范,共同工作需要人与人之间的相互信任,"为合作意图构建一个高效的运作系统需要一系列的前提条件,包括以信任和务实为特征的人际文化,一套能够促使决策层形成并保持共识的有效

---

① 〔美〕尤金·巴达赫:《跨部门合作——管理"巧匠"的理论与实践》,周志忍、张弦译,北京大学出版社 2011 年版,第 13 页。

机制"①。

(二) 提高协调利益关系的能力

在谈到苏联20世纪后期改革的教训时,原苏联部长会议主席尼·伊·雷日科夫写道:"我国在着手改革时,它的领导并没有以应有的方式深入评估进行改革应采取哪些相互联系的必要步骤,以及由此产生的长期后果。"②在当前,推进全面深化改革,对于介入综合决策的各个利益集团,不论是政府管理部门还是地方社区,都要考虑到它们在综合决策过程中的实际关系和实际利益,这是它们作为参与者的激励机制所在。一旦执行综合决策的行动开始,就会出现既得利益者和受损者,如果一部分人拒不接受改变这一现实,那就要与其进行协商。在国内外形势瞬息万变的状态下,必须考虑到综合决策计划的变通问题。综合决策一旦进入实施阶段,可能会涉及社会的方方面面、不同层次,诸如个人、家庭、企业、部门、地区和国家,甚至涉及有关的利益群体,综合决策的目的就是要协调这些利益群体的相互冲突,推动各利益群体共同去实现全面深化改革的目标。

(三) 提升从全局高度把握具体改革工作的能力

政策的行动框架包括在各级政府、各类部门和相关利益群体的参与者之间进行综合决策问题的培训、教育和沟通。要通过干部培训,使各级领导干部,了解中央全面深化改革的整体政策安排与本部门本地区具体政策的关系,例如就全面深化改革的总目标而言,国有企业改革必须紧紧围绕发展和完善中国特色社会主义制度与推进国家治理体系和治理能力现代化进行,正确处理完善混合所有制与建立现代企业制度的关系。了解中央的系统政策链条与某一政策环节的关系,例如,就民政部门贯彻落实国务院关于政府购买公共服务的政策,必须明了社会组织、企业和机构都是购买服务的

---

① 〔美〕尤金·巴达赫:《跨部门合作——管理"巧匠"的理论与实践》,周志忍、张弦译,北京大学出版社2011年版,第3页。
② 〔俄〕尼·伊·雷日科夫:《大国悲剧:苏联解体的前因后果》,徐昌翰等译,新华出版社2008年版,第4页。

主体,而不仅仅是社会组织。鼓励社会组织参与公共服务供给,就需要一定的优惠政策。了解政策顶层设计与政策分层对接的关系,例如,就人力资源和社会保障部门扩大社会保障覆盖面来说,加快推进基层社会保险经办机构建设必须与发挥市场在配置资源中的决定作用的制度安排衔接,更多发挥银行、保险机构在资金收缴发放中的作用。了解政策统一性与政策差异性的关系,例如,地方政府的改革政策与中央政府的统一安排要衔接,北京市在成立中共北京市全面深化改革领导小组后,下设14个小组,在与中央的六个小组一致的同时,考虑北京大城市病和雾霾问题等特点,专门设立小组就是一例。了解长期性政策与阶段性政策的关系,例如,教育体制改革的长期目标是培养德才兼备的创新型人才,阶段性的改革要致力于逐步取消教育机构的行政级别,取消文理分科,实行多次高考制度,实现教育公平等。努力提高多元改革目标的互补性,两个以上的政策一道实施,必须提高它们之间的互补性。

(四)提高绩效评估的实施和组织能力

为了保证综合决策按既定的目标实施,必须对综合决策的实施不断进行评估。在综合决策过程中,评估的频率取决于条件的变化速度和变化的方向,以及全面深化改革遇到的问题。在成功的综合决策的设计和执行过程中,评估往往是以隐含的形式出现的。在实施综合决策战略中,评估贯穿于决策目标的制定、决策的制定和决策的执行。在评估的过程中,要不断根据实际情况,修正目标和调整措施。

综合决策评估人员由两类人组成:一类是由于实施综合决策而涉及其利益的群体,即局内人;另外一类则是那些与改革无直接关系的人,即局外人。局内人评估是最基本的,局外人评估对于综合决策有积极促进作用。对于各级决策者来说,每一具体的问题都与当地的实际情况有关,政策的有效性取决于政策制定者对于当地情况的把握。所以,由地方和部门参与评估是综合决策评估的基本要素之一。局外人的观点,非基本的和独立的观点对于理解综合决策也是不可缺少的。一个局外人的评估会给决策者一个新的视角,使他们避免由于自身的利益而产生偏见。

正确处理改革、发展、稳定之间的关系

一、牢牢记住改革开放是决定当代中国命运的关键抉择

全面做好改革、发展、稳定各项工作,必须从改革开放是决定当代中国命运的关键抉择这一重大论断出发,进一步解放思想,大胆探索,锐意改革,不断创新,发展中国特色的社会主义制度。

(1) 在改革开放中发展中国特色的社会主义制度。发展中国特色社会主义制度必须解放思想。解放思想是改革创新的基础和法宝。1978年,在党的十一届三中全会上,邓小平同志要求把党的工作重心转到经济建设上来,必须坚持改革开放、解放思想、实事求是、团结一致向前看。纵观历史,正是依靠解放思想,我们党和国家才走出了两个"凡是"的羁绊,不断探索社会主义市场经济的运行规律,取得了举世瞩目的伟大成就。与三十多年前改革开放初期面临的国际国内环境不同,当前,我国新时期面临着新问题、新情况、新挑战,要实现中华民族伟大复兴的中国梦,必须进一步解放思想。改革现状不仅需要技术,也需要制度设计,尤其是需要紧紧依靠人民,努力实现顶层设计和摸着石头过河相结合,整体推进和重点突破相促进,不断推进中国特色社会主义制度建设和中

国特色社会主义现代化。

（2）以全面深化改革迎接世界范围内的产业革命。当前,国际上正处在新产业革命的前夜,第三次工业革命浪潮在发达国家兴起。美国、欧洲正在采取措施以各种各样的方式迎接这场革命。在这样的国际大背景下,中国要实现中华民族伟大复兴的中国梦,必须放眼世界,大步迈进,迎头赶上时代潮流。回顾历史,我们不能忘记,19世纪中叶,由于清王朝的闭关锁国、固步自封,中国失去了参与第二次工业革命、世界现代化浪潮、产业变革和科技革命的机遇,使中华民族在过去的一个多世纪中,落后于发达国家,遭受了帝国主义列强的侵略和凌辱,民族蒙受磨难,中华民族到了最危险的时候。自那时起,探索中华民族伟大复兴成为一代代仁人志士的梦想。当前,面对第三次产业革命,中华民族必须通过改革创新,推进国家治理体系和治理能力现代化,使其体制机制适应国际上产业结构调整和产业革命的发展趋势,使中华民族在新的历史时期,能够昂首挺胸,立于世界民族之林,引领世界潮流。落后就要挨打,发展才能自强。

（3）以改革开放破除前进道路上的体制机制障碍。改革的目标永远是依附于发展目标的。当前,在经济发展过程中的一系列突出问题需要通过改革来取得突破,在经济领域,要通过全面深化改革,消化产能过剩,抑制产能过剩行业的投资继续增长,遏制房地产领域继续分化以及企业经营成本不断增加等;在社会领域,要通过全面深化改革,实现利益格局合理化,解决社会矛盾和社会问题,消除社会风险和社会冲突;在文化领域,要通过全面深化改革,进一步确立社会主义核心价值观,规范文化产业发展,积极推动基本公共文化均等化等;在生态文明领域,要通过全面深化改革,努力解决人民群众最关心、最直接的生态环境、食品饮水安全等问题。改革只有进行时而没有完成时。

二、充分认识只有发展才能夯实实现
　　中国梦的物质文化基础

（1）发展是党和国家的根本要求,是人民群众的根本利益之所在。中国仍然是世界上最大的发展中国家。2012年,尽管中国国民生产总值达到世界第二位,但是中国的人均国民生产总值只为世界平均水平的60%,综合国力还亟待提升。正如习近平总书记所说:"现在,我国大部分群众生活水平有了很大提高,出现了中等收入群体,也出现了高收入群体,但还存在大量低收入群众。"①要解决好这个问题,一靠完善收入分配体制机制,二靠发展。既要做大蛋糕,又要切好蛋糕,做大蛋糕靠发展,切好蛋糕靠改革。发展要靠实干,"实干才能梦想成真"。"空谈误国,实干兴邦。"实现中华民族伟大复兴,必须靠发展,靠实干,靠脚踏实地的劳动。要通过发展来破解前进道路上遇到的各种难题。

(2) 只有坚持以发展为主线,才能紧紧抓住全面推进社会主义现代化各项事业的牛鼻子。全面做好改革、发展、稳定各项工作,必须从中国处于并将长期处于社会主义初级阶段这样一个基本国情和中国作为一个经济大国但不是经济强国这样一个基本事实出发,始终坚持以经济建设为中心,坚持以经济体制改革为重点,紧紧抓住经济发展和经济体制改革这个牛鼻子。要坚持发展是硬道理的战略思想,坚持以经济建设为中心,全面推进社会主义经济建设、政治建设、文化建设、社会建设、生态文明建设,深化改革开放,推动科学发展,不断夯实实现中国梦的物质文化基础。只有不断推动政治建设、文化建设、社会建设、生态文明建设和党的建设同步发展,才能切实加快转变经济发展方式,切实把推动发展的立足点转到提高质量和效益上来,转到促进工业化、信息化、城镇化、农业现代化上来。以生态环境为例,中国面临着老百姓日益感受到和越来越迫切需要解决的生态环境压力,这也是世界上一些仁人志士关注中国的因素之一,甚至有人认为,若是处理不好这个问题,中国的持续稳定发展会大打折扣。而解决好这个问题,一方面要依靠促进生态文明的各项政策措施的落实,另一方面更要靠发展来提供强大的经济保障。

---

① 习近平:《在河北省阜平县考察扶贫开发工作时的讲话》,2012年12月29、30日,参见中国网,http://www.China.com.cn/lianghui/fangtan/2016-02/26/content_37881406.htm。

三、始终坚持国家稳定才能不断推进改革发展这一基本前提不动摇

（1）稳定的社会秩序是国家发展改革之优势发挥的基础。全面做好改革、发展、稳定各项工作，必须从中国新时期利益格局多元，从中国的长期持续发展和国际环境复杂这样一个形势出发，始终把保持社会稳定摆在重要位置，探索实现国家安全、人民安居乐业的新方法。稳定是改革发展的前提，只有社会稳定，改革发展才能不断前进，只有改革发展不断推进，社会稳定才会有坚实的基础。要把改革的力度、发展的速度和社会的承受能力有机结合起来，努力实现改革、发展、稳定的有机统一。国际经验表明，一个国家在发展过程中可能会陷入中等发达陷阱，例如，拉美国家和东南亚一些国家出现动荡就反映出这样的现实——社会缺乏秩序会导致国家发展陷入中等发达陷阱。一个国家的各种发展优势得到发挥，必须有一个稳定的社会秩序，必须使民众对纷繁复杂的社会现实达成共识，建立起畅通的交流渠道和良好的交往氛围。只有凝聚共识，才能形成发展合力。

（2）通过改革维护好人民群众的根本利益。当前利益格局多元已非三十多年前所能比拟，地区差距、城乡差距、群体差距、行业差距等巨大，利益调整困难。面对复杂的利益格局，一定要坚持从维护最广大人民群众的根本利益出发，多谋民生之利，多解民生之忧，时刻把人民群众的冷暖安危放在心上，及时准确了解人民群众所思、所想、所盼、所忧、所急，把群众工作做实、做深、做细、做透，维护好人民群众的根本利益，确保社会稳定有序，充满活力。必须清醒地认识到，自20世纪90年代以来，各种社会矛盾逐步显现出来，出现高发、多发现象，当前主要体现为贫富分化、反腐形势严峻和社会价值涣茫等。中国经济社会发展矛盾凸显出国家亟须一个"震荡整理"的调整时期，在关键领域和重点环节上实现突破性的变革以适应新的历史形势。由于过去一个时期，在改革发展过程中，涉及合理利益格局的调整没有到位，经济发展方式转变也没有达到预期的目标，如何在社会承受能力与改革力度之间寻求平衡就成为社会稳定的关键。既要达到改革的目的，又要避

免造成不可控的社会动荡是处理发展、改革、稳定之间关系的关键。正是基于这一点,必须加强顶层设计和摸着石头过河相结合,整体推进和重点突破相促进,提高改革决策科学性,广泛凝聚共识,形成改革合力。

（3）居安思危,增强忧患意识,高效化解国家风险和经济社会风险。国家的强大稳定是人民安居乐业的前提。国际形势继续发生深刻而复杂的变化,全球经济社会量的对比有利于保持国际形势的稳定,但也要看到,影响国际形势变化和对比的稳定和不稳定因素也在不断增加,面对复杂的国际形势和国内形势,一定要居安思危,增强忧患意识、风险意识、责任意识,全面做好发展、改革、稳定的各项工作,着力解决好发展、改革、稳定的突出矛盾和问题,有效防范各种危机和风险,努力保持社会和谐稳定。从国际方面看,要正确处理对外维护国家主权、领土完整、发展利益、公民安全;从国内方面看,要努力处理建设好社会秩序、激发社会活力。必须看到,在传统领域和非传统领域,可以预见和不可预见的风险因素都在增多,正是基于这样的新的历史形势和发展特点,党的十八届三中全会作出设立国家安全委员会的重大决策,从组织上破解中国在新时期发展改革中的安全难题。设立国家安全委员会是完善国家治理体系和治理能力现代化、化解新时期国际国内各种矛盾和问题的重要举措,是以习近平为总书记的党中央着眼于全球、立足于本土来实现国家和社会"大稳定"的重大部署。

第二部分

政府在社会事务中的角色

如何明晰政府与市场、社会的边界？

近年来,各地在推动行政体制改革的过程中,按照社会主义市场经济体制改革的具体要求,提出了"小政府、大社会""强政府、好社会"的改革思路,并在操作层面上提出"凡是市场可以做的,政府一般不再介入;凡是社会能够做的,政府也不再介入"的具体措施,这些都大大推进了市场化改革,完善了社会体制。进一步深化改革,还需要在政府与市场、社会的边界问题上开展更加细致的工作,从历史经验看,必须实现三个根本转变。

一、从明晰公共利益到实现公共利益

(一) 以公共利益厘清政府与市场社会的边界

私人利益和公共利益的区分是市场与政府、社会的分界关键,这个问题我们过去考虑不多,关注不够,尤其是对公共利益。公共利益一般是指公共福利或一般福利,它是公共政策的核心议题。[①]从经济学角度看,基本公共物品具有非排他性(non-excludable)和非敌对性(non-rivalrous),一个人使用和获取基本公共物品并不影

---

① http://en.wikipedia.org/wiki/Public_interest.

响其他人使用和获取,通常包括公共领域的空气、灯塔和知识等。在个人生活中的住宅小区,通常是指小区环境、安全、卫生、整洁、管理等。几乎每个人都声称参与和增加公共利益是有益的,但若不明晰公共利益的组成内容和概念,并将其与个人利益密切联系起来,将无济于事。按照《兰登书屋词典》(Random House Dictionary)的解释,公共利益包含两层意思:一是指公共福利或一般福利;二是与平民百姓有关的利益。[①] 本书所指的公共利益更应该是倾向于后者,即与百姓和民众利益相关的、关系民生的利益。一方面,这样界定符合中国自20世纪90年代从"卫生产业化"和"教育产业化"转向完善基本公共服务体系政策脉络的演变;另一方面,也符合当前中央提出的关注民生的战略部署,还适合于当前我国经济社会发展的阶段性特征。例如,被各种因素不断推高的房价,使业主越来越关注自己住房的价值,房价除了取决于宏观经济社会环境外,还与小区的环境有重大关系,这是近来越来越多的业主组织起来维护园区的公共环境的重要原因,他们因关注个人利益而关心公共利益。这个问题恐怕会影响国家的长期发展和稳定,对此要有心理准备。

从20世纪90年代开始,试图通过市场手段来满足人们的公共服务需求,提出"教育产业化""卫生产业化"并将其作为政策付诸实施,这种做法的实质是将公共利益私人化,或者说否定了公共利益,最终导致人民群众看病难、看病贵、上学难、上学贵等一系列影响至今的问题,导致社会不公平、不公正。于是,不得不在21世纪初期提出基本公共服务均等化和建立政府主导、统筹城乡、可持续的基本公共服务体系这一国家战略。个人利益的责任主体是每个具体的人,公共利益的主体是社会和政府,但是,公共利益与个人利益密不可分,住宅小区环境恶化会导致个人财产贬值,社会失序会导致经济紊乱和个人经济损失,乃至财产缩水。

中国的公共领域,从老百姓买得起什么由市场决定转向老百姓需要什么由政府确保,也就区别了市场化与公共福利,前者的目的是利润,后者的目的是公共利益。无论如何,这都是一个根本性的转变。例如,在美国,从

---

① http://en.wikipedia.org/wiki/Public_interest.

谋取利润转向公共利益或公共福利,满足老百姓的需求,成了自罗斯福新政以来政府公共服务的核心理念。在20世纪30年代的经济危机前后,罗斯福政府通过税收来实现和提升政府提供公共服务的能力,从此,"国家作为供应者的角色,预示了它作为筹款人和收税人的功能。在新政的治理下,政府本身开始成为全国无可匹敌的最大企业"①。中国情况略微不同,在转向实现政府公共福利目标和实现老百姓的公共利益的过程中发生了两件事情:一是中央政府把越来越多的公共服务职能交给了地方政府,主要由地方政府来实现民生目标;二是地方在税收能力有限的环境下,不得不打土地和银行的主意,于是,在最近几年,地方政府成为全国无可匹敌的房地产开发商,银行则成了地方政府债务的最大债主,也就出现了近期各方关注的地方债务和房地产泡沫问题。纵观历史,这是中国在实现公共利益过程中的"中国特色"。

(二) 实现公共利益的下一步

自从《国民经济和社会发展"十一五"规划纲要》首次提出基本公共服务均等化至今,基本公共服务体系建设作为促进社会平等、缩小收入差距的政治策略越来越得到人们的关注,2012年,它被具体化为《国家基本公共服务体系"十二五"规划》而纳入发展规划之中。总体来说,这一时期,无论是政府还是社会,无论是学术界还是媒体,对基本公共服务体系建设的认识主要还是限于明晰公共利益的主体责任上,对于如何实现公共利益,虽然进行了一些探索,还缺乏深入和系统的研究。当前,人们对于基本公共服务是居民应享有的权利已经没有什么异议,但是对如何实现这个权利仍有许多问题需要深入探讨。学术界流行以及实务部门正在推进的政府购买服务只是对如何实现公共利益所进行的探索之一,如果仔细分析政府、市场、社会及公共服务类型、性质的具体过程和特点,政府购买服务这一命题会显得过于简单,难以适应实际发展的要求。举个例子,近年来国务院决定加快推进政府机构改革和转变政府职能,把该下放给市场的权力下放给市场,把该下放给

---

① 〔美〕狄克逊·韦克特:《大萧条时代》,秦传安译,新世界出版社2008年版,第91页。

社会的下放给社会,把该下放给地方政府的下放给地方政府。实际情况却不是这样。例如,关于权力下放给市场,首先,现实的市场并不是理论意义上的市场,它存在很多缺陷甚至失灵的方面,政府下放权力给市场后,如何来确保绩效,这就涉及政府如何监督和评估的问题。一般说来,"政府常常不能准确地知道自己到底要买什么,从哪里买,或者买到的是什么"①。权力下放给市场,政府减少了提供服务的专业压力,却增加了监管和评估的压力,两者的专业化要求虽不一样,但是工作量可能不相上下。还有,现实中社会组织也不是纯粹意义上的社会组织。人们经常讲到志愿性、非营利性等,事实上,非营利组织一旦进入商业领域运作,"在出现极坏的情况,商业化经营有可能葬送组织的社会服务宗旨"②。现实中,这类情况屡见不鲜,社会舆论多多,从"9·11"之后的美国红十字会,到最近几年的中国红十字会,莫不如此。这些,都需要在基本公共体系建设中深入研究。作为委托方的政府和作为代理人的社会组织或企业之间的关系非常复杂,主要表现在利益冲突和监控管理上,"利益冲突和监控问题是委托人和代理人之间各种交易的通病"③。过分迷信政府购买公共服务可能会为错误诊断的疾病开出错误的药方。围绕着维护和实现公共利益来探索完善基本公共服务体系,以及加快政府自身的改革和建设,是不可逾越的环节。

二、从单纯的政府决策到综合决策

(一) 绕不开的个人利益和公共利益

不论是由政府还是由市场来负责公共服务供给,都需要明确政府自身是不创造价值的。充其量,政府在市场和社会之间扮演了财富分配者的角

---

① 〔美〕唐纳德·凯特尔:《权力共享:公共治理与私人市场》,孙迎春译,北京大学出版社2009年版,第159—160页。
② 〔美〕里贾纳·E. 赫兹琳杰等:《非营利组织管理》,陈江、王岚译,中国人民大学出版社2000年版,第131页。
③ 〔美〕唐纳德·凯特尔:《权力共享:公共治理与私人市场》,孙迎春译,北京大学出版社2009年版,第161页。

色,通常意义上,人们关注的是,它是否能够扮演一个公正、正义、公平的分配者的角色,这就涉及政府在实现公共利益过程中的决策模式问题。纵观历史和现实,由于政治家、政策制定者、政策执行者本身就是社会的成员,都有着自身的利益和诉求,加上决策过程的复杂,政治家、政策制定者、政策执行者往往或者主观上倾向于某一利益群体,或者客观上做出不利于某一群体的决策,导致政策的不公平、不公正,甚至缺乏公平性和正义性。譬如,历史上,美国的老百姓从罗斯福的社会福利中尝到了甜头,得到了实惠,最初他们欢呼雀跃,"人们多少有点天真地把山姆大叔视为一个与老百姓的钱袋子完全无关的慈善之源"①。然而随着时间的推移,随着社会福利刚性特点的显现,人们渴望更高水平的福利,也担心福利体系潜在的问题——政府的官僚作风、对弱势群体的娇纵、联邦政府对地方政府权力的侵蚀而导致州政府的衰弱等。在经济大萧条时期,公共服务的效率、运行过程中的贪污腐化等问题已经暴露出来了。"在政府充当监管者的体制下,总是潜伏着这样的危险:当作'公共利益'来夸耀的东西,实际上会变成一个集团的利益——如果不是实业家、银行家或退伍兵的利益,那么便是农民、工会或者一大帮无用之辈的利益。"②"他(罗斯福——作者注)致力于通过提升物价和大规模经济扩张,而不是通过降低物价和注销债务来实现复兴。他必须始终让自己的脚踩住加油器,而不是踩住刹车,前方的道路看上去尽管黑暗,但他必须一直向前开。"③罗斯福时期,利益集团业已经形成,即便是那些为政府服务的经济专家、公职人员也没有表现出人们想象的那般无私和诚实,更不用说那些大企业了。在公共政策的制定过程中,所有利益相关者,都不是生活在真空中的,他们都有自己的利益和政治立场。

进一步分析,决策本身是一个非常复杂的过程,既涉及认识方式问题,也涉及如何把各种认识组合起来形成一个全景式描述和分析。"政策制定的关键问题是信息的系统性和机构问题。碎片化的学术训练和碎片化管理

---

① 〔美〕狄克逊·韦克特:《大萧条时代》,秦传安译,新世界出版社 2008 年版,第 98 页。
② 同上书,第 99—100 页。
③ 〔美〕弗雷德里克·刘易斯·艾伦:《大衰退时代》,秦传安译,新世界出版社 2009 年版,第 161 页。

机构阻止了我们系统地去分析问题,这种危机是一个体制问题。如果我们只看问题的一部分,这部分只是一个个人偏好的认识问题。在全球市场和国家规制、国家政策以及国家与全球之间的关系这样一个层面上,个人的碎片化认识将显得微不足道。每个人都认为自己提出的问题很重要,但是现实问题是一个系统性问题。"① 这实际上告诉了我们,决策的重要性、综合性和系统性,也就是如何建立综合决策机制的问题。建立综合决策机制不是一个新问题,十几年前就已经被提出来了,只是如何落实的问题。进一步说,各种不同的认识背后必定牵扯到不同的利益群体,综合决策过程不仅是一种通过讨论补充各自不同认识缺陷的方式,更是一个利益博弈的过程。尤其是在当下中国,利益群体的形成已经是一个不争的事实,如何在平衡各个利益集团的关系中形成新的利益平衡并实现公共利益最大化,是当前推进基本公共服务体系建设及其均等化的关键。

(二) 以完善的决策机制确保公共利益

公共利益的实现需要建立和完善公共决策机制,发挥所有利益相关者的作用。要通过公共决策机制把各个方面的意愿表达出来,使各项基本公共服务的建设有的放矢,真正满足人民群众的需求,避免公共资源的浪费和在社会领域制造"泡沫",也避免社会矛盾和社会冲突。政府要支持各类居民自治组织的建设和完善,通过诸如业主委员会等形式的公共参与机制来实现公众意愿表达和公众监督的目的。"十三五"时期基本公共服务规划要在实现公共利益的公共决策机制方面有所创新,就需要跳出单纯的就基本公共服务谈基本公共服务的视野,另辟蹊径。评价机制的关键是居民的满意程度和公共服务达到的实际效果。这就要求客观全面评价公共服务的绩效。所谓客观,就是要真正建立独立的第三方评估机制和机构,使评估方在不受到实施方干扰、影响和左右的情况下,能够行使评估职能。所谓全面,就是要从效率、效益、经济和公正四个方面评价公共服务发挥的作用。同时,既要评估公共服务的直接产出,还要评估公共服务的间接产出或长远影

---

① Olivier Blanchard, etc, *In the Wake of the Crisis*, the MIT Cambridge, Massachusetts, London, England, 2012, p.170.

响。要充分认识到,基本公共服务作为政府确保个人实现基本权利的制度安排,更要着眼于长远,如政府负责义务教育,不仅仅是着眼于当前的升学率,更是着眼于国家和民族人口素质以及由这种素质所决定的国家和民族的竞争力。再比如,各地实行的所谓"名校制度"的实际效果到底如何?需要怎样来评价,从长期看名校培养的人才是不是真正成为社会需要的人才?名校真正成才的人是得益于名校的教育质量、名校的领导与教师的素质,还是得益于它吸引的生源的素质、家庭、社会关系呢?这个问题至今没有得到深入科学的研究,但的确需要对其深入研究,因为它决定着教育改革的方向。教育改革之所以不得要领,除了利益藩篱之外,缺乏深入细致的研究也是重要原因。

三、从一般的价值取向到具体的政策措施

明晰公共利益是一般意义上的价值取向,而实现公共利益则需要制定具体政策。

(一) 从性质类型、供给方式与需求特点细化公共服务

对于基本公共服务,要根据社会问题、社会服务、公共服务的对象、活动类型、评价效果、时限等进行分类,然后采取不同的处理和解决办法。不同的社会问题需要采取不同的解决办法,如针对老年人和残疾人用慈善的办法可能更好一些,而对于刑释解教人员可能采取社会经营会更加有效。在基本公共服务供给领域也是如此。例如,社会经营的根本特征是在其设计上要求必须是可持续的,这也就要求它的服务对象不能仅仅依靠捐赠,必须在社会发展中增加帮助穷人和其他人群的就业和增加收入。与社会慈善相比,社会经营鼓励受助者保持个人尊严和自立,我们看到,即便是一些很好的慈善机构和慈善项目也往往难免使受益者的自我发展动力消失殆尽。以消防为例,消防作为确保人民生命安全的服务理应划入基本公共服务范畴,但是,消防有其特殊性,火灾发生的概率不是人们能够预测的,所以消防设施、设备和人员的配置就成了一个难以估算的问题,特别是人员,配置多了会浪费,配置少了会在紧急时刻不够用。针对这种情况,美国和加拿大在人

员配置上采取政府消防人员与消防志愿者相结合的人事体制安排。这就是所谓公共服务分类的实质和根本所在。明确市场与政府社会的关系有很多细致工作要做。政府与市场、政府与社会的边界也只有在这样的细化过程中才能真正明晰起来。

当前中国细化公共服务，要以人为中心，注重保护农民利益，从与农业现代化相辅相成的新型城镇化战略出发，注重探索在中小城市促进产业发展、创造就业机会的发展模式，在解决就业的同时，解决困扰农民工及其家庭乃至整个社会的留守儿童、留守妇女和留守老人问题，并建立与这种经济发展方式相适应的基本公共服务供给模式。要打破部门分工界限，统一研究公共服务的供给问题，建立社会工委或社会建设办与发展改革、民政、医疗卫生、公安司法、残联、人力资源和社会保障等部门参与的联席会议制度，一道研究当前政府购买公共服务的问题，统一分类，分工协作，协同推进，使政府购买公共服务工作更加有效。

（二）建立和完善竞争机制

利用私人部门和资本市场不仅仅是为了解决资金问题，也是为了发挥它们的社会和环境价值。由于社会金融、社会经营，以及企业社会责任的出现，市场与社会的边界也越来越模糊，双轨体制可能会逐步走向综合体制。这代表了当前推动社会发展和公益事业的最新战略构想。一批新兴的企业慈善、非营利组织、合作社和社会企业家正在探索经营模式和转向私人投资领域，以获取开展项目和进行创新需要的资金，实现自己组织的持续发展和满足更大范围的社区发展需求，推动经济增长，最终使投资者获得更多投资回报和更大的社会和环境效益。

但是，我国的公共服务存在的问题是，政府和事业单位提供占主导地位，企业和社会组织参与有限。公办主体的激励机制不足、缺乏竞争，机制体制不灵活，给政府财政带来很大压力。在民间投资领域，民营企业在市场准入方面仍然面临不少体制性障碍，有些市场可以自行调节的，依然需要行政审批，尤其在石油、金融、电力、铁路、电信、资源开发、公用事业等领域对民间资本开放程度不高。对于民间资本进入金融、石油、电力、铁路、电信等领域,需要政府相关部门、企业和第三方组织一道研究具体政策细节,提供适应性强的制度保障,进一步明晰审批和监管的界限。凡是涉及与公共利益有关的工程项目招标、产权交易、政府采购、土地交易以及资源环境交易等,都要纳入公共资源交易体制机制中进行公开交易。政府要对上述交易全程监督,适时评估,确保交易价格合理、交易过程合法,不断提升经济效益和社会效益。

(三) 不断提高政府的监管能力

权力下放并不意味着政府责任减少。政府对于基本公共服务绩效的监管的核心是,它必须清晰地知道社会组织和企业承担基本公共服务供给的能力和效果,否则它无疑就会把控制基本公共服务绩效的责任拱手交给社会组织和企业,这就不是一个简单将基本公共服务的供给转移给私人或社会的问题,其中还包含政府责任遭到破坏的风险,如果社会组织和企业没有足够的良知的话。事实上,在大部分情况下,社会组织和企业都有自己的利益,而不仅仅是市场有自己的利益。医改的教训可见以下案例。"医疗回扣、腐败窝案,媒体曝出的福建漳州医疗腐败案,内幕惊人。从今年(2013年——笔者注)年初至今,市直区县73家医院涉嫌医疗腐败,包括22家二级以上的医院无一幸免,全部涉案。案件背后涉及的是医疗购销体制性的问题。以药养医被众多媒体解读为造成药价虚高的根本原因而备受诟病。医院的发展,不是医就是药两条路,政府给的钱有限,医院可能就把它盯在药品上。"①

政府把责任和权力交给市场、社会,中央政府把权力和责任交给地方政府,虽然在服务方面的投入减少了,但是在监管方面的投入不能随之减少,而是必须增加。从美国的经验来看,"大社会"建设的结果之一是许多政府项目的实施效果令人失望。② 政府不仅要为社会组织和企业承担公共服务提供环境,也要加强自身内部的建设,包括利用现代信息技术和大数据来掌控基本公共服务供给的效果,一个精明、公众满意的政府必然是一个内部运作能力极强的机构。

---

① 《漳州医疗腐败,何以全线失守?》,《领导决策信息》2013年第29期。
② 〔美〕唐纳德·凯特尔:《权力共享:公共治理与私人市场》,孙迎春译,北京大学出版社2009年版,第167页。

政府购买公共服务:技术路径与价值基础

一、政府购买公共服务的前提

(一) 提升公共服务绩效

政府购买社会组织、机构和企业提供的公共服务主要是为了提高公共服务的绩效。"政府绩效就是'政府行政管理活动所取得的业绩、成就和实际效果'。"[①]绩效作为一种产出结果和状态,体现为是否有效,是否令客户满意,具体可表述为效率(Efficiency)、效果(Effectiveness)、直接产出(Outputs)和间接产出(Outcomes)。在这个问题上有三种表述,一是 3E(Economy,Efficiency and Effectiveness),即经济、效率和效能。经济,是以最少的投入获得最多收入的方法。效率,是衡量投入产出,包括在保证一定标准的资源投入的同时使有效产出(各项服务)最大化。效能是对产出和影响的衡量。德鲁克(Drucker)认为,"经济和效率描述的是实现目标的方式,效能描述的是行为结果与行动目标之间的吻合关系"[②]。

---

① 王逸:《困境与变革:政府绩效评估发展论纲》,湖南人民出版社 2007 年版,第 7 页。
② P. Drucker, *Management: Tasks, Responsibilities and Practices*, New York: Harper Business,1993.

从经验来看,效能在三者之间是最难评估和计量的,特别是它的客观性和准确性。二是 4E,即有学者在 3E 之上又加了第四个"E",即公平(Equity),指的是行为过程和影响的正义性和公平性。在一般意义的公共服务评价中,强调公平是必要的。例如,在有关垃圾处理或污水处理的收费问题上,要考虑弱势群体的收入及对他们的扶持和救助政策等。三是测量直接产出和间接产出。在效率上,可以操作化的指标就是直接产出(Outputs),在效果上就是间接的产出(Outcomes)或影响。一般说来,直接产出是可以通过客观指标进行测度的,涉及基本公共服务时,包括现有的官方统计指标都是可以用的。间接产出在国际上通常是通过主观指标来测度的,常见的办法是通过问卷调查来测量客户的满意与不满意程度。就微观角度而言,基本公共服务绩效是指城市或区域能满足每一个居住者生活个性化需要的程度,它使城市或特定区域更具功能性,更符合特定群体(比如弱势群体等)的生理、心理特征(如智障者、残疾人等)和特定时期(如战争、灾害)所急需的特殊服务(如应急救助、抗灾抢险)等。

(二) 提升居民的主观感受与满意程度

从直接产出和间接产出出发,可以把公共服务绩效界定为,人们所享受的公共服务的水平和对于这种享受的主观感受与满意程度,包括客观的公共服务水平和主观的公共服务感受。客观的公共服务水平是指在一定经济发展水平下,政府、社会和市场供给的公共服务的数量和质量。主观的公共服务绩效是指人们对于一定经济发展水平下,政府、社会和市场供给的公共服务的数量和质量的主观感受和满意程度。客观公共服务绩效和主观的基本公共服务绩效共同构成科学意义上的公共服务绩效,缺一不可。作为经济社会发展终极目标的人通过直接获得公共服务来得到最基本的满足,客观供给和主观感受在个体身上最终得到体现,公共服务目标也在此得以实现。

从主观感受出发,必须深入研究公共服务的具体特点和价值基础。我们来看最近发生的新闻事件,诸如 2013 年 10 月 25 日浙江温岭第一人民医院发生的病人因不满意治疗结果杀医案和 10 月 30 日四川成都某校小学生因老师批评跳楼自杀事件。它们表明,公共服务的供给从深层次折射出服务者与被服务者之间的人际关系,不仅仅是服务与被服务的关系,或者购买与被购买的关系。主观的基本公共服务感受表明,基本公共服务绩效是一个集经济、社会、文化、精神于一身的综合体。基本公共服务的目标不是单一的,通常是多元的,所以,基本公共服务绩效评估的手段也不是单一的。为了实现这一系列绩效,才有了政府购买公共服务的举措。

二、政府购买公共服务的技术路径

(一) 对居民需求与公共服务开展分类

实现政府购买公共服务,必须将居民的问题和需求细化,由相应的机构人员加以处理。这实际上也是一个进一步厘清政府、市场和社会关系的过程。基本公共服务的供给包括三类:一类是政府的资金投入和政府直接提供的公共服务,主要是公共财政在社会发展领域的支出和政府在社会领域的服务,特别是基本社会公共服务;二是社会服务,包括社会组织参与和提供的基本公共服务;三是企业供给的基本公共服务。这是基本公共服务供给的主要模式或方式,它们直接影响基本公共服务的质量,或者说是绩效。基本公共服务是一个国家或地区(广义概念而非特定的区域)所能提供给居民以及外来人口所能感受和拥有的日常生活所需要的设施、环境、技术、服务等的总和。其中,政府的公共服务构成基本公共服务的基础,在此基础上,还包括社会自组织系统内可能提供的服务,如社区组织、志愿组织、慈善组织等。后者正在成为影响基本公共服务绩效变化的越来越重要的因素。举例来说,美国堪萨斯的劳伦斯对市政服务做了细化,针对每一类问题和需求,都设有专门电话,诸如垃圾车、狗叫、人行便道修理、房屋修理、涂鸦、危险停车、悬垂的树枝或灌木、坑洼、地理信息系统资料索取、迷路狗、暴雨堵塞、杂草、路灯损坏等,专线专用,专事专办。这样有利于提高办事效率,也有利于提高居民的满意度。这样既可以满足居民的需求,也可以扩大基层公共部门就业。

考虑到公共财政支出能力,以及历史、政治、文化的不同,基本公共服务或社会服务的内涵和外延也不一样。"每个社会都会根据自己的经济实力、市场和制度环境,以及实际的公共需求,来做出合理的选择。"①世界上有一些国家又在公共服务中划分出基本公共服务(表-1)。不同国家或地区,不同发展阶段或时期,基本公共服务的范围和特点是不一样的。这一方面取决于能够满足社会公共需求意愿而可用于再分配的财政收入有多少,还取决于政府失灵的程度、市场的发育程度、非营利部门的成熟状况、公共部门交易费用的高低等诸多因素。例如,在南非,基本教育(学前和小学教育)和初级医疗被定义为基本社会服务;在加拿大,基本公共服务包括教育、医疗卫生和社会服务(主要是社会福利);在印度尼西亚,基本公共服务被定义为初等教育和公路设施;巴西则更加注重教育和医疗卫生。与其他福利国家不同,挪威地方政府很少考虑居民的住宅问题,因为挪威大多数住宅由私人建造并归私人所有。国际上也有人把基本公共服务称为核心公共服务(Core Public Service),如教育、保健、社会安全网等。

表-1 纯公共产品、私人产品、准公共产品特征及其供应方式②

	基本特征	供应方式	实例
纯公共产品	非排他性 非竞争性	政府提供 政府投资	社会救助
准公共产品	非排他性与排他性 非竞争性与竞争性	市场提供与政府提供相结合的方式	出租车
私人产品	排他性 竞争性	市场提供 向消费者直接收费	汽车、服装、日用品

政府有责任提供公共服务,但是政府不能提供所有的公共服务。各国的历史、文化、政治等背景不一样,公共服务生产的制度安排差别也很大。在美国,公共服务和公共物品的生产和供给主要是由地方政府提供的,而这类公共服务基本上由社区居民消费,组织这种消费的方式通常有直接生产、签约外包、特许经营、代用券、混合策略等。

考察公共服务供给必须考虑每一类服务的特征、供给框架和生产安排。

---

① 刘小玄、赵农:《论公共部门合理边界的决定》,《经济研究》2007 年第 3 期。
② 参见王雍君等:《地方政府投融资研究》,经济科学出版社 2009 年版。

例如教育服务是实现个体社会化的过程,其服务特征是师生之间面对面的交流。教育服务的供给框架是分散的学校,其生产安排是政府承担基础教育或义务教育等。

表-2 加拿大不列颠哥伦比亚省人文服务[①]

服务类型	服务特性	供给框架	生产安排
教育	师生面对面交流	教育部:立法、制定标准、财政支持 学校委员会:教师聘用、课程范畴、特殊项目、课外活动、最终预算 大专院校:中学后续教育	地方政府:初级和中级教育 地方学校特别区:公共教育的学校 学校特别区签约:校车、建筑物的建造和维护、政府补贴
公园及娱乐设施	公园和游乐场所:开放、公共物品 娱乐项目:易于监督、使用者付费	公共娱乐提供:地方行政区和特别发展区设立社区娱乐设施基金 娱乐委员会:政策制定、设施管理	建设:签约私人公司规划、设计和建造 管理:签约由政府特许经营的地方非营利团体或私营机构 使用者:付费或部分付费 志愿者:棒球、英式足球、冰上溜石、曲棍球、手工艺作坊
图书馆	推介书目、提供视听资料、交流信息、娱乐 自然垄断 政府税收资助运营	提供者:市政当局、地区图书馆特别区、地方行政区和非营利组织 市政事务部图书馆服务局实施监督	图书馆委员会负责管理 志愿者参与
博物馆	公共物品、政府供给 志愿者和非营利组织参与	由议会的一个委员会或历史社团运营 省政府财政预算	地方政府雇员和志愿者运作

---

① 〔加〕罗伯特·L.比什:《加拿大不列颠哥伦比亚省地方政府》,孙广厦等译,北京大学出版社2006年版。

(续表)

服务类型	服务特性	供给框架	生产安排
公共卫生	典型公共物品、全体居民受益、政府财政预算、专业性	地方卫生当局：制定政策、协调	社区卫生服务部门：诊疗服务
社会住宅	福利性质、政府资助	国家住宅项目给予支持；地方政府提供政策支持，参与管理，直接提供住宅	设计部门负责设计，建筑公司负责建设，建成后交给所有者、承租者或其他人员管理

（二）根据不同性质的公共服务实行不同的供给方式

案例分析 1：失智失能老年人要求长期护理保险和长期护理服务

高龄化已使全国出现上千万失能失智自理困难的老年人，一般估计在 3700 万人。我国养老保险制度框架初步搭建起来。养老保险仅仅解决了老年人年老退休后的生活问题，解决不了他们失能时的护理问题。考虑到失能后的长期护理，国际上通常启用护理保险，如德国、日本、美国等。日本人从 45 岁开始购买护理保险。德国人一工作就开始，目前在步步推进，一旦失能马上就有保障。据研究，美国老年人到 65 岁后有 40％的人面临进入护理机构或接受长期护理的风险。过去美国人主要靠家庭照护，现在，随着家庭成员就业、离婚等，家庭照护越来越困难，并让位于长期护理。美国的长期护理保险来自现金、医疗保险、医疗救助和个人保险，属于医疗保险项目中的一类，始于年轻时的人生规划和缴费。最初，德国没有把养老护理看作一个特殊专业，更没有视为一个行业。起初只是随便建一些房子，从医院或诊所借来一些医护人员，甚至允许失业的人从事这方面的工作。后来的实践证明，非养老护理专业人员会带来数不清的麻烦。

老年人护理涉及老年病科、健康教育、长期护理技术、康复护理、临终关怀护理等，非常复杂。

德国历史上曾忽视家庭对老年人的作用和意义。在 20 世纪 60 至 80 年代里，曾认为养老院可以替代家庭，而今天又重新意识到，家庭是老年人永远放不下的情愫，家庭中的亲情关系是其他任何关系都无法代替的。只有跟家庭养老方式相结合,才能提高老年人的生活质量。鼓励研制开发适合长期护理需要的技术设备,政策上予以扶持。

为健康老人建的养老院和面向需要长期护理的老人的养老院在设施、设备和人力资源的配置上是不一样的。长期护理会涉及布局问题,诸如基础设施的投入与功能定位、设备的配置以及人员的配置与培训等。长期护理需要一整套服务体系,没有体系就谈不上长期护理。长期护理人员需要一定的待遇,目前,长期护理人员压力大、工作强度高,工作价值的社会认可度低,职业吸引力不强,造成人才短缺和人才流失严重。目前养老院基础设施经常更新、扩建,但护理人员缺乏培训,对养老院里的人该怎么照顾,考虑很少。有的养老院甚至出现老人非正常死亡,这说明养老院护理和服务有很大的提升空间。护理人员短缺是不争的事实,必须建立一支专业化的、技术化的队伍来服务老年人群。护士和护理不是一个专业,应按照护理的要求培养一支专业护理队伍,政府应当在这个领域加大投入力度,这是建设养老服务体系中最为关键的。

当代中国老龄人口护理的一个特点就是独生子女和空巢家庭日益增多,老年人独居和缺少情感交流导致心理问题,这是老龄服务业必须考虑的问题。当然,各地在实践中逐步探索以家庭养老为主、以社区养老为辅、以机构养老为支撑的养老服务模式来应对这个挑战,值得进一步深入研究。

案例分析2:出租车服务要求特许经营

与基本公共服务不同,准公共服务或准公共物品介于纯公共服务和私人服务之间,介于政府公共服务和市场服务之间,是一个混合领域。它既以商业交易为中心,同时又必须兼顾经济和社会因素,其界限、性质、模式等直接影响政府职能的发挥,也影响市场体制的建设和完善。准公共服务在我国是一个庞大领域,涉及公共交通、高等教育、医疗卫生、水电道路等。这些领域目前也是我国改革和发展面临挑战最多、最为艰难的领域。

出租车行业的特点要求各级政府选择更为有效的公共服务制度安排。制度安排的效用递减和行政体制自身的弱势,使得如果政府亲自安排出租车服务供给,会使这个行业无法经济、有效地提供服务,而且会造成财政赤字负担过重,也不能迅速回应公众多元化的需求。国际上出租车改革历史悠久，但问题依然很多。究其原因，这个行业非常复杂，涉及公共利益和私人利益、政府责任和个人权利、经济效益和社会效益等。在这个意义上，可以将其称为非常复杂的混合公共物品。与大公共交通工具比较起来，它属于混合公共物品的更下游的部分，包含了更多的私人服务性质。例如，在英国，出租车是低收入者、无车者和残疾人群体中20%的人外出的交通工具之一。南非的约翰内斯堡大都市法规中，出租车与小型公共汽车、公共汽车一道被纳入大都市公路交通法规统一管理。在南澳大利亚，出租车是有效率、成本—效果相当的公共交通的组成部分，也是当地重要的旅游交通工具。在加拿大，出租车是公共交通的组成部分。近年来，加拿大政府采取措施推动出租车行业创新，保持其经济活力，旨在发展这一公共交通部门。美国纽约市把出租车视为城市交通的组成部分。总之，各国国情不一样，但大都将其视为公共交通的重要组成部分或补充。

在经济社会发展的不同阶段，出租车的服务对象会发生变化。在城市交通体系不完备的初期，由于社会、经济发展水平不高，出租车服务的主要对象是城市高端消费人群；随着社会、经济发展水平的提高，以及城市综合交通体系的完善，出租车在提供个性化出行的同时，服务的主要对象也会扩展。高端消费人群会更多地购买私家车，出租车服务逐渐面向日益增多的白领阶层。

出租车的公共特性首先表现在经营权的公共性上，政府通过非市场化的特许经营方式把经营权无偿让渡给经营者；政府无偿让渡的目的是为了保证城市居民的公共利益——出行便利和城市交通的良好秩序。同时，出租车行业又具有私人部门特征，首先，其中的行动主体——乘客、司机和出租车公司都各具自己独立的意志，以自身的利益最大化为目标，但由于交易过程中的自主权的占有、使用、收益和处分都有一定的限制，又不具备完全的私人性。一般说来，出租车价格是法定的，乘客和司机之间没有讨价还价、相互协商、相互协调，进而达成交易的可能，行动主体的平等性也是不完整的；在出租车领域，公司之间、司机之间只能在质量上开展竞争，无法在价格上竞争。

出租车行业的外部性非常明显：城市道路资源有限、乘客需要安全、汽车尾气排放影响环境等问题。不同的交通方式对碳排放影响是不一样的。出租车市场是一个准市场机制,因为出租车在大部分国家是实行总量控制的,消费价格也受到严格管制。在这个领域并不存在完全的市场机制,换句话说,以市场的自愿交易和自发秩序为核心的市场机制在出租车管理领域会出现失灵。政府干预的目的不在于别的,而在于弥补市场的失灵。在一些国家,出租车还在外表上被严格规定。一般说来,地方的服务市场是不完善、缺乏竞争的。地方准市场的成功取决于中央政府的政策和对市场的管制。

基于上述特点,政府把出租车经营垄断性特权给予企业或个人,让其在一定范围和一定条件下为城市居民提供服务。这些条件包括总量控制、质量控制、价格控制、强制标准、经济合同法和劳动合同法的实施等,以保护行业健康发展。也正是在这个意义上,出租车行业本身具有公共性的一些特质是指,出租车行业有自己的特点,出租车的数量关系到城市交通是否畅通、市容市貌是否雅观、居民出行是否便利和安全、外来旅游者是否便利、各个社会阶层是否满意、出租车司机收入是否得到保障等。

三、政府购买公共服务的价值基础

在理想状态下,要实现政府购买公共服务,必须建立买方、卖方和消费方各自的价值理念,这就是,买方的公共价值、卖方的职业主义价值和消费方的社会公德。现实中,我们有诸多政策,纵然制定得很好,但是由于缺乏相应的配套措施和社会环境而无法实施。美国社会学家罗伯特·派克(Robert Park)认为,任何社会制度形成时没有不是带着价值色彩的。这个带有价值色彩的东西在维系着社会制度的运行,不管人们是否认识到这一点。[①]

(一) 政府,培育买方的公共价值

从政府建立基本公共服务项目来说,它涉及三种责任——政治责任、财

---

① 《费孝通文集》第一卷,群言出版社1999年版,第254—258页。

政责任和管理责任。就其政治责任来说,主要是实现社会公平与公正,这就要看居民享受基本公共服务的水平和普遍性——基本公共服务均等化的水平,既要看基本公共服务供给,也要看居民对基本公共服务的满意程度,还要看基本公共服务对居民长期发展的影响。就其财政责任来说,作为政府的公共财政支出,政府对其必然会有产出效率要求,这一目标很大程度上可以通过投入产出实现,提高政府在基本公共服务领域的投资效率,会缩小政府财政支出的缺口,减轻政府的财政负担,换句话说,就是为公众提供更多的基本公共服务。就其管理责任来说,这主要是指供给方式和服务质量。如果政府缺乏政治责任,就很难形成针对居民需求的政策,如果政府缺乏财政责任,即便是有政治责任,也难以实现其政治目标。而管理责任的缺乏会直接影响服务效果。政府的政治责任、财政责任和管理责任都是基本公共价值的重要内容。

就政府来说,最为典型的公共领域是福利领域,也最能体现其公共价值。福利不过是纳税人通过政府实现自己慈善目标的一种方式。换句话说,政府福利、慈善和志愿服务及由此衍生出来的服务体系及其活动是公共领域的核心。

政府的管理责任则是通过公务员的具体行动实现的。如何培养公务员的公共价值?让我们先看看国外涉及公共部门的人事制度。通常,国际上把创造地方政府的就业环境放在一个非常突出的位置。根据《世界地方自治宣言》第5条,"地方政府雇员的雇佣和培训机会,应当确保地方政府的职位是具有吸引力前景的职业。中央政府和/或上级政府应鼓励和促进地方政府实行功绩制。《欧洲地方自治宪章》第6条要求,'地方政府雇员的任职资格条件,应确保根据品行和能力录用到高素质的人员;为实现这一目的,应提供充分的培训机会、报酬和职业前景'"[①]。这就是说,要把地方公务人员的素质高放在首位,为此要充分考虑他们的培训、报酬和职业前景,使他们有信心、有责任心来从事这项工作。

这些年来,对于公共价值影响最大的正是党中央目前在贯彻群众路线

---

① 任进:《比较地方政府与制度》,北京大学出版社 2008 年版,第 323 页。

教育过程中大力反对的"四风",即形式主义、官僚主义、享乐主义和奢靡之风。政府官员和领导干部中盛行的"四风"大大影响了政府官员为人民服务的作风和态度,使他们与人民群众之间的距离越来越远,这要求中国在反"四风"中重塑公共价值。

(二) 供给方,培育职业操守

温岭杀医案发生后,有人将其归咎于医生和医院追求私利和利润,无视病人的痛苦,缺乏职业操守,等等。职业主义价值观指人们在从事职业活动时必须坚守道德底线,遵循基本职业操守。职业操守是从业人员在其所从事的职业活动中的行为规范和社会道德担当。良好的职业操守至少包括:诚信、遵纪、守法、诚实、文明、礼貌、公道。遵守职业操守和完善制度是统一的。就医生来说,仅仅靠遵守职业操守是不能完全约束其行为的,还必须有相应的待遇保障。医药卫生改革坚持公益方向没有问题,问题是政府在实行基本药物制度和遏制以药养医之后,应当建立起相应的财政制度,这恰恰是造成当前问题的原因之一。

企业在创造利润、对股东利益负责的同时,还要承担对员工、对消费者、对社区和环境的社会责任,包括遵守商业道德、生产安全、职业健康、保护劳动者的合法权益、保护环境、支持慈善事业、捐助社会公益、保护弱势群体等等。这实际上需要启动利他主义的精神,因为我们知道,"个人利益并非驱动我们行为的唯一因素。还有另外一种隐匿但同样强大的东西。当私欲的'发动机'燃料耗尽,占有更多不再是行为的目的,这种东西就会出现。这就是我们另外的一个'发动机'——为他人服务。与自私自利一样,为他人服务的精神也是人类天性的一部分"[①]。人类不仅追求索取,也谋求对他人的付出,利他主义造就了人类的社会生活。利己与利他始终是人类社会发展的内在源泉,只是在不同时期、不同的历史条件下,它们在人类行为中体现的程度是不一样的。过去几百年,受利己主义驱动,市场经济突飞猛进地发展起来,资源在私人领域密集配置,相反,利他主义支持的社会领域资源匮

---

① 新华通讯社:《智报载文谈"慈善资本主义"趋势及对解决社会问题的贡献》,《参考资料》2010年1月11日。

乏,发展缓慢。无论对医生还是对企业家,单独强调利己主义或利他主义都是不够的,必须把二者结合起来。

(三) 消费方,培育社会公德

消费者要讲公德。公德是指在一定的社会生活中,为了维护正常的社会生活秩序,全体社会成员应当对社会和他人负责的一些最基本、最起码的公共生活准则。梁启超的《新民说》有言:"夫所谓公德云者,就其本体言之,谓一团体中人公共之德性也;就其构成此本体之作用言之,谓个人对于本团体公共观念所发之德性也。"[①]"公德之大目的,即在利群,而万千条理即由是生焉。本论以后各子目,殆皆可以'利群'二字为纲,以一贯之者也。"[②]人是社会的存在物,人要在社会中生活,就必须遵循社会组织为维持一定的社会秩序而建立的各种社会规范,其中社会责任感是最普遍的、最广泛的、渗透性最强的社会规范。作为个体的人之所以遵守社会规范,进行道德选择,是出于自身和社会生存与发展的需要。一个人能否得到社会和他人的认同和赞许,是人的一切利益中最基本的利益。而得到认同和赞许的关键,则在于一个人是否有美德和具有社会责任感,品德高尚的人会得到社会和他人的赞誉。举例来说,医患矛盾加剧呼唤的是"医患信任",而不是目前一些地方和医院实行的医生习武和增加保安人员。不要让偶然事件加剧社会秩序混乱,导致非常态化举措常态化,那不是社会建设的方向和目标。社会建设的目标是公平公正和正常秩序。社会建设的具体目标就是要实现人民健康的社会生活,促进人们之间的交往和沟通以及在此基础上的尊重和友爱。社会的正常秩序则依赖于建立在社会公德基础上的沟通、认同以及各种社会关系。良好的沟通仰赖于语言表达、内容传递、话语体系、心里坦荡和态度平和。这其中每一个环节都包含了修养和素质。

---

① 梁启超:《新民说》,辽宁人民出版社1994年版,第162页。
② 同上书,第42页。

四、结论与讨论

要真正把政府购买公共服务的政策落到实处,还有许多工作要做,还有一段路程要走。其中最基本的,一是在技术上要进一步对公共服务进行分类,根据不同的类型建立买方与卖方的关系模式,这就要求政府制定政策的精细化。在经济社会发展进入转型升级时期,政策的制定和实施恐怕也面临着转型升级,人民群众日益增长的对于公共服务的需求,要求相关政策制定必须精细化、具体化和可操作化,这实际上给各级政府、社会组织和企业提出了新的要求。二是要建立完善实现公共服务消费的社会价值基础。整个民族要逐步培育出"十二五规划"纲要要求的"奋发进取、理性平和、开放包容"的社会心态。

明确审批放权边界的原则、标准和切入点

千里之行，始于足下。审批放权，要深刻认识政府改革的复杂性和艰巨性，在理论上大胆探索，在思路上改革创新，在设计上精心细致，在实践上求真务实。要进一步明确，哪些权力需要下放、压缩和转移，哪些需要根据实际情况完善和增加。政府职能转变，要有破有立。这就涉及界定审批放权的边界问题。

国家在2004年对项目核准作出明确规定，要求凡是涉及国家经济安全、重要资源、主要河流、污染严重和能源消耗大以及涉及国家重点建设项目的投资必须由国家核准。当前，要根据新形势下的新情况，在科学发展观的指导下，进一步明确审批放权的边界。

明确审批放权边界的意义在于真正实现本次改革的目标——政府职能转变。当前需要注意的是，在利益格局还在调整中和新的利益格局协调机制没有建立起来的情况下，要防止一些部门和地方以"凡是市场能办的交给市场，凡是社会能办的交给社会，凡是地方政府能办的交给地方"为借口，把一些不该下放的下放了，而一些需要下放的却留下了，使现有的利益格局进一步固化。

根据国务院机构改革和转变职能的构想，行政审批权下放、压缩和转移主要是面对市场、社会和地方政府，这就要求厘清政府与市场、政府与社会、中央和地方政府的边界，要对经济调节、市场监

管、社会管理和公共服务的具体形式、主要内容、服务对象进行细心研究,精心分类,制定出符合现阶段中国国情的规则和标准,找准切入点。

一、明确审批放权边界的原则

(一) 从国情和我国阶段性特点出发

世界上不存在一般意义上的政府与市场、政府与社会、中央政府与地方政府关系模式,由于各个国家的历史、文化、经济、社会和体制背景不一样,政府与市场、政府与社会、中央与地方政府关系的组合方式也不尽相同,这也是迄今为止在世界范围内会出现并存在着自由市场体制、国家市场体制和社会市场体制等不同经济模式的原因。一个国家走向市场化的阶段不同,市场化程度不同,政府与市场、政府与社会、中央与地方政府关系的表现方式也不一样。中国经过三十多年的改革开放发展,社会主义市场经济体制框架基本确立,但重点领域关键环节的改革仍任重道远。当前,要在坚持社会主义市场经济改革方向的前提下,深入研究现阶段中国发展的历史、社会、文化和阶段性特征,探索符合中国国情的政府、市场、社会以及中央与地方政府的边界。以取消"非营利性科研机构认定"和"国家级示范生产力促进中心认定"为例,改革后,这些过去依靠政府审批获得地位、信誉和资源的机构要面对还没有改革的国有科研机构,意味着这些机构今后要完全依靠自己的研究能力、工作水平和社会影响在经济社会发展中求生存、求发展、求壮大,与目前处于改革前夜的国有科研究机构进行竞争。这就是中国特色、中国国情和现阶段的特点,这自然需要加速国有科研机构改革。否则,竞争环境不公平,何以谈发展?

(二) 坚持有理论指导的实践

改革进展到这一步,理论的储备必不可少。回顾20世纪90年代社会领域的产业化问题及其带来的后果——老百姓看病难、看病贵、上学难、上学贵等,究其根本,理论上准备不足即是原因之一。当时,经济沙文主义盛行,有人认为经济发展可以自然而然地带动社会发展,认为市场手段可以适用于所有领域。现在看来,当时的理论界对政府性质、公共服务特点以及教育和医疗的基本公共服务等重大问题缺乏深刻认识和研究,对于世界范围内的相关理论也缺乏了解。过去一个多世纪中,主要国家分别对自己的政府职能、基本公共服务体系进行了改革和创新,形成了各种各样的基本公共服务供给模式。目前这种创新依然在探索中,有些研究已经非常深入,例如,当决定提供一种公共物品或服务时,必须考虑怎样生产,这些服务或物品是由政府工作人员来提供还是通过订立合同由其他的生产者来提供。至于采取何种方式主要取决于是否节约成本,是否专业化,是否公平公正,以及是否使服务对象满意。对于许多公共物品来说,政府基本上是安排者或提供者。从现代社会发展趋势看,在公共服务领域,政府越来越多地扮演制度的安排者角色。在涉及基本公共服务供给的问题上,发展改革、卫生、教育、社会保障和劳动就业、民政、残联、文化等部门将更多地扮演制度的安排者角色。但必须认识到,目前指导公共领域改革的理论多是借鉴西方新公共管理和新公共服务的成果,如何找到适合中国国情和当前中国发展阶段特点的市场理论和政府管理理论,需要中国的理论工作者深入实践、潜心研究、勇于创新,为改革奠定理论基础。

(三) 重在操作和技术上创新

从理论上探索政府与市场、政府与社会、中央政府与地方政府的关系固然重要,在具体形式上,分清楚哪些事情需要政府去做,具体方式是什么,则更重要。对于市场和社会是如此,对于中央和地方政府也是如此。值得注意的是,最近二十年来,西方国家为了提高政府绩效,以最小的财政投入形成最大的社会产出,在社会领域探索社会企业、社会经营、社会创效证券等把市场手段引入社会领域的创新正在使市场与社会、政府与市场的边界变得越来越模糊。目前,在社会经营、社会企业和社会创效证券领域唯一能够进行区分的就是目标与手段,即目标是社会性的,手段是市场性的。这些变革和创新,需要政府制定新的管理框架和新的标准。在我国的一些地区和城市,诸如北京、上海等地正在开展此类的示范或试点。审批放权既是一个减量的过程,也是一个增量的过程。所谓减量,就是目前正在进行的,并且今后还要进一步进行的审批放权;所谓增量,就是要在审批放权的过程中,建立起一系列新的社会组织形式。比如,把政府在公共领域的投资项目审批交给独立的社会组织审批,避免下放和取消的权力在原有的体制内循环,进入自己所属的事业单位或下属单位。

二、明确划分审批放权边界的标准

（一）最大限度促进产业升级

到目前为止,国务院两批共批准取消和下放 133 项行政审批事项,重点是经济领域投资、生产经营活动项目,特别是一些对企业投资项目的核准,对企业生产经营活动的许可,以及对企业、社会组织和个人的资质资格认定等。然而,在财政体制和政绩考核体制改革没有完成的情况下,下放审批权会不会造成地方政府为发展经济而发展经济,上项目上规模? 此次下放的项目中,有 25 项是投资审批项目。从投资主体上看,除非仅仅为了追求GDP,否则企业是不会把资金投向产能过剩领域的。例如,面对当前产能过剩,取消"企业投资冷轧项目核准""举办全国性人才交流会审批""只读类光盘生产设备引进、增加与更新审批"和"设立出版物全国连锁经营单位审批"等,让举办单位或企业根据市场情况决策,自我管理,自负盈亏。作为市场主体,企业会根据供求关系做出决策和判断,不会冒投资风险。市场机制的最大特点之一就是它会根据供需信号做出判断和选择,关键是地方政府不要在土地、税收、财政等方面开口子,给企业造成投机的机会。这的确需要管好政府,要求地方政府根据产业升级要求,管好财政、土地等常规刺激经济发展的手段,在转变发展方式、改善保障民生和环境生态保护上加大力度,制定标准,做出规划,总体布局。

要下决心改变现行干部政绩考核以 GDP 为主的体制机制,在地方政府依然把 70% 以上的精力放在经济发展的前提下,有关投资项目下放还要积极和尽快研究政府资金投入的评价机制,使涉及政府项目投入的审批独立于政府。在这个问题上,可以借鉴发达国家和地区的经验,建立独立的第三方机构来处理项目申请。例如,香港大学教育拨款实际上是由独立于香港教育局的、来自各界甚至包括世界各地的专家和专业人士组成的大学教育委员会审批的；美国白宫用于社会发展的资金也是交给独立于白宫社会发展办公室的评审机构评审的，政府不介入评审过程。

（二）最大限度改善民生

权力下放还意味着过去由政府自己评价自己的工作应当交给百姓和独立的社会中介机构来承担。通过群众的评价来认定政府民生工作的绩效。在民生领域要建立"自下而上"和"自上而下"相结合的考量政府的评价制度，主要评价指标将不再是 GDP，而是民生指标和群众的满意度。

（三）最大限度促进生态文明

尽管审批权下放，但是政府对企业投资和项目建设的环境影响评价工作不能放松，而且要通过各种政策工具确保节能减排、资源节约利用、区域布局合理、生态环境健康以及公众参与。环境保护不仅是企业的责任，也是全社会的责任，要鼓励公众参与，支持居民自我管理、自我约束，逐步形成健康可持续的消费模式，这是实现生态文明建设目标的关键。例如，本次取消了企业投资纸浆项目核准后，随之而来的是如何控制污染和保护生态。政府要从排放标准和排放措施上严格把关，全程跟踪，确保环境和生态安全。在这个问题上，要吸取近年来发生在各地的由于环境问题引发群体事件的教训，政府要真正在环境保护问题上有所作为。要建立独立于政府的第三方环境影响评价机构。

三、找准进入审批放权边界的切入点

（一）建立适合政府改革目标的决策机制

审批放权需要进一步解放思想，进一步完善决策模式，更要进一步研究不论是政府投资项目还是社会投资项目的决策模式问题。例如，"企业投资在非主要河流上建设的水电站项目"的核准权限由国家发展改革委下放给地方政府投资主管部门，这不是问题的关键，关键是涉及环境生态及土地利益关系的各个利益主体参与决策和利益协调,使最终形成的方案可以为各方接受,使项目实施顺利,不引发群体事件。在中央和地方关系上,例如涉及基本公共服务均等化时,要建立中央政府、地方政府之间的协调协商机制。以澳大利亚为例,联邦基金委员会根据前一年固定的人均税收来计算转移支付基金。基金的规模和增长由每年的总理会议根据宏观因素、联邦及各州的情况来确定。澳大利亚拥有一个非常复杂的均等化体系,这个体系依赖于财政收入和财政支出需求,其计算依赖于三个变量:人均财政收入的能力、人均支出需求、循环计算的专项基金的人均不同数额。联邦基金委员会组织各州代表审议计算结构,然后递交最终建议给联邦内阁审议。联邦内阁通常根据自己掌握的财政需求和财政支出等信息做出修改,每年的部长会议做出最终决定。

(二) 对政府服务进行全面细致分类

要建设服务型政府,首先要对服务进行全面研究和分类,区分哪些需要政府财政支持,哪些需要政府直接生产,哪些可以通过市场提供,哪些可以通过志愿生产。对于通过政府财政支持的也需要进一步分类,比如政府财政支出、税收减免、联合生产、其他公共资源的投入等;对于政府直接生产的也需要进一步分类,比如治安等;对于市场生产的也要深入研究,比如政府特许经营、社会经营、社会金融、公私合作伙伴;至于志愿生产,需要进一步研究志愿服务、慈善捐赠等。这里要特别注意,随着经济社会发展,政府生产、市场生产和志愿生产的界限越来越模糊,相互之间的关系也越来越密切。除政府必须提供的基本公共服务外,在对各类基本公共服务分类和定性的基础上,要充分发挥合同外包、联合生产、合作生产、志愿生产等体制机制的积极作用,在完善体制机制的基础上,激发社会组织参与基本公共服务供给的积极性和创造性,推动社会组织发展壮大,与此同时,调动企业的积极性和创造性,促使企业积极履行社会责任。

接下来还要研究如何决定由哪些组织提供服务,包括提供哪些服务、服务数量、服务标准,如何根据财政公平原则决定财政支出,如何制定居民接受服务的标准和规则以约束居民消费公共服务的个人行为,如何根据财政预算和服务类型选择公共服务的供给者，这些是最为关键的。

（三）建立和完善自上而下和自下而上有机结合的评估体系

仅仅自上而下地考虑问题，会忽视居民和社区的利益偏好、基层特殊环境和问题，会使社区和居民的需求难以得到满足。比较好的办法是，自上而下与自下而上有机结合。例如，政府购买服务，合同外包既然是政府授权的，行政机关必然有责任对服务业企业和社会组织进行监督和管理。在合同外包过程中，一定要明确政府与外包企业和社会组织的界限，明确约定公共服务的范围，避免企业或社会组织越权。要建立健全评价规范和行业法规；着手调研和建立建设项目的评价筛选模型；建立评价的后评估规范；加强社会影响评估规范；加强就业评价方法研究，逐步引进先进的评级方法，开展就业影响评价有效性研究，发挥其决策作用。不断提升政府相关人员的知识和专业化水平。基本公共服务创新需要学习型政府和学习型公务员队伍。

以政府购买服务为例，在我国，政府购买服务尚处在探索阶段，很多配套政策还不完善，诸如，外包企业或社会组织的准入门槛尚不明确，第三方评估体系也没有建立起来。要进一步制定政策，明确外包机构的资质，细化外包机构的选聘标准，加强对外包机构的全程监管，加大对外包机构违法的惩罚力度，提高违法成本，完善对外包机构的考核机制。

加快地方政府职能转变与机构改革

地方政府转变职能和机构改革是党中央、国务院审时度势在新形势下作出的重要战略部署。一是2013年8月27日中共中央政治局会议决定于当年11月在北京召开中国共产党第十八届中央委员会第三次全体会议,会议将部署全面深化改革,其中包括地方政府职能转变和机构改革等工作。这是继2013年年初中共十八届二中全会通过《国务院机构改革和职能转变方案》之后,党中央又一次以全会的形式推进政府机构改革和职能转变的重要举措。二是新一届政府开局以来,发布了《国务院关于取消和下放一批行政审批项目等事项的决定》,并通过国务院常务会议决定的方式,分期分批取消、下放和压缩了一批行政审批项目,共计200多项,出台了政府购买公共服务、严格控制新行政许可的意见,鼓励和支持各级政府购买社会组织、机构和企业提供的公共服务,要求行政法案一般不新设行政许可。三是按照党中央、国务院的部署,国务院有关部委也加快自身改革,继国家发展改革委公布取消和下放管理层级的行政审批项目之后,工信部于7月25日宣布其负责实施的通信信息网络系统集成企业资质等4项通信建设资质资格管理工作交由社会组织承接。前不久,国家发展改革委和财政部又发出《关于降低部分行政事业性收费标准的通知》,决定自2013年10月1日起,降低14个部门20个行政事业性收费项目的收费标准,涉及公安、司法、交通、农业、工商等部门。

在国务院的政府转变职能和机构改革工作有条不紊推进的形势下，地方政府如何承接上游政府转移的职能、权力和服务，并按照完善社会主义市场体制的目标加快自身改革创新，努力打造人民满意的服务型政府已成为当务之急。

地方政府转变职能和机构改革是整个政府改革的重要组成部分。一是地方政府是行政系统的重要组成部分，承担着满足公众需求、疏导社会冲突以及整合各阶层在资源分配和政策制定中优先顺序的重要职责。地方问题不仅具有经济意义，还有重要的社会意义。社会秩序的维持和各种活动主要在地方，越来越多的问题发生在地方。近年来发生的各类群体事件和社会事件，并不是社会深层矛盾的直接爆发，而是通过一系列家庭矛盾、社区关系和人际关系的恶化间接爆发出来的，与地方密切相关。二是随着经济社会发展，地方政府的角色越来越重要。地方政府承担着越来越多的公共服务——应对人口增长、扩大就业和救济贫困人口等社会治理的任务都落在了地方政府的身上。另外，地方政府还承担着基础设施建设、公共服务供给以及社会福利制度建设的任务。三是基层社会对公共服务有着巨大需求。从有关城乡居民社区服务需求的比较研究可以看出，城镇居民最需要的服务依次是家政、就业、老年人、儿童青少年、低收入家庭服务，而农村依次是老年人、文体生活、儿童青少年、低收入家庭和残疾人服务。农村具有强烈的公共服务需求，而且与城镇的公共服务需求存在很大差别，这些都需要地方政府根据各地情况具体制定符合本地实际的政策，加以解决。四是地方政府转变职能和机构改革一直是政府改革的重要内容。2001年以来，31个省、自治区、直辖市取消和调整了3.7万余项审批项目，占原有总数的68.2%。2011年，广东率先提出改革、取消、下放314个行政审批项目，积极探索政府购买社会组织提供的公共服务等。2013年夏季，北京市民政局对其下属的六家社会组织实行改革等。这些都为地方政府转变职能和推进机构改革提供了丰富的经验。

当前地方政府转变职能和机构改革的核心问题是要加强市场监管，提高社会治理水平，提升公共服务供给能力。现代政府的四项基本职能为经济调节、市场监管、社会管理和公共服务。一般说来,经济调节主要是中央政府的责任,而市场监管、社会管理和公共服务则更多是通过地方政府来完成和实现的。一是要通过再造政府流程,提升公共服务和社会治理的效率。由电子政府到数字政府的发展和转变给当代政府的机构、政治和行政管理带来了深刻变革,它可能会促使过去以机构为中心的基本公共服务供给转向以市民为中心的供给模式,市民参与也越来越重要。数字自治将通过访问网址、移动服务供给、网络会议等方式改革政府的公共服务供给方式,提高服务质量,降低服务成本,满足居民的需要,提高政府的公信力,从而为发展提供新的动力。二是要以更开阔的视野把地方公共事务拓展到地方政府与其他纵向的政府间关系,政府与企业部门、社会部门以及居民之间的关系上,把单纯由地方政府铸造的公共舞台变成地方政府与企业、社会组织和居民共同表演的地方。在这个过程中,政府将由生产者、主导者逐步变为协调者和助推者,由划桨者逐步成为掌舵者。三是打破传统的行政思维方式,走出所谓的"横向到边、纵向到底"思维惯性,通过体制机制创新,除政府必须提供的基本公共服务外,在对各类基本公共服务分类和定性的基础上,充分发挥合同外包、联合生产、合作生产、志愿生产等体制机制的积极作用,在完善体制机制的基础上,激发社会组织参与基本公共服务供给的积极性和创造性,推动社会组织发展壮大,与此同时,调动企业的积极性和创造性,推动企业积极履行社会责任。

当前要实现地方政府职能转变和机构改革的目标必须重点抓好几项工作。一是坚持从实际出发。从实际出发,从发展出发,提出切合实际的地方政府职能转变和机构改革思路。例如,这些年,各地,尤其是发达地区的经济快速发展,人口急剧集中,在珠江三角洲、长江三角洲出现了一大批规模巨大的小城镇,有的小城镇人口多达数十万,经济规模上千亿,人口规模和经济规模可与西部地区的中等城市比美。但是,在行政级别上,我们将其称为城镇,在行政编制上依然按照城镇编制配置管理人员,远远不能适应发展的要求,不能有效地实施社会治理和公共服务供给,尽管中央对此已经部署相关的"强镇扩权"试点,但依然有许多问题需要进一步通过改革来实现。二是进一步理顺中央和地方的关系。针对流动人口这一特殊的历史性现象,满足其需求的公共服务,需要探索联合生产的模式,即中央政府与输入地政府和输出地政府之间的联合生产。这里所谓的联合生产包含两层意思:其一,中央政府与输入地、输出地政府三者联合起来为农民工的基本公共服务"埋单",具体各方的支出比例可以由三方政府一道讨论,制定具体责任细则;其二,涉及养老、教育等多种公共服务的提供,尤其在其家庭仍然处于分离状态时,更应当妥善处理中央和地方的财政关系。三是加快适合地方发展需要的人事制度的改革。要适应基层社会治理和公共服务的需要,加大人事制度改革,不搞上下一般粗的体制机制。例如,市场监管是政府职能之一,以卫生监管为例,餐饮安全是老百姓最关心、最直接、最现实的问题,但是,从现有的情况看,基层公共卫生监管机构人员编制有限,远远不能适应实际的需要,目前涉及此类机构的职级、职称制度也需要进一步完善和改革,才能充分调动基层工作人员的积极性。四是要建立以居民满意度为核心的评价体系。居民满意度评价已经成为国际上基本公共服务供给绩效评价的重要手段。应当借鉴国际经验,建立起一套能够准确对居民满意度进行测量的指标体系和评价标准,并由第三方机构进行评估,及时发现问题,及时改进工作,引导地方政府逐步实现职能转变和机构改革。

为创新插上制度翅膀
——关于负面清单的思考

一、转型升级必须坚持全面创新

实现经济转型升级必须坚持创新驱动,创新驱动必须建立和完善与之相适应的体制机制。2014年9月10日,李克强总理在第八届夏季达沃斯论坛上指出,创新是人类社会的永恒话题,也是经济社会发展的不熄引擎。世界经济稳定复苏要靠创新,中国经济提质增效升级也要靠创新。同年9月18日至19日,李克强考察中国(上海)自由贸易试验区时,又进一步指出,必须推动金融改革和创新。全面领会李克强的讲话精神,我们深刻认识到,进入21世纪以来,在全球范围内出现了两个重要动向,一是国际金融危机,二是新工业革命。当前,中国的发展改革开放必须紧紧扣住这些新特点,稳步推进。

2008年发端于美国的国际金融危机,席卷全球,成为继1929至1933年世界经济危机之后的另一场对全球经济产生深远影响的经济波动。国际金融危机不仅对各国经济发展产生了严重冲击,也暴露了现行经济体制,尤其是长期以来被人们誉为代表世界经济未来的美国模式自身存在的一系列弊端。自2008年国际金融危机后,对于未来制度和体制的选择就成为各国发展中的重要话题。在应对2008年国际金融危机中扮演了中流砥柱角色的中国,近年来,经济依然持续稳定,健康发展,成为世界经济的强大引擎。中国制度、体制和机制方面的实践探索也备受各国关注。

2005年,在信息技术、新能源技术以及新兴铸造的基础上,第三次工业革命登场,它代表了新的生产方式、定制化技术、绿色生产、本土化生产等。以"互联网+新能源"为聚合动力的新产业革命在全球范围内同质化展开,发达国家已经实践多年,如德国、美国等,更多的发展中国家也将进入技术研发国家的行列。最近媒体不断报道的北京医用3D打印技术应用于临床、深圳的"创客运动"蓬勃发展就是例证。我们看到,北京、深圳的技术创新运动,吸引了大量的创业者,人们利用数字桌面工具设计新产品并制作模型,在开源社区中合作和分享设计成果,他们可以将自己设计的文件传输给商业制造商,也可以自己通过3D打印机生产。3D打印技术、设备和生产基地在北京、广东、安徽等地陆续被开发、制造和建设起来,并成为当地的重要产业。这是一场新的产业革命,一种更高层次的商业和制造业文明。基于这些技术进步,工业生产尤其是制造业的转型升级成为社会各界的焦点。

正是在这样的背景下,以习近平为总书记的党中央高瞻远瞩,对创新推动转型升级作出了重要的部署。2014年8月18日,习近平总书记主持召开中央财经领导小组第七次会议,专门研究实施创新驱动发展战略,并强调创新始终是推动一个国家、一个民族向前发展的重要力量。实施创新驱动发展战略,就是要推动以科技创新为核心的全面创新,坚持需求导向和产业化方向,坚持企业在创新中的主体地位,发挥市场在资源配置中的决定性作用和社会主义制度优势,增强科技进步对经济增长的贡献度,形成新的增长动力源泉,推动经济持续健康发展。

二、全面创新必须加快政府自身的改革和建设

面对新的产业革命,政府自身需要创新,更需要为新技术开发和产业进步创造良好的制度环境。同样,建立和完善这样的制度环境,首先要从创新

政府自身的体制机制做起。20世纪后半期以来,围绕政府机构展开的争论的确不少,尤其是对政府机构的规模、能力和效率的批评,主要表现在三个方面。一是认为政府机构太大,消耗太多资源。一些国家,如西班牙、意大利、德国和瑞典,甚至采取了削减政府支出的政策。二是认为政府介入的领域太多。面对这些批评,许多国家把公共服务纷纷转交给私人部门。三是认为效率太低。这些批评推动了20世纪70年代以来的政府改革创新。

当前,中国政府实施的一系列政府改革政策既是符合世界潮流的变革,更是适应中国市场经济发展和对外开放需要而作出的部署。9月18日至19日,李克强考察中国(上海)自由贸易试验区时专门谈到金融创新并要求加快行政体制改革,寓意深刻。2014年7月1日,上海市人民政府公布了《中国(上海)自由贸易试验区外商投资准入特别管理措施(2014年修订)》,即上海自贸区负面清单,这是对上海自贸区负面清单2013年版的修订。这次公布的负面清单一共列出特别管理措施139条,较2013年版少了51条。在2014年公布的139条中,有限制性措施110条,禁止性措施29条。参照国际相关经验,在上海自贸区建立负面清单制度,旨在完善引进外资过程的管理模式,对外资投资过程中的某些与国民待遇不符的领域、产业和项目,以清单形式公开列明。这些负面清单等同于投资领域的"黑名单",列明了企业不能投资的领域、产业和项目,一改过去那种投资目录管理方式——鼓励、支持、限制,也将改变传统意义上的政府审批制度,带来行政体制的深刻变革。一方面,政府要根据国家安全、人民福祉、国民经济健康发展等需要,规定哪些领域、产业和项目不能投资,履行政府职能;另一方面,企业在明了不能进入的领域、产业和项目之后,会根据市场的需要和市场的变化,及时调整自己的研发、生产、经营行为,不断探索可以投资和开发的领域,推动技术创新和体制机制创新,最大限度实现企业盈利目标。尤其在这个新技术革命和产业革命方兴未艾的时代,负面清单制度会给企业更大的自主权去生产、研发和经营,在未知的领域和未曾经营过的领域大显身手,这对于最大限度释放生产力是非常必要的。负面清单制度将给企业创新提供更大的空间,法不禁则行。负面清单制度还可以减少扯皮,提高行政效率。带有计划经济色彩的行政审批制度,把审批权力划归不同的部门和机构,往往带来部门之间的权责不清、机构重叠、人浮于事、效率低下，出现一个项目需要几十个甚至上百个部门审批的现象，甚至出现个别官员利用公权力寻租，导致贪污腐败等违法行为，负面清单制度可以在一定程度上避免这种现象，进一步深化行政体制改革，加快政府职能转变。

三、政府机构在"瘦身"过程中还需"强体"

一定程度上说，负面清单制度会推动政府行政审批制度加快改革。但是，政府通过负面清单制度确定的企业不可为的内容需要政府进一步关注。这就是，政府的"可为"与"不可为"、"瘦身"与"强身"。政府在减少对市场干预的同时，其公共服务和社会管理职能还必须加强。

政府需要进一步探索公共服务的供给方式。美国和其他国家政府机构的管理和运行已经发生了根本变化，其核心是新公共行动的扩散——贷款、贷款担保、规制、合同、合作协定、补偿项目、税收补贴、代金券，以及更多——它们中许多在一般意义上依赖于执行项目的第三方。这些工具的采用使政府机构由服务的提供者转变为安排者，蕴含着公共管理的深刻变革——非营利部门、私人部门都可以通过上述工具参与公共管理和公共服务供给。当然，近年来，认为政府应"服务"而不是"掌舵"的新公共服务也应运而生，正在与新公共管理一争雌雄，这些都值得关注。

20世纪后期，公共领域出现了一系列的改革，主要表现在：一是对政府机构进行结构调整。20世纪后期，西方国家对其政府机构进行结构调整出于多种原因，包括税收负担过重、缺乏选民支持、政府债务膨胀等，也出现了许多创新形式。"虽然有关在提供公共服务中特许、拨款、凭单制、志愿服务、自助项目和私有非营利机构的角色的讨论与使用还相对有限，但是，这些工具或组织将来可能会很重要，在政府要减少或中断某些服务的情况下尤其如此。同样地，越来越多的证据表明，公私伙伴关系的重要性将会提升。"[①] 二是社会创新的出现。社会创新正在改变政府机构的边界。在西方，

---

① 〔美〕安瓦·沙：《公共服务提供》，梦华译，清华大学出版社2009年版，第11页。

社会创新包含两层意思。其一,鼓励社会组织以商业模式来提供社会服务,同时实现自身的可持续发展。这被人们称为"社会企业学派"。其二,指通过发挥人们的创造性,以新的方式解决社会问题,解决的方式可以是商业模式,也可以是非商业模式,但必须是有效的、可复制的、创新性的。有人将其称为"社会创新学派"。"社会企业学派"想把政府机构延伸到市场领域,或者说把市场手段引入到公共领域,使传统的慈善事业等非营利活动走向制度化和具有可持续性。例如,在英国,2008年社会组织总收入的80%是通过社会企业方式获得的[①]。"社会创新学派"则通过市场运作模式或其他新的手段拓展公共领域。社会创新就是指实现社会目标的新主意、新想法。这些新主意和新想法通过开发新的产品、新的服务、新的应对政策以及建立新的机构来满足居民和政府不断出现的新需求。从国际经验来看,社会创新已经覆盖了就业、扶贫、社区服务、医疗卫生、教育等部门。未来它还将覆盖因互联网发展而出现的社会关系的变革和社会结构的变迁。

上述新的变化对政府机构的规模和就业产生的影响很多,至少可以看到,居民对公共服务的需求水平提高了,范围扩大了。政府管制的责任相应加大了,需要的政府管理人员也会相应增多。企业和社会组织提供公共服务的形式也发生了变化,越来越多的企业承担起社会责任,介入公共事务,这些也需要加强监管。一句话,在这样的条件下,公共领域不是缩小了,而是扩大了。所以,一方面,政府需要"瘦身",另一方面,还要"强体",在这个问题上,需要冷静的思考、周全的对策,不能用一个问题去掩盖另外一个问题。

还有,政府在实施负面清单制度后,会面临不断加大的监管任务,这就需要政府机构不断提升自己的责任感、专业化水平和队伍的素质,从某种程度上说,监管的成本与审批成本孰大孰小,还需要深入研究。毫无疑问,负面清单制度将给创新主体更大空间,大大推动创新。

---

① 王名、李勇、黄浩明:《英国非营利组织》,社会科学文献出版社2009年版,第60页。

普京的新型国家治理思想

在当今世界大国领导人中,俄罗斯总统普京尤其受关注。2000年5月7日,普京从叶利钦手中接过的俄罗斯,是一个饱受"休克疗法"折磨、"寡头干政"困扰、"车臣内战"痛苦和"自由民主"混乱的国家。十几年的执政,历经八年总统和四年总理,2012年普京又重登总统宝座。这期间,他先是稳定俄罗斯,使其免于濒临崩溃;接着实施集权,让统一俄罗斯党成为一股主导力量;在国家主导力量形成后,他引导整个民族逐步形成共识;万事俱备,他和盘托出了自己富民、强国、强军的战略构想,在国际事务中大展俄罗斯国家形象和自己个人的强人风格。2011年,俄罗斯人均国内生产总值达到13 089美元,是1990年苏联解体前的3.76倍,是他担任总统时(2000年)的两倍,高于同期世界平均水平30%。

最近,世界知识出版社和华东师范大学出版社联合出版了《普京文集(2012—2014)》(以下简称《文集》),《文集》收集了普京总统2012年至2014年公开发表的文章,包括竞选纲领、国情咨文、演讲以及答记者问等。这对于我们了解这位当代世界"强人"具有重要参考价值。在《文集》中,普京专门论述了新型国家治理模式,提出了"新型国家治理模式应遵循的主要原则",这对我们当前探索如何推进国家治理体系和治理能力现代化会有一定启迪。

一、坚持以爱国主义为基础的国家战略政策

（一）民族问题是俄罗斯的一个根本性问题

普京说："民族问题是俄罗斯的一个根本性问题。"①这个判断是基于俄罗斯的历史和现状，也就是俄罗斯的基本国情做出的。这里，"根本性"首先体现在俄罗斯民族的复杂性上。一是俄罗斯是世界上民族最多的国家，其境内有大小民族120多个，其中俄罗斯民族人口占全国人口的近82%，是俄罗斯的"主体民族"。二是俄罗斯境内的各民族呈大杂居、小聚居状态。各民族语言、宗教和风俗习惯自成一体，民族关系极其复杂。三是民族问题在苏联时期就是一个根本性的问题，到叶利钦时代更为复杂和严重。经济体制改革过程中出现的种种问题进一步导致民族问题复杂化。其次，"根本性"还体现在国家稳定和社会秩序上。一是俄罗斯各个共和国之间权利和义务的不平衡直接影响国家秩序。联邦的89个主体中，有21个共和国、6个边疆区、49个州、2个联邦直辖市、1个自治州和10个自治专区，其中21个按照民族命名的共和国拥有一定的立法权，权力结构独特。二是地方权力威胁中央权威。在叶利钦时期，地方权力不断扩大，出现尾大不掉的局面，严重威胁中央政府的权威，这背后都有民族关系的影子。在此意义上，普京说民族问题是俄罗斯的一个根本性问题，道出了俄罗斯的历史和现状，它最终决定国家统一、领土完整、社会稳定。

（二）文化多元不应成为少数人的特权

多元文化主义是20世纪后期活跃于美国的一种社会思潮。它主张，承认不同文化的平等价值并以此给予所有文化群体平等的政治、社会和文化地位。普京对这种文化理论持否定态度，他说："这种论点（指多元文化论）正在把'少数人享有特权'绝对化，但是没有同等地考量这种权利相应的责

---

① 〔俄罗斯〕普京：《普京文集（2012—2014）》，世界知识出版社、华东师范大学出版社2014年版，第12页。

任,即当地居民和当地社会应当承担的民事、行为和文化方面的责任。"[①]这种兴起于美国的多元文化论,不仅挑战了美国的主流价值观,也引起了世界范围内的讨论和争论,威力巨大,杀伤力不小。

人们在多元文化共存上达成共识已经不是什么问题。问题在于,多元文化论要求,在承认不同文化差异的同时,承认文化权利平等。这就带有浓厚的政治意味。这种政治意味就在于,它剑指政治权力中心,要求政府权力部门和社会各机构对不同文化群体在政治上予以承认。针对这个问题,普京指出:"从历史渊源来看,俄罗斯不是单一民族国家,不是美国那样的基本由移民组成的'大熔炉'。"[②]普京看到了俄罗斯和美利坚合众国在民族问题上的差异。与俄罗斯和其他民族国家不同,美国人口的种族多样性在其建国数百年间日趋明显,大量来自世界各地的移民带来了能够丰富美国的资源:人才、文化、宗教、科学、技术等。来自不同国家的移民适应这块土地表明了美国民族的特性,也区别出了美国民族与世界民族国家的民族的不同。在这块土地上成为美国人意味着什么? 意味着他们具有不同的祖先,来自不同国家和种族的人可以通婚,结婚生子,互相影响。移民不断改变人口的种族、宗教构成,而这些,尤其是通婚,在其他民族似乎不是那么容易。在人类历史上,美国的移民总数十分惊人。移民并不像人们想象的那样只是定居在东部,而是遍布美国各地。20 世纪 60 年代以后,欧洲不再是美国移民的主要来源,亚洲和拉丁美洲取代欧洲成为主要的移民输出国家。因此,普京指出,"在美国任何地方都没有出现国家分崩离析的症状,而在俄罗斯,直到现在还在讨论发生这种事件的现实可能性"[③]。基于这种不同的国情,普京强调,"在教育过程中首先要强化俄语、俄罗斯文学、国家历史等课程的作用"[④]。这是凝聚民族力量、实现国家统一的价值基础。

---

① 〔俄罗斯〕普京:《普京文集(2012—2014)》,世界知识出版社、华东师范大学出版社 2014 年版,第 13 页。
② 同上书,第 15 页。
③ 〔俄罗斯〕弗·索罗维耶夫、尼·兹洛宾:《又是普京:梅普轮流坐庄内幕揭秘》,当代世界出版社 2011 年版,第 10 页。
④ 〔俄罗斯〕普京:《普京文集(2012—2014)》,世界知识出版社、华东师范大学出版社 2014 年版,第 17 页。

(三) 主权、独立和领土完整是不可逾越的红线

爱国主义是俄罗斯的国家战略政策。"我们需要以爱国主义为基础的国家战略政策。任何居住在我们国家的人都不应该忘记自己的信仰和民族归属。但是,他首先应该是俄罗斯公民并以此为荣。"①"俄罗斯不允许出现单一民族聚居区,他们拥有自己非正式的司法管辖,处在国家统一法制和文化圈外,煽动人民蔑视普世的标准、法律和规则。"②在这里,普京表达了两点意思。一是国家主权、国家统一、领土完整、民族团结高于单一民族的信仰、文化、习俗和宗教。要尊重各个民族的信仰和民族归属,前提是首先要认同自己是俄罗斯公民。二是在空间上不允许存在拥有司法权的、不认同俄罗斯国家法律和价值的单一民族居住区。这里,普京把国家主权、领土完整作为底线。普京的第一个任期的目标是稳定国家和社会,把从叶利钦手中接过来的、濒临崩溃的俄罗斯秩序化、稳定化。在这个过程中,民族团结是核心,他为民族问题划定了底线。"俄罗斯的主权、独立和完整是任何人不可逾越的红线。无论我们的观点有怎样的不同,有一点是明确的——没有爱国主义,关于身份认同和关于国家未来的讨论就无从谈起。"③作为一国公民首先必须爱国,身份认同是建立在国家认同和爱国主义的核心价值之上的。大国的共同价值、爱国意识、公民责任、遵纪守法、团结一致远远高于族群认同和宗教认同。这些,才是国家统一、领土完整的基本条件。"仅仅通过民族、宗教是不可能在一个多民族的泱泱大国完成身份认同的。正是基于共同的价值观、爱国意识、公民责任和团结、尊重法律、与祖国共命运、不忘民族关系、宗教的根源而形成的公民身份认同,是保证国家统一的必须条件。"④

《文集》中,普京把俄罗斯这样一个世界上民族最多的国家的民族问题作为国家的根本问题,坚持文化多元不应成为少数人的特权以及主权、独立

---

① 〔俄罗斯〕普京:《普京文集(2012—2014)》,世界知识出版社、华东师范大学出版社2014年版,第18—19页。
② 同上书,第264页。
③ 同上书,第422页。
④ 同上书,第425—426页。

和领土完整是不可逾越的红线,这是极具针对性的国家治理理念和治理方式。

二、政府工作必须绩效公正、可评估、透明、简单

普京认为,新型国家治理的主要原则之一是实现政府工作的绩效公正、可评估、透明、简单。这已经是在操作层面上讨论治理问题了。绩效公正要求政府工作和政府提供的公共服务对于所有社会群体都是平等的,有利于实现发展的公平正义的目标。可评估、透明、简单主要是指政府的工作目标明确、执行有力、评估完善等。

(一) 以社会公平评价政府工作

叶利钦留给普京的政治遗产之一是普遍的政治信任危机,人们对国家政权信心不足,社会各个阶层对政府工作严重不满。就国家权力机构来说,国家杜马与国家总统之间矛盾不断,严重影响了国家的执政能力和执政效率。与此同时,腐败丛生,民怨颇深。在这样的背景下,普京提出,"各级政府工作的所有环节都应以工作绩效公正、可评估、透明、简单为导向"[①]。普京曾担任圣彼得堡市的第一副市长,在这一岗位上,他处理了一些棘手的事务,分管过很多政府部门,一系列的工作使他得到充分的锻炼,其工作效率之高,得到广泛承认和称赞,这必定会影响到他的治国理念和治国方式。

普京有关社会公平理念的提出有着深刻的历史背景。在经历了联盟解体导致的经济灾难之后,俄罗斯人的价值观发生巨变,人们习以为常的集体主义和平均主义消逝,国家的混乱使个人心智的参照系完全丧失。俄罗斯人民对于成功社会充满渴望,因此,普京说:"只有当我们的人民不再怀疑社会公平,才有成功的社会。"[②]据英国学者彼得·罗澜的研究,从1989年到1991年,俄罗斯的国民收入下降了34%,这种情况历史罕见。历史上,只有

[①] 〔俄罗斯〕普京:《普京文集(2012—2014)》,世界知识出版社、华东师范大学出版社2014年版,第268页。

[②] 同上书,第7页。

20世纪30年代美国和德国经历经济大萧条时才出现过这种情况,那是资本主义经济发展最糟糕的一个时期。1992年,俄罗斯国民收入继续下降30%,1993年又下降了10%,以至于在20世纪90年代初,俄罗斯的资本积累难以维系。仅在1994年,俄罗斯的机器制造业产值估计就下降了40%以上,纺织品和鞋在1991年至1993年下降了大约50%,1994年又持续下降30%至50%,经济生活的混乱和人民的痛苦表现在健康服务领域,服务体系的解体和人民的贫困导致发病率激增。"崩溃的后果不仅体现在经济方面,它同时也在这个国家产生了一种深深的民族耻辱感。"[1]"人民对社会公平的评价是衡量社会保障政策效果的标准。"[2]

(二)维护公众的利益诉求

维护公民的权利是政府工作的核心。普京要求,"不论是在联邦权力机构还是地方权力机构,都必须建立社会院"。要正确处理国家和社会的关系。"国家和社会联合工作的一个优先方向应当是支持维权运动。我们希望在这些组织的活动中没有政治参与,希望这项活动能最大限度地接近具体公民、具体的利益和问题。因此,社会院的作用加大了,它应当成为各种职业和社会团体、联合体和联盟表达自己利益诉求的平台。"[3]在社会参与问题上,普京的态度是非常明确的。一是要把社会参与摆在重要位置。必须在联邦和地方权力结构中建立相应的社会院以支持和帮助社会参与,通过这个机构实现国家和社会的合作,同时使政府最大限度地接近居民和居民的具体利益。实际生活中,百姓往往并不是特别关注与他们生活不相关的大事,而会关注与自己切身利益有关的事务。政府的社会院活动是帮助政府机构接近居民,支持他们的社会参与的组织形态。二是社会参与必须与政治活动分开,社会参与应当不具有政治目的。在这个问题上,普京与美国政府对于非营利组织的要求是一致的,也是世界诸多国家有关非营利组织

---

[1] 〔英〕彼得·罗澜:《中国的崛起与俄罗斯的衰落》,隋福民译,浙江大学出版社2012年版,第20页。

[2] 〔俄罗斯〕普京:《普京文集(2012—2014)》,世界知识出版社、华东师范大学出版社2014年版,第78页。

[3] 同上书,第505页。

管理的惯例。在美国,非营利组织可以享受免税待遇,但是不得参与政治活动,甚至不得参与影响政府政策的游说活动。在俄罗斯也是一样,在这点上,普京的态度很明确。三是社会院更应当向职业化发展,不断提升自己接近居民、维护居民利益和为居民服务的专业化水平,这似乎又与我国的香港特别行政区的法定机构相似。政府为实现自己的社会目标,可以通过立法来实现特定组织建构,并通过特定社会组织去完成一定使命。使命感是这类组织的核心要素之一。四是社会院重要的职责是维护居民的利益,反映居民的诉求,解决居民的具体问题。

(三) 把人民福祉摆在首要位置

国家发展依赖政治体制健全、社会保障完备、经济模式合理,普京将这三个方面作为其施政的主要目标。他说:"今后几年我们的任务是扫除发展道路上的一切障碍,建立健全政治体制、社会保障和居民保障体系、经济模式,使这三大体系共同形成统一的、有活力的、不断发展的,同时又是持续的、稳定的、健康的国家机体。"[1]也许是习惯于苏联的惯性思维,普京把政治体制建设摆在首位;其次是社会体制,尤其是社会保障和社会福利体制;再次才是经济发展模式。经济发展和完善经济模式的目的是改善人们的社会福祉。"任何一个政府和任何一个国家领导的工作结果、任何经济工作结果,都反映为社会领域的相应指数,都让人们感觉到生活在变化,而且是朝着好的方向在变化。"[2]经济发展的最终结果是提升和改善人民福祉,这也是对苏联解体以来,俄罗斯社会状况的积极回应。整个苏联时期,除少数人非法侵占和侵吞国家财产外,大部分的苏联人是没有太多的节余的,也就是通常讲的"大锅饭"和平均主义社会的基本特征。钱权交易发生在俄罗斯20世纪后期,外国金融家和早期的国内金融家通过各种途径把国有企业变为己有,还有部分官僚利用手中的权力,通过非法手段掠取国家财产。就这样,苏联时期遗留下来的巨额国有资产消失殆尽,一个不平等的社会取代了相

---

[1] 〔俄罗斯〕普京:《普京文集(2012—2014)》,世界知识出版社、华东师范大学出版社2014年版,第11页。

[2] 同上书,第139页。

对公平的社会,在人民心中留下了永远的痛,给民族留下了永远的耻辱。

当然,在社会建设方面,普京对当今世界各国,尤其是发达国家的社会福利体制中出现的问题也有深刻见解,主张"要避免重蹈某些西方国家的覆辙——先是轻率地发放福利,然后被迫加倍收回"①。西方福利国家在20世纪初期,开始建立从摇篮到墓地的社会福利体制,后来又发现,随着人口的增加、社会福利的刚性以及人们需求的不断提升,现行社会福利体制不可持续。到里根和撒切尔时代,发达国家开始实行私有化,带来了效率,也带来了一系列问题,尤其是公平公正问题。

三、以公众的满意度作为评价政府工作的标准

普京认为,新型国家治理的主要原则还在于"全面推广新型监督模式"。"把公众的意见、民众的观点作为评价政府服务部门和社会服务机构工作绩效的主要标准。"②实现治理目标必须加强监督,新型监督模式就是要以公众的意见和民众的观点来评价政府工作绩效,而不是上级考察下级。因此,他说:"应当停止从地方层面为地方自治市制定指标,并根据这些指标确定财政支持。市政府领导应当对自己的选民汇报工作。"③要发挥选民的作用,首先必须支持选民参与,"我们应当支持百姓参与地区和市级的管理,让人们真正可以管理自己的村镇或城市,解决与他们的生活质量相关的日常问题"④。停止上级考核下级部门、社会组织、社区组织,是实现基层自治的前提,没有这样的体制机制,想发挥基层自治和社会组织的作用是不可能的。或许是受到来自原有计划体制的管理模式的影响,虽然经过"休克疗法"和向私有制转变,俄罗斯在行政体制上依然保留着单一制国家体制下的中央和地方、上游和下游政府之间的指令关系,若不然,普京也不会提出这样的建议和说法。

---

① 〔俄罗斯〕普京:《普京文集(2012—2014)》,世界知识出版社、华东师范大学出版社2014年版,第8页。
② 同上书,第268页。
③ 同上书,第49页。
④ 同上书,第504页。

四、建立和完善公务员的奖惩机制

(一) 建立和完善公务员的激励机制

权力必须受到制约,公务员必须遵守自己的职业规范。普京说:"如果一个人选择做公务员,他就选择了这些约束,选择了公众监督,选择了遵守特殊要求,就像世界许多国家一样。"①一个国家的公务员的自我约束、廉洁奉公、富有成效、亲民爱民等反映了一个国家的治理水平和程度。公务员必须有自己的职业规范,必须职业化。

如何激励公务员为国家服务是完善公务员制度的重要环节。"建立相应的国家公务人员激励机制,用浮动工资、道德、物质、业务奖励等举措激励国家公务部门提高业务水平。而且,要从根本上加强经办人员问责制,直至暂时免职。"②在普京看来,公务员的激励机制应当包括物质、精神、专业等方面,而不是单一的激励措施。一是用浮动工资和其他物质激励方式激发公务员的积极性和创造性。这是他们的基本生计和生活的基础。二是道德激励,这实际上是讲公共价值。三是业务奖励,包括一定时间的技能和教育培训,为公务员未来的发展提供机会。

(二) 准确把握国家治理与个人积极性之间的关系

在这一点上,普京有自己的远见卓识。在普京看来,激发现代经济活力不仅仅在于一般意义上的宏观经济管理,诸如投资、消费、出口,还在于公平正义。他说到了问题的点子上。就个体与国家经济发展的关系,在他看来,"准确把握国家治理与个人积极性之间的关系,是现代经济管理的精髓"③。在经过"休克疗法"洗礼的俄罗斯,如何使那些官员和商人与普通百姓一道建设国家,发展经济,而不是官员和富人把财产转移到国外,这个精髓对于

---

① 〔俄罗斯〕普京:《普京文集(2012—2014)》,世界知识出版社、华东师范大学出版社 2014 年版,第 268 页。
② 同上。
③ 同上书,第 36 页。

整个国家的稳定再重要不过了。"国家稳定还有赖于大部分拥有资本、作出投资决策的人生活在这个国家,把子女的未来和个人的长期利益与国家发展结合在一起。"①如果个别官员和商人把资产和子女的前途与国外联系起来,而不是与本国的经济发展联系起来,普通百姓就会感到不安,经济发展就会缺乏稳定的基础,缺乏内生动力。官员和商人在国内投资和消费,一方面会影响整个国家经济的信心,这是最为关键的;另一方面,也会把发展资源留在本国,以推动本国经济发展。

五、重视对各类监察机构的监督

权力需要监督,对于权力监督机构的监督也不可忽视。监督机构监督政府和官员,谁来监督各类监察机构,以防止出现权力真空?"要高度重视对各类监察机构的监督。"②普京把对各类监督机构的监督作为新型国家治理的重要内容之一。媒体、社会、舆论、选民等实际上是现代社会监督机制的重要方面。还有,法律法规、社会道德、公众参与也不可忽视。

六、激发个人和基层的活力

(一)让公民的自我调控成为社会的支柱

"我希望自我调控成为俄罗斯强有力的公民社会的一个支柱。"③这种自我调控实际上就是指发挥核心价值和社会规范对个体的约束作用。因此,"真正的民主不能瞬间就建成,也不能照搬别国的模式。必需的条件是:社会要做好准备实行民主机制;要使多数人感到自己是这个社会的公民,让他

---

① 〔俄罗斯〕普京:《普京文集(2012—2014)》,世界知识出版社、华东师范大学出版社2014年版,第33页。
② 同上书,第269页。
③ 同上书,第46页。

们作好定期关注的准备,并付出时间和精力参与管理过程。"①民主的实现依赖于国民素质,一方面要提高全体国民的道德素质,另一方面,要提高国家的素质。"今天我们国家的素质落后于公民参与公民社会的要求。我们的公民社会已经变得无可比拟的更成熟、更积极、更有责任。我们应当更新民主机制。这种民主机制应当可以'容纳'增长了的社会积极性。"②这就是政治体制健全。

(二) 基层自治是大国民主的基石

一个民主国家如果基层没有自治是不可能实现完全民主的。基层民主构成了国家民主的基础和细胞,在这点上,最为典型的是美国,我们可以从托克维尔的《美国的民主》看得最清楚。"一个大国的民主是由'小空间的民主'构成的。地方自治是公民责任的学校,也是'职业政治技校',这个学校培养初级政治家的一些关键职责——与不同的社会和职业团体谈判的能力,能够准确地把自己的思想传达给民众,保护自己选民的权利和利益。我认为,政治家和国家行政人员的'职业锻炼'应当在地方自治这一体系中进行。"③在普京看来,地方自治是一所学校,可以培养人们的民主意识,也可以保护公民的利益。自治还可以培育公民的社会责任,这是社会规范形成的微观环境。普京还提出,政治家和国家行政人员应该在基层自治中得到锻炼。

总之,俄罗斯总统普京,历经十几年执政生涯,在治理这个饱经磨难的国家中形成了自己的一套思考,这套思考贴近俄罗斯的实际。他把民族问题视为国家的根本性问题,抓住了这个世界民族最多的国家的特点。针对民族问题,提出了文化多元不应成为少数人的特权以及主权、独立和领土完整是不可逾越的红线等根本原则。在具体治理国家的原则上,他提出,各级政府工作的所有环节都应当以工作绩效公正、可评估、透明、简单为导向;全

---

① 〔俄罗斯〕普京:《普京文集(2012—2014)》,世界知识出版社、华东师范大学出版社 2014 年版,第 41 页。
② 同上书,第 43 页。
③ 同上书,第 48 页。

面推广新型监督模式;把公众的意见、民众的观点作为评价政府服务机构工作绩效的主要标准;权力必须受到制约,公务员必须遵守自己的职业规范;要高度重视对各类监察机构的监督;把自我调控作为俄罗斯社会的一个支柱;等等。这些使治理体系更加具体且有操作性,值得我们在当前推进国家治理体系和治理能力现代化进程中借鉴。

推进国家治理体系和治理能力现代化,要立足于团结全国各族人民为实现中华民族伟大复兴的中国梦这一根本目标,通过各项制度建设来实现民族团结,激发社会活力。要从具体问题出发,紧紧围绕政府职能转变,把提高政府绩效、人民群众的满意度摆在重要位置,创造条件使广大人民群众参与到治理过程中来。加强吏治,提高公务员的素质和服务水平对于国家治理体系和治理能力现代化尤为重要,要高度重视。各级纪委和监察部门在反腐倡廉方面取得了巨大成就,赢得了全国人民的高度称赞。完善纪检监察体制机制是实现权力运行和监督的重要内容,要高度重视,强化权力运行制约和监督体系,并将其作为推进国家治理体系和治理能力现代化的重要抓手。

美国政治家的宏观调控手段

人类对于以公平正义和可持续为核心的经济政策的认识和使用经历了一个长期的实践探索过程。这段历史可以追溯到1929年至1933年的世界经济危机。

当时，美国人习以为常的繁荣消失，失业人数不断增加，很多地方出现骚乱和反饥饿游行，不满情绪在诸多地区蔓延，退伍老兵不断进入华盛顿安营扎寨，与警察之间的冲突时有发生，农民也行动起来，掀起了阻止拍卖丧失赎回权的抵押品的运动。表面上井然有序的社会秩序受到冲击，联邦政府不惜动用陆军来平息事端。在这样的背景下，胡佛失去了总统位子，罗斯福继任。罗斯福出台了一系列措施，包括货币贬值、作物控制、刺激就业、联邦救济、田纳西流域试验、减轻债务负担、金融改革等。这些举措的背后出现了一种倾向，那就是政府很乐意扩张其作用范围，这实际上就是后来人们所谓的凯恩斯主义经济学。

纵观罗斯福以来的商业史，美国的政治家们不断变换使用宏观经济调控的手段。罗斯福试图在自由企业制度和政府主导的经济之间找到一条中间道路，从而把"资本主义"管理起来，因而创造出了后来人们所熟知的"积极政府""干预政府"等，使得美国在1941年后迅速形成一种所谓的"混合经济"。第二次世界大战为现代政府干预经济事务提供了机会，也似乎肯定了凯恩斯赤字开支理论的正确性。第二次世界大战以后的冷战使联邦政府权力得到极大扩张。1946年颁布的《就业法》把充分就业作为政府的责任,要求政府积极干预,以实现充分就业、充分生产和充分消费,这似乎开启了美国宏观经济调控的先河。

杜鲁门、艾森豪威尔等凭借建立北大西洋公约组织、进行朝鲜战争等吸引了无数大公司参与,政府主导地位可见一斑。肯尼迪为走出艾森豪威尔后期的经济放缓局面,主张大幅削减个人所得税和公司税。在肯尼迪遇刺身亡后,林登·约翰逊以"伟大社会"留下了一个伟大改革者的形象:低通胀加上高就业使20世纪60年代成为美国历史上最繁荣的时期。这10年中,经济年平均增长率达到4.7%,宏观经济调控也由此获得可信度。尼克松的真正兴趣在外交事务,但是他不得不采取措施,诸如冻结工资和物价、终止美元兑付黄金的兑换保证、单方面终结"布雷顿森林协议"、对进口货物征收10%的附加费等来应对经济衰退和通货膨胀。

20世纪70年代,美国出现了经济的"滑铁卢",人们似乎感到凯恩斯主义失去了效应,私有化、联邦政府的财政保守主义,以及减税的呼声此起彼伏,在这样的背景下,罗纳德·里根提倡自由市场和精简政府。后来,克林顿采取平衡预算来应对老布什留下的财政赤字局面。

这大约是在2008年的国际金融危机冲击之后,奥巴马不急于实施刺激政策,而采取结构调整的原因之一吧。前总统克林顿在《回到工作中去》这本书中分析了美国2008年金融危机发生和积累的过程,指出把主要精力放在金融产品开发和房地产开发上,并把实体产业转移出美国,最终导致大量劳动力没有就业机会,社会收入差距扩大,多数人难以购买金融产品和住宅,最终引发危机。美国政府的经济管控政策也是在历史长期的发展中逐步成熟的。

根据历史经验,短时间内,部分经济指标好转并不意味着经济走出低谷;同样,短时间内,部分经济指标变坏也并不意味着经济就进入低谷。

读史可以明鉴。对于今天的中国,当前很多经济数据不仅需要从经济上来理解,还需要从历史和政治上来解释。而且经济指标和数据未必能够说明全部事实。理由是,一些统计指标形成于19世纪末期,是用来描述悠闲经济活动的,而我们当前处在一个前所未有的全球化时代,以信息技术为基础的经济社会全球化改变了一切:金融工具日新月异,科学技术不断创新,国际贸易快速发展,等等。在全球化下,对经济基本面的判断至少应包括GDP 增长率、失业率、政府预算赤字、经济体的经常项目、外债占 GDP 的比重、出口收入占总债务的比重、进出口数量限制、进出口关税等。

到目前为止,人们对经济危机的机理还是没有说得很清楚。就像 20 世纪 30 年代的经济大萧条一样。对于那次危机,狄克逊·韦克特说,"究竟是生产过剩,还是生产不足,是银行的运作、方法的创新,还是希望或恐慌的歇斯底里,抑或是太阳黑子,这些并不清楚"①。

根据历史经验,面对严重的经济衰退,对决策者和政策研究者来说最大的忌讳就是过早乐观。当年美国总统罗斯福一看到复苏迹象出现,就对新政期间建立起来的一些重要机构进行削减并实施增税政策,结果使经济大萧条卷土重来,一发不可收拾。这样的现象也发生在 1990 年至 1991 年的美国经济衰退时期。

---

① 〔美〕狄克逊·韦克特:《大萧条时代》,秦传安译,新世界出版社 2008 年版。

政府实现公共利益的一种治理模式

最近,我应清华大学邀请,参加了"香港法定机构'国家治理现代化'主题研讨会",来自香港特别行政区的十家法定机构的三十多人也参加了会议。会上,十家香港法定机构的代表介绍了机构的运作情况。这十家法定机构分别是香港贸易发展局、职业训练局、香港教育学院、建造业议会、香港生产力促进局、消费者委员会、香港机场管理局、香港出口信用保险局、制衣业训练局等。会议期间,我也与各个机构的代表进行了交流,对法定机构有了初步了解。

在香港,法定机构又叫公营机构,它由特别行政区政府出资依法成立,其职能虽和政府部门相似,但不纳入政府体系,工作人员不属于公务员。

一、香港法定机构的治理结构和主要特点

(一) 基于专门法律,依法履职

一是依据专门法律成立。机场管理局(下称机管局)1995年根据《机场管理局条例》成立。依据《机场管理局条例》,机管局可在机场岛上任何地点,从事与机场有关的商贸活动,并可从事《机场

管理局(关于机场的获准活动)令》所准许的相关活动。消费者委员会(简称消委会)则根据 1977 年 7 月 15 日颁布施行的《消费者委员会条例》正式成为法定团体。制衣业训练局于 1975 年 9 月 5 日依据《工业训练(制衣业)条例》成立。二是依法履行使命。根据《机场管理局条例》,机管局可批出土地租契,签订合同和其他协议,经营与机场有关的业务,雇用代理人和承包人,开展工程建设,但须按照审慎商业原则进行。医院管理局(简称医管局)于 1990 年 12 月 1 日根据《医院管理局条例》成立,1991 年 12 月 1 日起正式接管全港公立医院。香港职业训练局(简称职训局)成立于 1982 年,由《职业训练局条例》监管,目的是提供一套全面和具体的职业教育培训制度。三是依法向政府和立法会报告。根据《香港出口信用保险条例》,香港出口信用保险局(简称信保局)成立于 1966 年,须定期向商务及经济发展局和咨询委员会及审计委员会汇报财务运行状况,年报须上报立法会。医院管理局运作独立,同时向卫生福利及食物局负责。

(二)承担政府职能,维护公共利益

一是确保某些行业的竞争力。贸易发展局(简称贸发局)成立于 1966 年,负责联系世界各地业务伙伴,提供多元化的业务推广及营销支持服务,巩固香港作为亚洲首选服务枢纽的地位。贸发局在全球设立 40 多个办事处,其中内地 13 个。机管局通过确保机场安全,保安严密,维持高效率运作,注重保护环境,依循审慎的商业原则,力求超越顾客期望,与各业务伙伴紧密合作,重视人力资源,发扬创新精神等,巩固香港作为国际及地区航空中心的地位。生产力促进局(生产力局)每年为超过 3000 家公司提供生产技术及管理顾问、产品检测和人力培训服务,协助香港工业发展高附加值产品和服务,提升国际竞争力。二是为企业提供专门服务。信保局为香港出口商提供出口信用保险服务,担保出口商因商业性或政治性事故未能收到款项的风险,鼓励并支持出口贸易。三是解决行业特殊社会问题。建造业议会(简称建业会)主要强化健康和安全意识,提升劳动者技能,并力求行业不断完善,特别针对行业存在的问题——肮脏、危险、歧视和严苛等,追求行业的美观、安全、抱负、互助等,加强从业人员与业界和居民之间的沟通。四是在政府和机构之间承担"缓冲角色"。大学教育资助委员会(简称教资会)负责就资助院校的战略发展和所需要的经费,向政府提供意见和建议,在所资助的八所院校之间承担"缓冲角色":一方面确保院校的学术自由和自主权;另一方面保障公共资金合理使用,在制度层面监督院校运作。五是执行政府政策,向政府提供政策建议。医管局管理公立医院及诊所,负责执行香港特别行政区政府的公共医疗政策,向政府提出包括医院收费、所需资源等相关政策建议,以及培训医管局员工,进行医院服务相关研究等。六是应对公共危机。医管局针对医院中的医疗事件及时沟通媒体,妥善进行危机管理。它巧妙地与香港4家电视台、5家电台、20家以上的报刊和超过40家网上电台以及时事网站,还有数不清的国际及内地驻港传媒打交道。香港的医疗安全网基本在医管局管辖之下,包括90%的住院治疗、每天超过8万人次的病人诊疗。在处理严重医疗事故过程中,医管局在目标上坚持专业、问责,在态度上公开透明,在行动上主动迅速,在手段上科学评估信誉风险,减少议题转化。

(三)举办各种活动,搭建服务平台

一是举办各种活动,为企业牵线搭桥。贸发局举办各类活动,扩大香港的营销平台及服务。二是提供服务信息。贸发局举办各类研讨会及建立经贸研究网站,发布全面的商贸信息,协助中小企业增强竞争力。建造业议会的主要活动方式包括传媒广告、研讨会期刊、新闻发布会等。三是提供便民利民服务。机管局完善客运大楼,提供无障碍服务设施,充分利用科技提升服务质量,提供更好的餐饮服务和购物体验,注重安全保安,提高能源效率。经多年努力,香港机场已经成为全球最佳机场、卓越机场、中国最佳机场,进入旅游名人堂。信保局的主要业务包括出口信用保险、信贷风险保险、应收账管理、讲座和研讨会以及免费信用评估等。四是提供技术支持。生产力局总部设有工业技术支持中心、实验室、展览厅及培训设施。它在深圳、东莞和广州市设有附属的顾问公司,为内地港资企业提供支持服务。

(四)不以营利为目的,接受政府拨款,自负盈亏

一是接受政府拨款。机场管理局的最初资金来自特区政府366亿港元

注资，后退还 66 亿港元，剩余 306 亿港元作为政府股份。医院管理局每年接受政府拨款。信保局是一家非营利机构，自负盈亏，由香港特别行政区政府全资拥有，它所签发的保单数额，全部由政府保证承担。目前，法定最高负责额为 400 亿港元。医院管理局每年接受政府拨款。二是收取一定服务费用。职训局每年培训学生超过 25 万人，其中各类全日制学生约 5 万人。职训局经费部分来自政府拨款，也可以根据政府批准的标准收取一定学费，还可接受捐款。信保局成立之初，政府曾注资 2000 万港元，2012 年信保局退回注资，现在有保费收入 2.85 亿港元，保单收入 520 万港元，投资收入 660 万港元，或有事项储备金 14.77 亿港元。贸发局 1000 多个员工每年的推广活动 800 余项，经费达 28 亿港元。

（五）自我管理，政府参与

一是建立由各方参与的理事会或董事会。机管局有董事会成员 17 名，除总裁外，其余都是非执行董事，其中 13 人为独立董事。政府派出财经事务及库务局局长、运输及房屋局局长和民航处处长出任董事会成员，非执行董事以顾问身份为机场发展提供决策咨询，监督机场运作。香港职业训练局理事会由 17 名委员组成，14 位来自业界代表，2 位来自政府，1 位来自业外。全体委员每年最少开两次会。二是政府任命有关负责人。根据《医院管理局条例》，医管局大会成员由特别行政区行政长官任命。眼下，大会有成员 28 名（包括主席），除行政人员外，其他成员均不会因其成员身份领取薪酬。训练局实行理事会领导下的执行干事负责制。理事会包括 22 名委员，来自工商、服务、劳工和教育界别的非政府人士，以及政府官员（不超过 4 人），全部由行政长官任命。

二、思考与建议

（一）香港法定机构的性质与特点

1. 法定机构是工业革命和政府职能演变的结果

香港法定机构可以追溯到英国工业革命初期。早在 16 世纪，英国政府通过立法建立类似机构,到20世纪初期,英国政府更是将大量的公共服务授权给一些独立的机构运作,此后,法定机构逐步扩展到世界其他国家和地区。第二次世界大战以后,香港居民对于公共服务的需求激增,法定机构在香港应运而生。目前香港有270家法定机构。消费者委员会(消委会)成立于1974年4月。当时适值物价上涨,市民一致要求对商人牟取暴利加以遏制。20世纪70年代,消委会主要工作是提供主要食品价格信息,接受消费咨询,研究备受关注的消费议题;到80年代,其职能进一步扩展;到90年代,其职能进一步深化;到21世纪,消委会承担起促进市场公平、加强消费者理财信息,以及加强消费者教育等职能。

法定机构是立法机构通过法律认可的、专门处理某些属于政府职能或与公共利益密切相关的问题的机构。每个机构依据专门的法律建立,并按照相关法律履行职责,不能随意更改,且不以营利为最终目的。大部分法定机构的资金来源于政府,部分法定机构可以实现自负盈亏,少数机构,例如证券及期货事务监察委员会可以实现长期盈余。还有的机构按照商业规则运营,如九广铁路公司。部分机构,如香港铁路有限公司和香港交易及结算所有限公司虽由政府发起成立,但已经上市,政府只能依法持股份分红,不能以公共利益的名义干预企业运行,所以,也有人认为这类公司不能再视为法定机构。

2. 法定机构与政府都承担公共使命,运作方式不同

与政府相比较,法定机构和政府一样,也承担公共使命,提供公共服务。与政府不同的是,法定机构可以更加灵活地运用公共资源,有较大弹性吸引各种专业人才,更好地提升服务质量,可以运用较为灵活的资金筹措方法和运营模式实现公共目标,更加独立于政治,受政治的影响小于政府,也正是在这个意义上,有人认为,法定机构的出现是民主国家和地区为了保持公共服务供给的稳定性和持续性、应对政党轮换的一种治理模式。还有,法定机构不具备政府所具有的政策制定职能,在日常运行过程中享有高度的自主权,接受公众问责,高度透明、公开。

法定机构须向政府提供年度计划和预算报告,政府也专门制定法律防止法定机构成为不受约束的组织。通常,法定机构的主要负责人由政府或

行政长官任命，大部分法定机构理事会成员由政府委任。政府成立法定机构要考虑切实需要，并在能履行公共职能和节省成本时，才会考虑批准成立。

（二）当前推进国家治理现代化的几点建议

1. 政府可采取灵活多样的方式实现公共利益

更好地发挥政府的作用，就是要在市场失灵条件下，更好地发挥政府维护公平正义、实现公共利益的作用。维护和实现公共利益，不仅需要政府自己去做，更需要政府通过制度安排，充分调动各方面的积极性和创造性去完成。当前，各地正在积极落实国务院关于政府购买公共服务的意见。政府不仅可以购买社会组织和企业的公共服务，也可以购买机构的公共服务。这里所谓的机构，一般是事业单位。必须进一步加快事业单位的改革，同时，要根据新形势下的公共需求，建立相应机构，凸显国家和社会重大利益，解决突出矛盾和问题，推动经济社会持续发展。

2. 从公平和效率出发鼓励和支持各种行之有效的治理方式探索

法定机构无疑是一种治理方式，它通过公共机构来履行政府职责，维护和实现公共利益。政府把本属自己的责任和职能通过立法的方式交给法定机构去实现，体现了政府由划桨者到掌舵人的角色转变。在这个转变中，政府只负责制定政策，规定方向，法定机构则履行职能，执行政策。法定机构会本着自己的使命，在专业化、职业化上下更大功夫，通过内部治理结构的完善，提升服务效率，更好地维护公共利益，解决矛盾和问题。

3. 当前推进国家治理体系和治理能力现代化需要从具体问题入手

推进国家治理体系和治理能力现代化是党的十八届三中全会确定的全面深化改革的总目标之一。推进国家治理体系和治理能力现代化既需要从基本制度层面上考虑，更需要从具体问题解决上考量，尤其要从人民群众最关心、最直接、最现实的问题入手，通过具体制度和具体组织的设计与完善来提高治理能力。香港法定机构在这方面为我们的下一步改革提供了有益的借鉴。

第三部分

定位官员的社会角色

在朝美政　在野美俗

一、完善吏治制度是推进国家治理体系和治理能力现代化的重要组成部分

一年多来,开展党的群众路线教育和贯彻中央八项规定,大大改善了党风政风和社会风气。与此同时,媒体、社会对于在这场运动中受到约束的公务员也给予了较多关注,对公务员职业的评论报道不断,内容涉及公务员的收入、社会保障和福利待遇、社会地位、下一步取向等。

时下,"为官不易""官不聊生"已成为媒体和社会热议的话题。所谓"为官不易"和"官不聊生",实质上是贯彻八项规定及一系列针对领导干部和党政机关的"禁"字头举措,个别习惯于搞不正之风的公务员不能再明目张胆地吃拿卡要、滥用职权、贪污腐败等,这实际上是一件好事。但是,个别官员苦声连连,有的哀叹春节"额外福利"没了,有的抱怨待遇差、工资低,有的坦称"为官不易""官不聊生"而欲离职。2014年春节期间,更有媒体报道,由于不敢接受下属或企业节假日送红包,一些公务员因孩子收到的红包缩水而招致抱怨"当官窝囊",凡此种种。这一方面反映了党风、政风、民风正在朝着大多数人期待的方向转变,另一方面也反映了人

们对公务员职业操守认识的模糊。因此,在继续贯彻中央八项规定的同时,要进一步端正对公务员"官念"的认识,在此基础上,进一步完善我国的吏治制度,推进国家治理体系和治理能力现代化。

中国民间长期流传"当官不为民做主,不如回家卖红薯"的说法,实际上是社会对于官员社会角色的基本预期。公务员是一种社会角色,社会成员对于公务员的社会位置有着特定的期待,换句话说,公务员是人民的公仆,代表一种责任和要求。正如习近平总书记说过的,"作为党的干部,必须永不动摇信仰,做到坦荡做人、谨慎用权,光明正大、堂堂正正"①。习近平总书记还说,"当官不要以钱为念,要以理想为基础,不要看到经商发财而感到怅然若失……如果觉得当干部不合算,可以辞职去经商搞实业,但千万不要既想当官又想发财"②。这不仅是总书记对广大党员干部的期望,也是人民对党员干部的期望。角色是社会结构中非常重要的组成因素,角色到位可以使其他社会成员预期他人的行为,而自己也照着社会对自己的角色要求行事,于是就会有稳固的社会秩序和奋发向上的社会活力。也就是孔子讲的"正名","名不正则言不顺,言不顺则事不成"。角色错位,必然会破坏既定的社会秩序。这也可以解释为什么这些年来,个别官员的党风政风不正带来整个社会风气恶化。因此,必须把吏治问题提升到整个国家的治理体系和治理能力现代化的高度来认识。

二、"在朝美政,在野美俗"是吏治的基本价值准则

与其他行业相比较,官员职业固定、收入稳定、社会保障和福利良好,谈何"为官不易""官不聊生"？实际上,它反映了个别官员以及部分社会成员"当官做老爷"的思想根深蒂固。不同历史阶段,吏治方法是不一样的,但人类文化中有一些基本的吏治制度和思想值得我们学习和借鉴。

荀子在《儒效》一文中说,"儒者,在本朝则美政,在下位则美俗",我认为

---

① 《习近平论"三严三实":领导干部要知晓为官做事的尺度》,新华网,2015 年 6 月 8 日,http://news.xinhuanet.com/politics/2015-06/08/c_127890862.htm。
② 周人杰:《算清为官的"机会成本"》,《人民日报》2014 年 5 月 8 日,第 4 版。

其中包含了两层意思：官员在位时要为社会制定各种行为规范、制度纪律，以促使社会有序；不在位时，要不断修身养性，引领社会风俗。从制度上来说，即便是在传统社会中，做官的直接好处也是不多的，利用权力发财，不仅是腐化自己供职的机构，也是与皇室争利，在一个明君眼里是难以容忍的，一旦被发现，必定遭遇杀身抄家之祸。《红楼梦》中的贾政，自己本身是循吏，与朝廷还有着裙带关系，但终因侄媳受贿，落得了抄家之灾。由此可见，即便是在封建的皇权下，吏治也是非常严厉的。

　　吏治的基本价值在于"美政"和"美俗"。国学大师钱穆在其《晚学盲言》中也提到，"在朝美政，在野美俗"。是不是可以这样理解：一是说，官员在位时要兢兢业业、克己奉公、努力工作，即"美政"；不在位时，依然要严于律己、恪守规范、引领风尚，也即"美俗"。二是说，官员工作时间要遵守纪律、努力做好本职工作；下班时间，要严格要求自己，自觉遵守各项规定。"美俗"可以理解为首先自己严于修身，遵循社会日常生活的行为规范。这种日常行为规范对社会成员的日常行为的影响是深远的。由此也可以解释为什么必须从根治党风政风来引导整个社会风气的根本好转。

　　传统社会的基层治理在某种意义上是依靠士绅的"美俗"行为的。人们时常提及传统社会里的"皇权不下县"。"皇权不下县"，基层如何治理？于是就有了吴晗和费孝通在《皇权与绅权》中讨论的"士绅"阶层在乡间治理的作用问题。"士绅"是退了休的官员或者是官员的亲戚，也有知识分子。士绅是儒学教义中确定的纲纪伦常的守护者和传播者。中国传统的儒学教义规定了中国社会及其人际关系的准则，包括"五伦之道"等，在中国封建社会晚期的几个朝代中，政府通过科举和功名制度确定了士绅阶层的成员及其人数，并给他们明文的权利、责任、威望等，士绅则把自己受过的儒学教育用于社会治理，通过这些来维持基层的社会秩序。试想，若是基层官员不能克己守法，何以引导整个社会克己守法？又何以实现基层的社会治理？

三、在推进国家治理体系和治理能力现代化中努力实现官员的本色回归

　　公务员是人民的公仆。永做人民公仆，是公务员的基本价值。从以上

分析来看，当前，"为官不易"和"官不聊生"是一件好事，它就是要通过制度规范、舆论监督、道德约束，使公务员回归本来的角色，来为百姓做事，为国家服务，为社会尽职，为民族效力。

从这样一个视角来看吏治制度建设与推进国家治理体系和治理能力现代化，当前有这么几类问题需要解决。一是公务员要恪守职责。个别官员在位时，工作上得过且过，以权谋私、为所欲为，更着眼于个人的升迁和敛财，不择手段，贪赃枉法，不惜牺牲国家和人民的利益。一些领导干部离开工作岗位后，进入社会组织，利用老关系和已有的权力场，继续占有社会资源，名其曰发挥"余热"，实际上侵占社会资源，引发人民群众的不满。二是提升公务员业余生活品位和品质。个别官员上班时间得过且过，下班时间公款吃喝、公款送礼。这些人，在"朝"不能美政，在野恶俗，引起人民群众的强烈不满。这也正是这些年人民群众反映最突出最强烈的问题，败坏了社会风气，带来了恶劣的影响。三是努力贯彻落实中央提出的破除官本位的各项政策措施。目前，教育机构、科研机构、医疗卫生机构，甚至包括企业都存在"官本位"问题，个别政府官员不仅染指经济领域和社会组织，甚至染指教育和科研，在高校担任教授，在研究机构承担科研任务，这些实际上会造成角色错位，它的直接后果是，教育质量下降，专业人员缺乏积极性，科研成果水平不高。社会秩序混乱不仅仅是指社会不稳定和社会问题丛生，也指由于社会规范被打乱和社会角色错位导致的人们行为规范的失序。试想政府官员兼职高校、研究机构，何以全心全意地"美政"？利用权力挤占教育、科研资源，挫伤教师和研究人员的积极性，又何以"美俗"？四是现职干部既要"美政"也要"美俗"，老干部要"美俗"。老干部是党和人民的宝贵财富，如何在离开工作岗位后为党和人民继续发挥余热？这也是进一步落实中央八项规定中要认真研究的问题，特别是发挥老干部在引领社会风气中的作用更是"美俗"的重要内容。2010 年 8 月 25 日，美国前总统吉米·卡特以 86 岁的高龄，受奥巴马总统的委托，以民间人士身份，长途跋涉赴朝鲜解救美国人质戈麦斯，得到各界关注和赞誉。五是正确引导年轻一代的未来选择。这几年的"国考"，既反映了就业压力问题，也折射了公务员考试背后的稳定、高福利、有保障、安全感，还折射了对于"隐性福利"的追求与考量。2013

年以来，一些地区"公务员热"暂缓及趋于常态和理性，从另一个角度说明了"隐性福利"的吸引力和其对社会的负面影响。

  应努力建立和完善社会多元化评价体系，逐步形成一个不管在哪个领域工作，都要坚持职业化方向，不管在哪个行业工作，只要做出贡献，都应得到社会的认同和尊敬的良好社会风气。在继续贯彻群众路线和八项规定的同时，进一步树立社会主义核心价值观也非常重要。2014年2月12日，中央各报都在显著位置刊登了社会主义核心价值观的基本内容：富强、民主、文明、和谐、自由、平等、公正、法治、爱国、敬业、诚信、友善。这是新时期我国社会成员行为的基本规范和准则，尤其是文明、公正、爱国、敬业、诚信、友善，更是人们日常工作和生活中必须做到的基本的民德。如何把这种国家颁布的"社会规范"变成民德、民俗，转化为人们内心的约束？政府官员的行为和引导十分重要，社会各业的努力也不可或缺。只有社会各业恪守自己的职业规范，才能有整个社会风气的根本好转。只有建立平等、公正、法治、爱国、敬业、诚信、友善的行为准则，并使这样的行为规范得到全社会的尊重和认同，才能真正建立起多元的社会评价体系，引领社会朝着健康、有序、充满活力的方向前进，逐步实现中华民族伟大复兴的中国梦。

以完善公务员制度预防官员腐败

明了政府和市场、政府与社会的关系,必须从具体的制度入手。时下,公务员成为社会热议的话题,特别是公务员的待遇、工资、福利引起媒体高度关注,似乎成为一个问题。公务员到底该干什么,不该干什么?该得到什么,不该得到什么?这涉及如何看待公务员制度。

一、公务员作为一种制度

在古代的雅典,市民聚集于市场处理公共事务,政府只是处理这些事务的一个过程,并不独立于市民之外。但是,今天很少有人认为政府是一个过程,事实上,它作为一种制度模式已经成为社会的角色之一。政府被认为是独立的实体,不仅是因为它成为一种制度形式,也因为它是某一群体的代表。为了正确理解治理,首先要意识到重视公众利益并不意味着要约束政府。但是政府应当与其他角色包括媒体、社会组织、军事组织、宗教组织以及商业组织分享共同利益,有时在公共问题上它们是一致的。

公务员制度,又称文官制度,是国家依法对政府行使行政权力、执行国家公务的工作人员进行管理的人事安排。每个国家的政治、历史和文化不同,公务员制度也不一样。

中国台湾学者李衍儒认为,"政府乃是一个劳力密集型的产业,行政机关所有活动皆赖公务人员推展,故公务人力资源如能有效管理,则政府各项使命则可顺利达成"①。说政府是一个产业,倒是有点不那么恰如其分,可能叫部门更加准确一些。劳动密集型就值得思考了。因为如果我们承认政府是劳动密集型的部门,那么我们就需要反思过去我们一直倡导的"小政府、大社会"的理念。这个理念是基于市场主义还是福利主义?这都需要深入研究。历史的经验已经证明,过去一百多年里,公共部门不断发展壮大,成为社会的重要部门。要充分认识公共部门的作用和角色,它不是可有可无的,也不是经济部门附属物,它与经济部门是各自独立、相互依存的。没有公共部门,经济部门就难以健康和可持续发展。公共部门在过去一百多年中的不断发展壮大就是市场体制机制的失灵产生的必然结果。地方政府职能变化会引起公共服务职能的变化,一般说来会直接导致地方政府雇员增加,尤其是在社会服务领域,需要劳动密集型的工作方式。

现代公务员制度始于18世纪的英国。为适应大英帝国的经济发展和对外扩张,英国建立了工作部和海军部,当时两个部门的工作人员或者通过介绍进入,或者干脆赤裸裸地购买职位。通过考试成为公务员的制度实行于1829年。许多人认为,英国的公务员考试制度是从中国学习来的。美国的公务员制度建立于1871年。美国联邦政府的公务员包括政府部门任命的行政、司法和立法人员,但不包括非正式部门的工作人员。美国大部分公务员必须通过竞争才能上岗,只有少数部门,诸如联邦调查局、国务院等可以例外。

美国州政府和地方政府的公务员与联邦类似。通常,国际上把创造地方政府的就业环境放在一个非常突出的位置。根据《世界地方自治宣言》第5条,"地方政府雇员的雇佣和培训机会,应当确保地方政府的职位是具有吸引力前景的职业。中央政府和/或上级政府应鼓励和促进地方政府实行功绩制。《欧洲地方自治宪章》第6条要求,'地方政府雇员的任职资格条件,应确保根据品行和能力录用到高素质的人员;为实现这一目的,应提供充分的

---

① 李衍儒:《中央与地方政府人事制度的视框冲突》,《文官制度》2009年12月号。

培训机会、报酬和职业前景'"①。这就是说,要把地方公务人员的高素质放在首位,为此要充分考虑他们的培训、报酬和职业前景,使他们有信心来从事这项工作。

二、各国和地区形形色色的公务员制度

在英国,只有中央政府的工作人员可以叫作公务员,在县镇政府或公共部门工作的则不被叫作公务员。因此,英国的公务员在范围上比较小,主要包括中央政府非选举产生和非政治任命的工作人员。英国公务员的工资水平属于中等,退休金还算丰厚,因此,在英国还是比较吸引人的职业。尤其是其福利待遇特殊,很多部门实行弹性工作制,可以在家处理公务,有相当的自由度和保障。英国公务员与普通老百姓一样,也参加国家基本养老金制度,除此之外,政府为公务员建立了职业年金,而且比较丰厚,在缴费标准上低于大学教职人员,在待遇水平上则高于大学教职人员。

美国于 1883 年颁布《彭德尔顿法案》,奠定了美国公务员制度的基础。根据《彭德尔顿法案》,公务员必须政治中立,严禁腐败,公开竞争上岗。美国公务员退休金制度是一个独立于美国社会保障计划的社会保障制度。现行的联邦政府公务员养老金制度分为两种,一是公务员退休金制度,一是联邦政府雇员退休金制度。公务员退休金制度适用于 1983 年以及之前参加工作的联邦政府雇员,联邦政府雇员退休金制度则覆盖 1984 年以后参加工作的所有联邦政府雇员,实行"老人老办法,新人新办法",在这点上,与中国没有什么不同。美国的公务员养老保险两套制度的设计理念不同,后者更多体现了市场化原则。如同美国整个养老保险计划,美国公务员的养老保险制度也是处在不断改革中。

2004 年 4 月、2007 年 8 月和 2010 年 10 月,为了使香港公务员的入职薪酬与私营部门大致相等,香港特区政府通过调查,调整了部分公务员的入职薪酬。2000 年 6 月,香港特区政府为新聘员工制定了一套新的附带福利条

---

① 任进:《比较地方政府与制度》,北京大学出版社 2008 年版,第 323 页。

件,包括修订假期赚取率、度假旅费福利安排以及提供实报实销的房屋津贴。政府向公务员提供附带福利的基本原则是,福利应该有足够的吸引力去吸纳、挽留和激励具有才干的公务员为市民提供优质的公共服务。这些福利应当大致按私营部门的做法和安排提供。例如,在日常门诊情况下,医院应考虑为公务员预留若干优先机会和安排,以便让公务员在健康许可的情况下,尽快返回工作岗位,维持政府部门正常运行。这种优先权仅限于现职公务员。2000年6月以后入职的公务员实施公务员公积金制度作为退休福利制度,其要点包括,公积金计划下的正常退休年龄分别为55岁、57岁和60岁,财政负担的公积金保持在不超过薪酬开支的18%。

就世界范围看,并没有一个统一的地方政府人事制度。各个国家或地区根据自己的历史和政治条件建立了不同类型的地方政府人事制度。美国有自己的人事体制,美国国会于1923年通过《职务分类法》,1949年修正为新的《职位分类法》,简化公务职位,由七大类减并为两大类,教育和医务人员也纳入公务职位范畴,其待遇和分级另行规定。[①] 在英国,地方政府一般行政人员由地方政府自行决定录用,他们的薪酬和服务条件也由地方政府与代表雇员的工会谈判协商决定,不属于公务员系列。法国则相反,地方政府雇员属于公务员系列,进一步可以分为公务员和合同制或临时雇员,按活动部门又分为行政职界、技术职界、文化职界、体育职界以及安全职界等。德国则分成公务员、雇员和工勤人员三类。日本地方政府的所有职员均称为公务员,包括在地方政府机关、地方立法机关、地方法院和地方政府经营的企业、事业单位工作的人员。新加坡把医生、教师、工程师、律师等纳入专业公务员进行管理。"分权化的另一个指标是公务员在各级政府间的分配。从地方和地区政府的工资总额中可以明显地看出中央政府和地方政府在人员数量上的转换。中央政府供职的公务员人数在下降,而地方和地区政府的公务员人数在上升。北欧国家(芬兰23.4%,瑞典17.3%)和大部分联邦制国家(澳大利亚12.1%,德国11.5%,加拿大7.1%,美国13.5%)的中央政府都很小。可比利时是一个例外,占34.3%。而像法国(51.6%)、荷兰

---

① 李和中:《比较公务员制度》,中共中央党校出版社2003年版,第115页。

(74.2%)和意大利(57.9%)这样的单一制国家中央政府供职的公务员比例也相对比较高。2000 年,新西兰约有 90.9% 的公务员在中央政府各部门任职。"①

三、正确看待我国公务员及其制度安排

在我国,作为一种职业,公务员的优越性主要表现在工作稳定、福利优厚、社会声望高。公务员通常是财政供养的政府行政人员,还有一些称为公务人员,包括参照公务员管理的人员,科研、教育、卫生、文化等行政性事业单位的工作人员。政府最为典型,处于核心圈,事业单位处于中间状态,而国有企业则处于最外围。我国约有公务员 700 多万人、事业单位员工 3000 多万人。2014 年国家公务员考试,职位只有 1.9 万多个,报考人数却达到了 111.9 万人。有人把考入政府机构和事业单位,甚至国有企业,视为进入"体制内"。

对于"体制内"和"体制外"应该历史地看待。中国的经济体制改革是从体制外开始的,先是农村实行联产承包责任制等。通过体制外的改革推动体制内的改革,也就形成了后来所谓的"双轨制"。双轨制不仅表现在经济体制和市场体制上,也表现在行政体制和事业单位的体制上,也就是人们现在看到的"体制内"和"体制外"。如果当时不是采取这样的改革,像苏联那样采取"休克疗法",中国也许走不到今天,这是我们必须看到和认识到的。但是,这并不表示我们认可目前的"体制内"和"体制外"的状况,而是要把改革进行到底。把改革进行到底,必须遵循习近平总书记要求的,对全面深化改革的艰巨性、复杂性、关联性、系统性有充分的估计和认识。当前"体制内"的所谓"待遇优渥"、工资稳定、福利待遇、"保障完备"、退休金制度、"劳动强度低"及"掌控更多资源"等,可以从几个方面来理解和解释:一是有些是计划经济体制留下来的,还没有改革;二是在过去三十多年的改革过程中,曾经有一个时期实行部门自己改革,结果导致部门利益膨胀,不断扩大

---

① 荷兰社会文化规划署:《欧洲公共部门绩效评估》,国家行政学院出版社 2005 年版,第 218 页。

自己的利益,导致"掌控更多资源";三是社会上的一些片面认识,如"劳动强度低"。其实,很多政府部门和机构是"五加二,白加黑",机关工作人员工作强度和压力巨大,非一般人可以理解。

对于公务员的工资福利待遇应当全面地看,正如我们前面介绍的其他国家和地区的情况一样。涉及公务员和事业单位养老保险与其他养老保险,诸如城镇职工养老保险和城乡居民养老保险,议论较多的是所谓的"双轨制",即提出应实现公务员和事业单位退休金制度与其他养老保险"并轨",其核心理念出自"社会保障体系的公平性",这的确道出了当前我国社会公务员问题的症结。在这个问题上,一是必须把个别官员腐败与公务员制度本身区分开来,不要因为个别官员腐败而质疑公务员制度本身;二是要认真研究现阶段我国公务员制度的特点,根据我国的公务员和事业单位的历史特点以及我国工资福利制度和社会保障建设的全局,设计我国的公务员工资福利及社会保障制度。

对于公务员的行为应当客观历史地去看。这些年来,确实有不少公务员不争气,利用公权力吃拿卡要、贪污腐败,引起了人民群众的不满,成为社会关注的热点问题。而一些公务员,把利用公权力吃拿卡要、贪污腐败作为自己的基本追求,甚至习以为常,这种局面需要加以改变。要逐步把公务员视作一种与社会其他行业相同的职业,公务员本身要严格要求自己,不搞特殊化,社会成员也要以平常心看待公务员,让社会和公务员自己以一种淡定的心态来看待公务员,使公务员回归自己的本色,使社会也回归自己的本色。

让权力回归本色

当下,政府与市场的关系、政府和社会的关系正成为人们关注的热点。究其原因,一是《中共中央关于全面深化改革若干重大问题的决定》提出"使市场在资源配置中起决定性作用"和"更好发挥政府作用",这给人们留出很多解读的空间。二是人们认为,只有清晰界定政府、市场、社会的关系,才可以规范它们各自活动的范围,预防滥用权力,避免市场失灵,确保社会公平正义。

一、市场秩序依赖于政府法制建设和权力规制

世界上没有统一的、绝对的政府与市场的关系、政府和社会关系的划界,不同国家的政府与市场的关系、政府和社会关系是不一样的。以美国为例,美国的劳动力市场非常特殊。一是它以自己的强大经济和科技环境吸引了世界上数以万计的高智能型人才,从而铸就了这个国家经济社会进步的科技创新动力。二是它通过非法移民的形式输入极其廉价的劳动力,美国的贫困人口占其人口总数的10%以上,也有人认为接近20%,这些贫困人口既拖累了美国,却又支撑了这个国家,这种市场构架是世界上其他国家都不曾有的。因此,人们通常把市场经济划分为以美国为代表的自由市场国家、以德国为代表的社会市场国家和以日本为代表的国家

市场国家等。第二次世界大战以来，这几个不同类型的国家，都成为现代国家发展的代表，它们代表了不同历史、文化、政治和地理环境所塑造的不同市场经济。

现代经济是一个高度复杂的体系，其复杂程度不亚于物理学家和生物学家研究的物理体系和生物体系。经济生活从来就不仅仅是围绕着英国经济学家亚当·斯密假定的经济人，或叫作"理性—经济人""实利人"或"唯利人"。现实生活中，经济人同时也是社会人，他通过各种社会方式展示自己的需求，这也就增加了在实际生活中划分政府、市场和社会边界的难度。就研究来说，经济学家和社会学家研究的具体的个体，在其实际行动中表现出来的可能是"说得出来的我"，但是，真正意义上的"我"可能是说不出来的，或者不愿意说出来的，因此，学者们即便是做了深度的研究，要真正把握现实的经济运行规律并非是一件易事。这时就不能不依靠假设，但是，假设与现实有时会存在巨大差距。因此，从理论上梳理政府与市场、政府与社会的关系就需要特别谨慎。

这并不是说，政府与市场、政府与社会没有边界，其实，我们可以通过权力的使用来看它们之间的界限。市场机制的特点之一就是，市场的权力是通过一个个市场主体分别做出交易决策实现的，所以，市场的权力是分散的。这些分散的权力要有秩序，必须依法运用，所以市场经济又是法治经济。政府是制定法律法规、保护市场的主体。政府在规范市场的同时，也要规范自己，这就是要谨防政府机构和公务员滥用权力。滥用权力，尤其是滥用公权力已成为社会、百姓、媒体关注的热点问题，它是人们评判政府的公信力、绩效和透明度的标准之一。一方面，滥用公权力严重损害公共利益，使广大社会成员感到不公平和不公正，引发群众不满；另一方面，公权力的滥用会对现代市场制度和社会体制造成严重扭曲，不利于市场经济体制的建设和完善。发展和完善中国特色的社会主义制度，推进国家治理体系和治理能力现代化，必须把对公权力的约束摆在一定高度。当前，为了进一步明确政府与市场、政府与社会的关系，必须进一步规范政府的权力，进一步明确市场的作用，进一步完善社会组织治理体系。

二、政府要在坚持公平正义原则的基础上设计关乎人民福祉的各项政策

政府行使权力的首要任务是维护社会公平正义,具体体现在它确保社会公平正义的社会政策上。通常,社会政策是政府的兜底政策。一个经济体,该把多大比例的权力交给市场去支配?老实说,这不是一个容易说清楚的问题。一方面,市场的力量来自它本身的分权:它促使个体去发挥各自的积极性来解决自己的问题,创造更多的利润。另一方面,现代市场经济的交易体系非常复杂,非古代市场的简单产品交易所能比拟,例如,网络上的金融交易因为黑客等因素的介入而变得十分复杂,必须引入政府的监管。再者,政府还需要提供市场不愿意提供的公共服务和公共产品,诸如义务教育、基本医疗等。在我国,经济调节、市场监管、社会管理、公共服务和环境保护被界定为政府的基本责任。

发挥市场在配置资源中的基础性作用的同时实现社会的公平正义是全面深化改革的核心。这件事情说起来容易做起来难。《中共中央关于全面深化改革若干重大问题的决定》中特别强调在实现人民福祉、推进社会体制和司法体制改革中要坚持公平正义的原则。在全面深化改革的过程中,针对社会和司法领域的改革,必须坚持公平正义,确保其不受市场价值观的侵蚀。从这里,我们也可以看到政府是应当,而且必须有自己的边界的,这个边界就是保护社会的公平正义。

政府要最大限度地确保社会政策的公共性,避免利益集团的干扰。社会政策的应用涉及实施这些政策的决策者的自身利益,在某种意义上,决策者本身就是政策的受益者或受损者,决策者在制定政策、实施政策过程中难以坚守价值中立原则,这就必然造成社会发展领域的不平等。针对社会政策和社会保障的失灵,出现了志愿主义的治理模式,那就是非营利部门参与社会福利和社会保障。但是,在社会政策制定领域,如何确保政策的公共性依然是确保实现公平正义的一个大课题,也是界定政府作用和界限的关键。

三、以制度建设严格限制公务员滥用公权力和预防官员腐败

政府的权力通常是通过它的工作人员,即公务员和政府雇员来实施的。作为公权力的政府权力在由公务员实施过程中若要确保不被滥用,必须加强制度建设。当前,我国的政府管理存在的问题主要包括:职能越位、缺位问题;职责交叉、权责脱节、争权诿责;机构设置不合理,机构重叠、人浮于事;权力缺乏制约监督,不作为乱作为;以权谋私、贪污腐败。尤其是腐败问题,引起社会关注最多,议论最激烈。

严格限制公务员滥用公权力,预防官员腐败必须进一步加强制度建设。在我国,作为一种职业,公务员的优越性主要表现在工作稳定、福利优厚、社会声望高。有人把考入国家机构和事业单位,甚至国有企业,视为进入"体制内",进入"体制内"是令人羡慕的事情,非议也很多。

对于"体制内"和"体制外"应该历史地看待。中国的经济体制改革是从体制外开始的,通过体制外的改革推动体制内的改革,也就形成了后来所谓的"双轨制"。双轨制不仅表现在经济体制和市场体制上,也表现在行政体制和事业单位的体制上,也就是人们现在看到的"体制内"和"体制外"。如果当时不是采取这样的改革,中国也许走不到今天,这是我们必须看到和认识到的。但是,这并不表示我们认可目前的"体制内"和"体制外"状况,而是要打破"双轨制",把改革进行到底。

对于公务员的工资福利待遇应当全面地看。在这个问题上,一是必须把个别官员腐败与公务员制度本身区分开来,不要因为个别官员腐败而质疑公务员制度本身;二是要认真研究现阶段我国公务员制度的特点,根据我国公务员和事业单位的历史特点以及我国工资福利制度和社会保障建设的全局,设计我国的公务员工资福利及社会保障制度。

对于公务员的行为应当客观历史地去看。这些年来,确实有不少公务员利用公权力吃拿卡要、贪污腐败,引起了人民群众的不满,成为社会关注的热点问题。要逐步把公务员视作一种与社会其他行业相同的职业,使公务员回归自己的本色,使社会也回归自己的本色,最终消除权力异化。

四、以完善治理体系和提升治理能力
实现社会组织的善治

近年来,腐败问题不仅侵蚀了公共部门,也蔓延至非营利组织,即社会组织,郭美美事件就是一个典型。当然,类似郭美美的事件还非常多,规范社会组织管理、建立和完善社会组织的善治机制就是实现社会组织治理体系和治理能力的现代化。

社会组织善治的意义在于,社会组织的财富归公共所有;社会组织的权力不是归捐赠者、政府官员或专业管理者所有,而是归那些来自不同背景的志愿者领导人组成的理事会所有。在美国,非营利部门理事会成员在法律要求的范围内——包括团体组织法以及根据州非营利法和联邦税收与公民权利法制定的章程来行使自己的权力。它的外部机构,如州司法部或内务财政部运用一些法规控制外,非营利部门的大部分权力行使包括自我规制、问责性和伦理实践,依赖于成千上万的服务于理事会的成员们。一些非营利组织在财政、管理和治理实践中暴露出严重的和引人注目的弱点,破坏了公众对于整个非营利部门的信心,恢复公众对于非营利部门信心的办法莫过于社会组织的管理机构能够向公众保证它们理解自己只是充当守护人和监护人,它们能够保证非营利组织的问责性。在志愿部门,治理一般是指理事会成员和执行官发挥关键作用的行动领域。治理包括一种特殊的管理。治理者们负责组织的整个方向。治理不可避免地包括大量责任和判断。从法律的角度来看,治理者对组织负责,他们负责组织干什么、怎样干和怎样干好。他们还负责保证组织依法履行自己的义务。尽管治理者负有如此重要的职责,但是通常他们是以志愿者身份参与社会组织的治理的,理事会成员只是一份兼职工作,通常一个月参加一次理事会。就社会组织来说,它的治理更体现出志愿精神的价值。

社会组织的治理结构取决于它自身的特点,这一点我们可以通过与营利部门的比较来观察。一是社会组织缺乏营利部门所具有的底线——最低利润底线,社会组织必须具有明确的任务和目标,并且必须把这些抽象的目标变成可操作的目标和可以实施的行动方案。当然,如果营利部门没有明确的目标,也会陷入混乱,它们的努力也会付诸东流。但是,在一定时期和一定的资金底线内,营利部门可以混乱,缺乏目标。社会组织则不可这样,否则,它马上会陷入混乱,社会组织必须不断重申自己的使命,这是毫无疑问的——因为社会组织依赖于捐赠者、志愿者,或者兼而有之。二是社会组织需要非常明确它要达到的结果和社会影响,营利部门则主要考核利润。三是营利部门的经营所得归自己所有或归股东所有,相反社会组织的所得不论是来自捐赠者还是纳税人,都不归自己所有——它们是公共财产,社会组织的理事们只是这些资金的看管人而已。

所以,社会组织非常明确的问责性机制——问责它们的使命、产出、资源配置和它们的生产率,需要非常明确它们的责任。它们需要有效的、强有力的、直接的治理和清晰的治理结构。实际上,社会组织的理事会一直非常重要,如今人们对于它的作用的关注超过以往。这个细致的观察一直受到下列因素的影响:计量社会组织提供的服务所满足的需求、对于资助这类服务的私人或公共资金来源的极度竞争以及人们对于社会组织传递服务取决于它们领导人的效率这一日益增长的认同等。

在美国,尽管社会组织的任务和规模千差万别,但大部分社会组织都拥有一样的理事会。它们拥有无酬金的、来自外部的、利用业余时间参与管理的理事会成员。不过,它们也拥有全职的、有酬金的执行官,称为总裁、执行主任、执行秘书、高级主管、行政官、执行副总裁、总经理等。在美国,社会组织全职的、有酬金的执行官不是最终的决策者,而仅仅是决策的执行者,最终的决策者是理事会,那些被称为志愿者的理事会成员承担着重大问题的决策责任,他们与社会组织没有利益纠葛,可以凭自己的价值判断、社会良知、智慧才能对社会组织的发展做出决断,确保社会组织的良性运行,确保公共财产合理、合法地运用于社会发展和公益事业。

总之,保护和监管市场,建设法治经济,通过社会政策兜底,实现公平正义,加强社会组织的绩效管理并实现其善治,是当下进一步理顺政府与市场、政府与社会之间的关系,预防腐败,推进国家治理体系和治理能力现代化的重要任务。

为生民立命
——在张载关学思想研讨会上的发言
2014 年 8 月 31 日

  为什么要研究张载的思想？研究单个思想家的思想发展，这在许多理论史和思想史的研究中，是理所当然的，但是我们必须重新审视它的意义，即研究思想家的意义和思想家提供给人们的认识模式的意义。
  聚焦于一个人来进行学术思想的阐述和研究有着比探讨个人的学术生活本身更丰富的内容。我们可以认为张载的思想是当时社会的一个缩影，这其中包含了他在自己的认识历史中曾经借鉴、吸收、评判过的同时代人和前辈人，许多人与他持不同的观点，甚至批评他，然后，他的批评者，像他的追随者一样，也能够被综合在他的历史中。一个研究者不仅可以记叙这些对立的观点，还能将各种相反的观点联系起来。一般的方法可以从个体的学术历史中体现出来。张载从时代变化的理论与方法中抽出的问题，也是他同时代人所共同面对的问题，尤其是他提出的著名"四为句"：为天地立心，为生民立命，为往圣继绝学，为万世开太平。面对同一个问题，人们可以采取不同的研究方法，采用不同的解释，经纬交错。对张载个人的研究，为我们开辟了研究他那个时代的道路。一方面，我们将这条道路视为一定历史阶段整个同代人所共同追求的道路;另一方面,我们还必须把握时间的流逝在这里的含义。

是的,时间的流逝在这里意味着什么呢?如果思想家的思想始终都被束缚在一个单一的问题上,然后,"他们的"同代人,年长的或年幼的,如此不断地推下去,他们似乎都沉溺于同样的问题之中,那么人类的思想将永远处于停滞状态。然而,历史的发展往往是:在以往的时代中曾经坚持的东西,随着时间的流逝已经有所变化。对于个别思想家的研究可以引导我们去理解这个变化。张载和其他思想家一样,他的认识经历了由简单到复杂、由具体到一般、由有限到无限的过程。这种演变恰恰就是理性在时间上的演变,也即是思想的演变。个别思想家一个又一个观点的出现,在共时性上产生了与他同时代思想家相联系的问题。只是,思想家在他既定的目标上不断地探索的话,他的思想必定经历着这样一个过程。从这样的过程开始,我们可以看到那些曾经对他产生过影响的上一代人,怎样与年轻一代并肩行进,后来又怎样被年轻一代所取代。在这个过程中,我们可以看到一个认识在经历了怎样的道路之后,才能达到对对象的把握。虽然,它是一个思想家在自己的研究经历中把握社会而形成的,一旦他本人将自己的认识公之于众,或由别人介绍出来为公众所理解,它就变成了具有一般意义的东西。像一般意义的"方法""理论"可以为人们提供一套认识的框架一样,个体思想家的思想历程一旦被揭示出来,同样也可以成为人类认识的框架。在认识过程中,以往的理论和方法的唯一意义就在于它可以成为人们对新对象进行探索的工具。

如果我们从普遍规律去把握现实和历史(从因果关系、整体与部分之间的关系上),那么,我们把握的就绝不是现实和历史本身。因为现实和历史就其个性来说是某种唯一的、一次性的东西。因为,我们称作现实和历史的东西,从外部来看,就是在空间和在其确定的地方的时间上所发生的事件和一切现实中发生的事情。对于个别事物的认识只能基于事件本身,普遍规律和个别的经验在这种认识中的意义都是一样的,它们都是一种参考框架。一旦进入对具体事件的实地研究之中,普遍的东西会变得十分简陋,变得像个体的经验一样。参考框架并不能取代认识本身。

研究方法上的争论更是如此,不论何种评判,都必须以弄清问题为基础。许多争辩和批评在事过之后，往往会发现自己的证据不足。既然方法是由问题来决定的，那么，张载研究方法的特点和意义只有依据他所研究的问题来加以说明。对于这类思想的认识方法的揭示在思想的研究中无疑是一个新的领域。从中揭示出来的，可能不同于一般意义上的认识和探索方法，最终它可以告诉人们，人类可以从很多角度来观察社会，有没有最佳研究方法由问题性质而定。从历时性去理解张载思想的发展，就需要发现他的各个时期的认识活动及其方法之间的联系，展示出一个行动或一个事件是怎样导致另一个行动或事件的，一种思想是怎样导致另一种思想的。这种因素的前后关系自然也展示出人类认识的一种模式是研究者自身认识的结果，与历史研究者整理材料绝无关系。

我们可以肯定一个思想家的思想历程必定可以展示出一个认识模式，而一旦它被另外的人作为一种参考框架，它也就具备了一般意义。近几十年来关于方法的一般论述曾有很多，从迪尔凯姆（E. Durkheim，1858—1917）到拉德克利夫-布朗（Radcliffe-Brown）等，还没有一个人在发现普遍方法方面能成为值得称赞的典范。在谈到一般的方法时，我们立刻会想到贝利的《现代社会研究方法》、艾尔·巴比（E. Babbie）的《社会研究方法》等，真正的科学本该如此。但是，由于它们孤立的概括，只能成为综合科学规律本身的一部分，即使作为概括来说，它们也不是很理想的，主要困难就是那些提出这类方法的人，对于这些方法原则适用于哪些情况也并没有很大的把握，这些法则，既可以说它们能运用于任何地方，也可以说它们在任何地方都无法运用。

任何一个事件的历史，对于两个不同的人来说绝对不会是完全一样的感受，而且人们的共识是，每一代人都用一些新的理论和方法来写同一个历史事件，并给予它一种新的解释。解释和理解的理论也多着眼于不同时代的人对于同一历史事件的理解。这种对于历史事件的各种解释并不否认历史事实的客观性，问题在于我们必须把理解的内容从历时性的角度加以分析。这样，在对一个历史事件的全部判断中出现了两个阶段：客观判断与价值判断。对于这两种判断的分析又依赖于理解的形式。关于在研究者与被研究者关系接近的情况下，研究是否是可能的这一问题，就包含在对于客观判断与价值判断及理解形式的分析之中。

对于历史的研究和对于现实的研究一样,都必须对研究对象做出判断。这种判断包含了两种含义:其一是关于研究对象的真实状况的推论;其二是关于对象的现实意义和历史意义的推论。社会学家和历史学家的首要任务都是一样的,即他们都必须首先阐述和确定事实主体的状况。如果要做出公正的判断,我们必须有充分的证据,必须有相当的想象力,必须完全了解各种组织制度的发展情况以及被研究对象和他的同时代人的做事和思考的方式,只有这样,方能完全了解具体的时间、地点、性格和处境。我们不应当受偏见与感情的蒙蔽,对于各种不同的争论,应当尽一切努力来解释它们的情况——正如阿克顿①所说的,要解释得与这些人自己可能做的那样。要达到在以往时间、空间和处境中来解释被研究者,唯有掌握尽可能多的材料,此外别无选择。

在人文科学的研究中,人们没有可能避开这样一个棘手的问题:在着手研究和解释历史资料、文献和事实之前,是认定历史资料、文献和事实中包含着历史价值和现实意义,还是假定历史资料、文献和事实中意蕴仍处于未定状态,只有经过理解和描述才能确定它? 如果循着前一种取向,认定意义已经先于解释和理解而潜伏在文献之中,解释的任务就在于在解释中去揭示它的意义,而且一定会揭示出它的意义。评判解释成败的标准,要由是否在解释中再现研究对象来评判。如果循着后一种解释的取向,设想被研究对象、文献、作品仍在随时间流动而未定,解释的取向,便会致力于把意义在历史或现实中未定的模糊状态,在自己的研究、理解和比较中固定下来并明晰起来。在这种解释过程中,价值判断与客观判断是并存的,差别在于它们有不同的时序:在第一种取向中价值判断已经隐含在客观判断之前,而在后一种取向中,价值判断在客观判断之后,研究者根据研究对象的客观现状来规定它的价值。当然,在价值判断中,研究者可能引入各种其他非理性因素,诸如情感性的,这已经与客观判断没有关系。我个人在自己的研究中始终坚持第二种取向。一切评判,包括价值判断都必须基于对各种资料的

---

① 英国历史学家(1834—1902)。

分析。

思想史研究的通常方法是：对于思想家之思想进行研究的基本依据是他的论著和活动。任何论断都必须有文字的证据。客观地研究文献的关键是抓住作品的原意。在作者的各种作品中，无疑会寄托着他的"原意"，即他想让作品说什么、表达什么。一个作者对他所生活的时代的语言使用是个性化的，即他将时代语言个性地使用。在张载的论著中，这种情况尤为明显。从某种意义上说，个性语言比共性语言更能容纳内容，且其能力更为丰富多样，同时又由于种种其他因素，使已有的文献"言不尽意"或"意在言外"。而语言文字的歧义性、象征性，又往往使作者寄托在文字上的意图"溢于言外"，成为"言外之意"。这种情况几乎表现在每一个时代的思想家的学术活动之中，张载也不例外。对于历史悠久的文献只有循着那个时代的时间、地点、环境进行全面把握。许多作品的原意把握十分困难，它往往注入了作者的许多理论和方法。这种情况不仅会发生在那些研究悠久历史文献的人身上，也会发生在同时代的进行研究的研究者身上，当研究者与被研究者之间的关系不甚接近，甚至不了解时，多发生这种情况。在这种情况下，研究者更多是依据文献的语言意义来理解和表达作者的意义。他可以从语言上抓到作者表述出来的意义，但未抓住作者的旨意。尤其在材料的取舍上，研究者旧有的参考框架会赋予已有的文献一种新的意义，即超出了作者的原意。通常人们将这种情况称为"误解"，是否是"误解"只有作者本人最明了。对许多历史文献的无休止的争论多产生于此。而研究者与被研究者关系比较接近时，他可以在交往中通过观察被研究者的言谈举止掌握他的一贯思想的原意，从而可以在一定的理解中达到对作品的更准确的把握。

第四部分

民生是社会建设的基础

社会建设的理论探索和实践发展

一、在改善民生和创新管理中加强社会建设

党的十八大报告指出,要围绕着人民群众的根本利益,完善基本公共服务体系,创新社会管理。过去通常讲以民生为重点的社会建设,报告突出了"在改善民生和创新管理中加强社会建设",这是对近年来,各地在保障和改善民生、创新社会管理实践方面的总结,意味着民生和社会管理创新并列成为社会建设的重要内容。

马克思主义认为,只有发展生产力,创造生产的物质条件,"才能为一个更高级的、以每个人的全面而自由的发展为基本原则的社会形式创造现实基础"①。人的全面发展必须包括满足人民的物质生活、社会生活、精神生活、政治生活等各方面的需要,使人的体力和智力等各种潜能得到充分的体现。当前,不断实现好、维护好和发展好最广大人民的根本利益是社会管理的出发点和落脚点,是发展的本质要求。始终关注人民群众的生活幸福,就是实践科学发展。同时要认识到几点:一是人们在满足物质生活的过程中,会生成一定的社会关系,形成一定的社会问题,产生一系列社会矛

---

① 《马克思恩格斯全集》第23卷,人民出版社1972年版,第649页。

盾,引发一系列社会风险和冲突。二是随着物质生活的满足,人们对社会生活的要求会越来越高。人的社会性的最完善的表达如同马克思主义的创始人所说的,人的本质是一切社会关系的总和。社会生活发生在个人与家庭、个人与社会、个人与群体、个人与社区的交往以及各种各样的公共活动中。它以物质生活为基础,以社会交往为核心,以精神满足为目的。人们在社会生活中展现出自己的社会性,展现出人的群体特征和社群属性。"耳濡目染,朝夕相处,这些形式大约可算作人类关系的最简单、最基本的联系形式了。母亲和孩子,丈夫和妻子,父与子,主与仆,以及亲戚、邻居、牧师、医生、教师——这些构成生活中的最亲密、最真实的关系;而且在小型社区中,这些关系几乎就代表全部关系了。"[1]三是利益格局调整过程中的不公平和不公正会引发社会反抗。印度经济学家、诺贝尔经济学奖得主阿玛蒂亚·森指出,"不平等和社会反抗之间的联系确实十分紧密,它们之间的关系是双向。当一个社会发生叛乱或反叛时,其中必然存在可觉察到的不平等感,这一点显而易见;但是意识到下面这点同样很重要,即,对不平等的察觉及对这个难以名状的概念内容的确定大大倚赖于实际反叛的可能性"[2]。平等和稳定从来就不是分开的,社会管理既要促进社会公平,也要保证社会稳定,这就要求在改善民生的同时,创新社会管理。

二、加快推进社会体制改革

党的十八大报告指出,加强社会建设,必须加快推进社会体制改革。针对社会体制改革,提出了"两个体制、一个体系、一个机制",即社会管理体制和现代社会组织体制、基本公共服务体系和社会管理机制。社会管理体制是政府作为社会管理的主体之一,在社会管理中的角色和定位等一系列的制度安排。这一系列的制度安排怎么去界定呢?一是政府和社会的利益关系,政府和社会的利益关系包括从税收的角度,通过法律法规规定的。二是

---

[1] 〔美〕罗伯特·帕克:《城市社会学》,华夏出版社1987年版,第25页。
[2] 〔印度〕阿玛蒂亚·森:《论经济不平等/不平等之再考察》,王利文等译,社会科学文献出版社2006年版,第3页。

政府涉及利益关系时的决策模式。这个就特别触及当前看到的各类社会矛盾冲突中的决策模式的意义，比如说，是政府决策还是政府和公众共同决策，政府通过告知的方式让公众知道决策，还是让公众直接参与决策，等等。决策模式不一样，政府和社会的关系不一样，管理方式也不一样。三是政府和社会在公共事务中的分工与合作，主要涉及政府和社会组织在公共服务供给中及在社会服务供给中的制度安排。

社会管理体制包括两个方面：一是要正确处理权力和责任的关系；二是要正确处理利益和风险的关系。这个问题上政府的权力越大，责任越大，计划经济就证明这一点；利益越大，特别涉及干部时，风险会越大。

理想的社会管理体制由五点组成：一是完善的法律环境；二是合理的利益格局；三是由社会动员的公众参与；四是政府确保基本的公共服务；五是政府确保社会不能提供而必须由公共部门介入的社会管理。如伦敦发生骚乱，NGO可能解决不了，必须政府介入；再如纽约发生占领华尔街运动，最后影响老百姓的生活秩序，必须由公共部门介入。理想的社会管理体制是：政府能不介入的就不介入，能交给社会管理的就交给社会去管理。

党的十八大报告中多次提到基本公共服务体系建设，并强调我国的城乡发展差距和人民收入差距依然很大，这就要求凸显实现基本公共服务均等化战略的意义。政府要通过财政保障应该享受基本公共服务的人都能得到，但是提供公共服务的主体不一定全是政府，要建立多元的供给体制，包括政府提供、社会提供，甚至有时候可以通过企业来提供。积极鼓励社会力量参与社会事务，大力发展公益类、服务类的社会组织，从而为社会力量参与社会服务创造条件。在推进基本公共服务体系建设和实现基本公共服务均等化过程中，存在着提供公共服务的地方政府的财政能力与辖区居民对基本公共服务需求之间的不匹配问题。2012年10月，在某社区调研时，我发现，社区居委会主任在工作中感到最大的问题是财力问题，上游政府追求人均GDP，要求少报人口，但是基层财政收入是按照人头拨付的，这样就带来基层财力与实际人口规模不对等的问题。还有，某市户籍人口一百多万，外来人口近千万，要使所有外来人口得到基本公共服务，仅仅靠地方财政还是非常困难的。这里就出现了这样一个问题：一个区域内涉及基本公共服务的财政供给能力与财政需求之间的关系问题,需要进一步研究和解决。需要在中央政府层面进一步理顺关系的包括有关社会发展的财税体制及中央与地方的关系、慈善捐赠体制、国际社会组织管理、社会组织改革与发展等一揽子问题。利益关系包括收入分配、中央和地方的财力与事权、阶层收入群体或利益集团关系等,它们可以通过财政收支、社会福利、社会保障、基本公共服务等来实现调整。在社会体制的建立和完善上,政府最应当做的是,建立合理的利益格局,鼓励公众参与社会生活。只要政府做到这一点,真正保护弱势群体的基本权利和人们的合法利益,每个人在社会生活中才会发挥自己的积极性和创造性,关注公共事务,形成社会合作,整个社会秩序才能够很快建立起来。联系到转变发展方式、土地问题引发的各类群体事件等已经触及财政体制,要把财政体制改革提到更加突出的位置。

当前需要进一步研究这样一个问题。过去对社会进行管理治理的一些思路是基于自由市场时期的框架模式,2008年以后,随着国际金融危机的加深和各国政府对经济生活的介入,国家市场正在兴起,国家市场对经济的介入已经凸现,从欧盟到美国,政府在经济生活中发挥的作用已经跟自由市场时期完全不一样了。在这样一个新的历史阶段,国家对社会的介入到底应采取一种什么样的方式? 现在还没有看透,也在考虑这个问题,需要深入研究。

三、社会管理体制中的"法治保障"

党的十八大报告中把过去经常提及的"党委领导、政府负责、社会协同、公众参与"的社会管理格局扩展为"党委领导、政府负责、社会协同、公众参与、法治保障"的社会管理体制,具有重要意义。它意味着要在法治的轨道内管理社会,在法治的轨道内处理社会事务、解决社会问题、化解社会矛盾、应对社会风险、消除社会冲突。

依法治理社会,就是政府要全心全意地提供公共服务,这是政府的根本职责。政府要部分地承担社会管理的责任,所谓部分承担就是说,社会管理的另外一部分责任实际上是需要居民自己负责,也就是社会治理。

法治保障意味着要正确处理政府和社会的关系。要充分认识到没有政府，社会发展是不可能的，政府本身是社会的需求。要明确，政府参与社会和社会组织、公众参与社会的办法是不一样的。公共参与包括民主参与决策，参与社会组织、基层组织的各种事务。公共参与的根本目的是确保自身和社会弱势群体的利益，所以，公共参与过程也包含了利益博弈的内涵。社会组织和公众自己不能创造价值，除非募捐和允许开展经营活动，这样，它们就需要政府的法律支持，由此就产生了对慈善法律和法规的需求以及对社会组织管理的需求；政府则不一样，政府可以通过税收获得收入。所以现实的社会生活中，政府往往容易自己把这些收入分发给社会的弱势群体，直接参与社会生活。在许多情况下，政府与社会生活存在一定距离，也受限于人员的专业化程度，不能提供公众需要的社会服务。在这样的环境中，政府在社会领域做得越多，问题越大，社会对政府的需求越多，结果就陷入恶性循环。另一方面，社会组织往往过分强调自己的独立性，忽视了自己对政府的需求。这些问题都需要进一步研究。

要在法律的框架内，实现由社会动员公众参与，鼓励居民在法治的框架内，自发地组织起来，去参与社会事务、关心社会事务、解决社会问题。和谐社会是体现社会公平的社会，和谐社会所追求的社会公平，是有差距的公平，是各阶层共生、共依、共赢并最终走向共同富裕的公平。

要在法治的框架内处理社会矛盾，尤其是上访等，要彻底避免"信访不信法"的问题，必须进一步完善社会管理体制。

四、社会和谐人人有责、和谐社会人人共享

党的十八大报告提出要努力开创"社会和谐人人有责、和谐社会人人共享"的生动局面这一新要求，是对十六大以来党中央提出的以民生为重点的社会建设、构建社会主义和谐社会和加强创新社会管理理论的进一步发展，也是对近年来民生事业发展、和谐社会建设和社会管理创新实践的进一步升华，充分体现了社会建设必须为了人民、社会建设必须依靠人民、社会和谐必须造福人民这一以人为中心的根本宗旨和发展思路。

实现社会和谐人人有责,要特别强调和突出不断创造就业机会,积极提供就业服务,建立覆盖全面和动员全民参与的社会保障体系,完善基本公共服务体系,加强和创新多元治理格局的社会管理。一是坚持就业是民生之本。只有实现充分就业,劳动者才能实现劳有所得,才能有机会、有能力参与社会保障,才能拥有安全的生活和幸福的未来。当前,国内外经济形势的不确定性进一步加大了对就业形势的影响,就业总量矛盾和结构性矛盾会更加凸显。与往年一样,2012年我国城镇需要就业的劳动力会达到2500万人以上,其中高校毕业生规模达到680万人,是21世纪初年的6倍多。劳动力总量供给居高不下,就业的结构性矛盾更加突出,一些部门和地区招工难与一些地区和部门就业难并存,这些都需要我们通过稳定经济增长、扩大就业服务等措施加以解决。二是社会保障体系不仅是国家的责任,也是企业和个人的责任。我国的基本养老金由基础养老金和个人账户养老金组成。社会保障制度的核心是社会保险,而社会保险是政府通过法律强制、多渠道筹集资金、通过保险方式处置劳动者面临的特定社会风险的制度安排,因此,社会保障制度不仅仅体现政府的责任,更体现劳动者和用人单位自身的责任。劳动者有参加保险缴费的义务,用人单位也有为职工缴纳社会保险费的义务。与养老保险一样,医疗保险也是风险共担和补偿损失的。它也是通过用人单位和个人缴费建立起来的保险基金。我国的失业保险也是由用人单位和个人缴费组成。这些都充分体现了个人和企业的责任,个人和企业承担起自己的责任是完善社会保障体系的关键。社会建设就是要创造条件使每个人承担起自己对于社会的责任。与发达国家比较,我国在建设基本公共服务体系过程中面临的突出问题是人口众多和规模庞大。随着时间的推移,要特别关注国家履行基本公共服务承诺的能力,也要妥善安排社会领域的财政支出,在这个问题上,我国更需要在社会保障和社会福利领域进行创新。三是社会管理创新需要居民、企业、社会组织的广泛参与、合作治理,需要政府、社会、企业,还有公众一起来管理。创新社会管理就是要强调多元治理。多元治理就是政府、社会、企业和公众都参与到社会管理的过程中去。社会管理的主体是政府,是社会组织,是企业,也是公众。四是社会机制的形成有一个过程,它需要平等的社会关系、个人坚守对集体的责任、完善的制度和健全的机构。每个人坚守社会规范，把日常的小事做好，才会逐渐把社会和国家的大事做好，当个人都能承担起社会责任时，公民意识才能慢慢融入整个社会，社会和谐才能形成。

实现和谐社会人人共享，就要加快教育体制改革，建立和完善社会保障体系，加快收入分配制度改革，积极推进基本公共服务均等化。一是和谐社会人人共享要求对人们的社会生活有一个更为深入实在的把握。社会生活不仅涉及不同群体的实际生活水平，例如各个阶层吃什么、用什么、玩什么，也涉及不同收入群体的不同要求，各个阶层想什么、要什么、做什么。在承认差距的和谐下，各收入阶层人民都能共享经济增长、社会进步的成果，都能提高生活品质，或者叫人民福祉。二是要努力办好人民满意的教育。应试教育、教育质量问题已经成为我国教育发展的关键，也是老百姓最关心的问题之一。尽管我国已经取消了义务教育阶段的学杂费，但其他一些相关学习费用如课本费、学习用具费、上学交通费、学校午餐费等支出对贫困家庭来说，仍然是沉重的负担，由此也导致部分学生失学或者辍学。必须进一步完善中小学的教育社会救助体系，尤其要积极推动农民工子女平等接受教育。城市家庭为子女提供的各类课外辅导也加重了学生的负担，影响了他们的发展，这些都需要通过加快教育体制改革来加以解决。三是对于已经解决了温饱问题的人群来说，有一个生活品质的提升问题，生活品质既表现在身体方面，也表现在精神方面，还表现在社会交往方面。每个人生活在社会里需要跟别人发生关系，其中很重要的就是大家有一个良好的信任关系、友好关系。至于人际关系，社会发展到一定阶段怎么去形成这样一种社会关系确实很重要。必须重视社会生活。社会生活就是发生在个人与家庭、个人与群体、个人与社区的交往和各种公共活动中，它以物质生活为基础，以社会交往为核心，以精神满足为目的。怎么重视社会生活？就是要在社会发展过程中，从仅仅关注对社会事业、对科教文卫体的投入，转向对社会行为和内心世界的关注，建立一个健康的内心世界。只有这样，和谐社会才能得以实现，人民福祉才能得到提升。

经济社会发展的阶段性特征

告别短期强刺激,中国经济如何实现长期持续发展?我们看到,李克强总理给出的答案是:向改革、调结构和改善民生要动力。2014年4月10日,在博鳌亚洲论坛年会开幕式上发表演讲时,李克强总理强调,中国不会为经济一时波动而采取短期的强刺激政策,而是更加注重中长期的健康发展,努力实现经济持续健康发展,向世界展示了运筹帷幄的思维和乐观向上的心态。他特别指出,13亿人口的中国是世界上最大的消费市场,通过保障和改善民生,内需对经济增长的拉动作用将不断增强。做出这样一项重大决断绝非易事,正如诺贝尔经济学奖得主克鲁格曼所说的,"短期增加福利的行为是不会受到责难的",这就是说,人们习惯了眼前获利,而不会考虑长期后果。对于这个问题,个人不考虑,群体不考虑,情有可原。但是,政府必须考虑公平的可持续发展问题。

一、告别传统发展思路和心态:用大周期思路和心态对待经济增长

告别短期强刺激,是打造中国经济升级版的经济政策升级版。它表明,中国经济政策将以公平正义和可持续的方式达到长期社会福祉最大化的目标。经济政策必须关注真正的经济稳定和可持

续的、公平的长期增长,并兼顾增长、就业和人民福祉。它也需要中国的决策者和人民用大周期思路和心态对待经济增长。

根据历史经验,短时间内部分经济指标转好并不意味着经济走出低谷,同样,短时间内部分经济指标变坏也并不意味着经济就进入低谷。一是指标问题和数据问题。当前很多经济数据不仅需要从经济上来理解,还需要从历史和政治上来解释。而且这些指标和数据未必能够说明全部事实。理由是,一些统计指标形成于19世纪末期,是用来描述悠闲经济活动的,而我们当前处在一个前所未有的全球化时代,以信息技术为基础的经济社会全球化改变了一切。在全球化下,对经济基本面的判断至少应包括GDP增长率、失业率、政府预算赤字、经济体的经常项目、外债占GDP的比重、出口收入占总债务的比重、进出口数量限制、进出口关税等。二是根据历史经验,面对严重的经济衰退,对决策者和政策研究者来说最大的忌讳就是过早乐观。当年美国总统罗斯福一看到复苏迹象出现,就对新政期间建立起来的一些重要机构进行削减并实施增税政策,结果使经济大萧条卷土重来,一发不可收拾。日本对在"消失的十年"中挽救经济的政策略加放松,结果是经济迅速陷入停滞。历史的经验值得注意。

二、告别模仿和追赶战略:坚持走自主创新的道路

我们现在生活于转型时代。就世界而言,当前经济形势处于低迷,实质是第二次工业革命接近尾声和第三次工业革命刚刚启动这样一个转型时期经济自身的阵痛。新旧产业处于胶着状态,仅仅依靠传统意义上的认识工具已经捉襟见肘,要么理解不了经济发展中出现的起伏波动,要么拿出来的方案不能奏效。

面对当前的经济形势,众说纷纭的实质是还没有从传统意义的宏观调控的思维模式中走出来。自2008年国际金融危机发生以来,各国政府、企业界、经济学家,甚至普通的老百姓一直就如何拉动经济进行热烈讨论。采取货币政策或财政政策、稳定市场预期等建议层出不穷,但是见效甚少,究其原因,主要还是难以摆脱传统的宏观调控模式。大机器生产和拥有丰富的

石油使美国成为第二次工业革命的主导者和旗手。赢者通吃,经济上的成功使美国在长达一个世纪的时间里不断推出自己的标准化的、大规模的、连锁式的产品和服务——通用汽车、电子产品、麦当劳、肯德基,进而是《泰坦尼克号》等文化产品,以及美式民主。2008年美国爆发的金融危机,也暴露了其自身的特点和问题,迫使人们探索发展道路的多元特质。

人们长期以来陷入的路径依赖是充分就业。在不改变既定条件,包括工作方式、工作空间布局、劳动时间等因素的条件下,充分就业几乎成了一个不可能实现的目标。况且,为了建设小政府,各国政府也在精减人员,在税收监管、社会保障经办、兵役等诸多方面引进了智能技术。当前中国大学生就业难,实际上是因为中国按照传统的产业革命需要设置了相应的课程和采用了相应的教学方式,而现实中,劳动密集型的重化工业接近尾声,难以吸纳更多人就业。再加上,教育的产业化把应试教育推向极致,无以复加,使培养出来的人才难以与家庭、社区、社会、产业接轨,其结果是人力、物力和财力的极大浪费。在传统产业中,智能技术的应用越来越广泛,使得市场就业机会越来越少。

三、告别投资和外贸依赖:不断培育内生动力

与发达国家不同,我国的消费市场远远没有得到开发和培育。高储蓄率意味着民间蕴藏着巨大的消费潜力,当务之急的宏观政策是找对路子来开发这些潜力。

因而要加大力度完善社会保障体系。完善社会保障体系能够增加居民收入,提高居民消费水平。发展中国家的社会保障建设可以成为新的增长点。如果把社会保障体系建设延伸到农村,所产生的刺激消费效果将更加明显。让老百姓没有后顾之忧地消费,业已成为扩大内需的关键所在。加大完善社会保障体系力度有助于解决我国投资比重过高、消费比重过低、对外依存度过高的发展方式。

完善社会保障体系重点在于养老保险制度改革。一是继续深化存量改革,就是计划经济遗留下来的机关事业单位养老金改革。从这个意义上说,

养老金的顶层设计就是在进一步完善增量改革的同时，深化存量改革，在改革过程中使二者逐步并轨，最后形成统一的养老金制度。当然，在这个过程中，也要看到公务员和事业单位的养老保险制度改革的复杂性，尤其是公务员，这是一个特殊群体，完全用市场方式来改革公务员的养老保险和福利制度，既缺乏国际惯例，也缺乏理论基础，需要认真研究，找到切实可行的解决办法，不可一刀切。

二是通过创新实现增量改革，就是改革开放以来在计划经济体制外逐步建立起来的城镇职工养老保险、城镇居民养老保险，以及新型农村养老保险。重启改革，一方面是进一步深化未完成的对计划经济体制的改革，就是进一步扩大和深化存量改革；另一方面还要对改革开放三十多年来改革政策中已经不适应当前发展要求的部分进行改革，这就是完善增量改革。换句话说，在计划外生长起来的市场经济需要创新，在计划内未完成的改革需要继续，当前是一场在发展中不断面临新问题的增量和存量叠加的改革，难度可想而知。如何使叠加的各部分有机结合起来，需要从时间、空间上布局谋篇，这就是所谓的顶层设计，继而在此基础上进行全面深化改革。

三是以平常心对待养老金改革问题。改革不是中国独有的阶段性现象，是世界各国面临的共同问题。罗斯福建立美国的社会保障体系是对美国传统的社会福利制度的改革。小布什对社会保障体制的改革，是针对自罗斯福以来美国社会经济环境发生巨大变化导致原有的社会保障制度难以适应现实需要而进行的政策调整。撒切尔在 20 世纪 80 年代对政府公共服务的改革是对传统的福利国家体制的改革。撒切尔、梅杰等实施以市场为导向、以经济效率为目标的改革，率先在公共部门引入竞争机制，这种以自由主义和市场化为导向的改革，将传统意义上的"国家照顾"转变为"社区照顾"，减轻了国家的负担，拓展了公共服务的内容和公共服务的供给方式。2010 年，卡梅伦执政后进一步改进公共服务体制机制，发挥社区和社会组织的作用。改革是各国发展中的常态现象，要以平常心对待改革，包括养老金体制机制的改革。

四是把确保老年人的基本权利摆在核心位置。养老金改革的核心是如何确保老年人的基本权利问题。国际劳工组织提出了有关基本社会保障权利的"核心内容",认为基本社会保障应当包括:基本医疗保健、家庭基本福利、老年人和残疾人的基本养老保险。提供基本社会保障是政府的义务。把社会保障作为人类的基本权利也是许多其他国际组织的一贯做法。《世界人权宣言》第 22 条阐明:"每个人,作为社会的一员,有权享受社会保障,并有权享受他的个人尊严和人格的自由发展所必需的经济、社会和文化方面各种权利的实现,这种实现是通过国家努力和国际合作并依照各国的组织和资源情况。"[①]这个论述表明了实现社会权利的基本原则:人人应当享有,国家积极介入,与国家经济社会发展水平相适应。基本社会保障是满足所有社会成员需求的保障,它不仅要覆盖在正规部门就业的人员,也要覆盖自雇就业者、兼职人员和没有固定工作的劳动者,确保他们在患病、失业、年老、病故、生育、受意外伤害时的基本生活。

---

① 联合国:《世界人权宣言》,1948 年,可参见联合国官方网站,http://www.un.org/universal-declaration-human-rights。

从全局和战略上谋划养老保险制度改革

社保是民生之基。重点是要推进社会救助制度改革,继续提高城乡低保水平,全面实施临时救助制度,为特殊困难群众的基本生活提供保障,为人民创业奋斗解除后顾之忧。建立统一的城乡居民基本养老保险制度,完善与职工养老保险的衔接办法,改革机关事业单位养老保险制度,鼓励发展企业年金、职业年金和商业保险。要完善失业保险和工伤保险制度,落实社会救助和保障标准与物价水平挂钩联动机制。发展老龄事业,保障妇女权益,关心青少年发展,加强未成年人保护和困境家庭保障,做好残疾人基本公共服务和残疾预防,支持慈善事业发展。让每一个身处困境者都能得到社会关爱和温暖。

进入 21 世纪以来,政府在完善社会保障体系建设领域倾注了大量心血,取得了举世瞩目的成就,社会保障体系不断完善,保障水平不断提高。2014 年春节过后的第一次国务院常务会议,就进一步完善养老保险制度作出决定,提出合并新型农村社会养老保险和城镇居民社会养老保险,建立全国统一的城乡居民基本养老保险制度,彰显了中央政府加快养老保险制度改革的决心和信心。

现行社会制度依然存在诸多短板,除了城乡社会保障发展不平衡、农村地区明显滞后等状况外,2013 年以来,养老金制度改革和创新问题引起各界广泛关注,学界观点建议诸多,民间议论纷纷,主管部门高度重视,媒体报道频频。各方逐步将其上升到养老金的顶层设计和全面深化改革问题上来。围绕着这个所谓的顶层设计及其改革,出现了养老金安全性(包括提高收益率和多元化投资等)、基础养老金、延迟退休、机关事业单位社会保险制度改革等一系列说法。我国正在进入老龄化社会,养老问题已经影响到千家万户,这个问题得到关注和深入讨论不无道理。

当前的问题是:什么是顶层设计?如何深化养老金体制机制改革?在我看来,要回答这些问题,不如回到问题本身,看看当前的养老保险制度到底存在哪些问题,解决这些问题需要坚持的原则是什么,以及如何去解决这些问题。

一、我国养老保险体制机制存在的主要问题

当前,我国养老保险存在诸多问题,主要表现在以下几个方面。

一是碎片化严重,存在城镇职工、城镇居民和农村养老保险。社会保障内部的各类保险采取的方式不一样,有积累制的,也有半积累制的,还有其他形式的,积累制与个人的收入有很大的关系,每个人的收入又不尽相同,就自然造成养老金缴费和待遇上的差异。

二是全覆盖的体制机制虽然已初步建立起来,但待遇水平不高,差异较大。截至 2012 年底,我国社会基本养老制度覆盖人口大约 2.6 亿人,其中缴费人口有 1.9 亿人,7000 万人为领取养老金的人,这就是说,3 个人上缴工资的 28% 来支付 1 个人的养老金。

三是养老金存在缺口。我国实行养老保险积累制的职工的个人账户并不在职工自己手里,而是掌握在政府手中,基本养老保险收不抵支的部分统筹账户挪用个人账户,就出现了职工个人账户"空账户"问题,如何加强养老金的监管,寻求投资多元途径,包括市场手段,实现养老保险金规模的不断扩大和保值增值就成为解决养老金缺口问题的关键。总体看来,目前养老金的维持相对来说比较紧张,这种态势还可能进一步加剧。

四是老龄化进程不断加速,养老压力越来越大。到 2012 年底,我国的老

龄人口已经达到 1.94 亿人，2013 年超过 2 亿人，在老龄人口中，失智失能的老年人 2012 年已经到 3600 万人，2013 年达到 3750 万人。

二、改革养老金体制机制的基本原则

基于以上四个问题，养老金顶层设计和全面改革需要考虑以下四个原则。

一是继续深化存量改革，就是计划经济遗留下来的机关事业单位养老金改革。从这个意义上说，养老金的顶层设计就是在进一步完善增量改革的同时，深化存量改革，在改革过程中使二者逐步并轨，最后形成统一的养老金制度。当然，在这个过程中，需要认真研究，找到针对不同群体的切实可行的解决办法，不可一刀切。

二是通过创新实现增量改革，就是改革开放以来在计划经济体制外逐步建立起来的城镇职工养老保险、城镇居民养老保险，以及新型农村养老保险。这些保险制度的发展不平衡，有的已经比较完善，有的刚刚搭建起制度框架，需要进一步完善，还有的需要借鉴国内外经验进一步深化改革。实现增量改革必须积极应对发展中出现的新问题，诸如老龄化快速来临、抚养压力加大等。

三是以平常心对待养老金改革问题。改革不是中国独有的阶段性现象，是世界各国面临的共同问题。世界各国在不同的历史时期采用过不同的方式对社会保障体系进行改革。改革是各国发展中的常态现象，要以平常心对待改革，包括养老金体制机制的改革。

四是把确保老年人的基本权利摆在核心位置。养老金改革的核心是如何确保老年人的基本权利问题。基本社会保障是满足所有社会成员需求的保障，它不仅要覆盖在正规部门就业的人员，也要覆盖自雇就业者、兼职人员和没有固定工作的劳动者，确保他们在患病、失业、年老、病故、生育、受意外伤害时的基本生活。基本社会保障也是社会权。这种社会权利表现在两个方面：第一，人有义务去满足他人的基本生存权；第二，强调正义、公平、履行义务、寻求公正的社会经济权。要给予穷人实际的社会权。

三、养老金改革的基本思路和对策

在当前的发展变化进程中,考虑实现养老金制度增量、存量和创新多重叠加的改革至少需要从四个方面入手。

一是进一步完善基金积累制度,探索现收现付制度存在的问题及其改革方向。现收现付制度意味着代际的转移支付。如何让更多的人承担起对于社会的责任和对自己的责任将是问题的出发点。随着人口尤其是老年人口的增加和医疗技术的不断进步,人类创造的社会保障制度本身已经出现问题,可以使用的资金数量已经捉襟见肘。因此,必须在新形势下对基金积累制度进行进一步的研究和改革。

二是积极探索各类保险在征缴、发放等方面的统一和协调问题。社会保障内部的各类保险采取的方式不一样,同时积累制与个人的收入有很大的关系,每个人的收入又不尽相同。要建立有效的社会保险关系转移接续制度。提高各级财政补助标准,确保职工、城镇居民基本医疗保险和新农合政策范围内住院费用支付比例均达到国家规定的目标。

三是继续探索公务员和事业单位的养老保险改革,努力打破双轨制,尤其是打破养老保险领域的"官本位"制度,正确处理"干部"与"群众"的关系问题。我国《社会保险法》第10条规定,公务员、参照公务员法管理人员养老金办法由国务院规定。但实际上,这两个群体,甚至包括事业单位,一直游离于尽缴费义务之外,而且退休后替代系数也远远高于其他群体,这既不公平,也不合理,也是社会上多年批评的话题。改革"养老金"双轨制实际上就是李克强总理所说的触动利益格局,"割自己的肉"。下一步,解决这个问题的基本思路是"老人老办法,新人新办法"。事业单位养老金改革一直悬而未决,各地开始试点的公务员聘任制也许会成为一个突破口。要尽快建立公务员职业年金,通过配套改革解决"养老金"双轨制问题。

四是加快建设与老龄化需要相适应的保险制度和服务体系,尤其要及早考虑长期护理保险制度建设。老龄化加速和未来老龄人口的不断增加,医学进步会把许多致命的疾病变成慢性病,病人的弥留时间会大大延长,老龄人口的医疗支出会大大增加，加强医疗保险基金的管理非常重要。要特别关注农村人群、失能人群以及高龄人群，积极谋划具有中国特色的养老服务体系。着手规划和试点内地护理保险制度，从建立长期护理体系入手，规划和试点护理保险，必要时先动用医疗保险或养老保险，同时加速护理保险建设。

重视城市居民社会生活,提高城镇建设水平

一、对以人为中心的城镇化的新阐释

2013年12月召开的中央城镇化工作会议指出,城市建设水平,是城市生命力所在。会议要求各地推进城镇化建设,要根据本地实际和居民的需求,定位城市发展方向,开展科学规划。城镇发展和城镇规划,要尊重自然、顺应自然,坚持天人合一的理念,依据城镇所在区位的自然状态和生态环境,使城市建设融入自然,与自然和谐。要尊重城市发展的历史,保护和弘扬传统优秀文化,同时又要融入现代元素,在延续城市历史文脉的同时,实现各具特色的城市现代化。城市建设要体现人民生活的本质要求,通过城市建设,使人民群众的社会生活更加舒适。会议还要求,在促进城乡一体化发展中,要注意保留村庄原始风貌,慎砍树、不填湖、少拆房,尽可能在原有村庄形态上改善居民生活条件。这是对人们阐释新型城镇化要坚持以人为中心理念的新发展,也就是说,新型城镇化不仅要解决数亿流动人口融入城市的问题,也要充分考虑进城流动人口和已经在城镇居住人口的社会生活问题,要提高他们的生活品质,打造品质城市,使城市成为人民安居乐业的社会生活共同体。

城市是一个国家、区域或地区的政治、经济、科技、文化、生活中心,是社会化大生产的高密度载体,集中体现了综合国力、政府管理能力、国际竞争力和创新能力,是现代文明的重要标志。城镇化是一个国家或地区实现人口集聚、财富集聚、技术集聚和服务集聚的过程,同时也是生活方式、生产方式、组织方式和文化方式转变的过程。城市化也是把政治、经济、科技、文化、生活等要素有机联系和积极调动起来的制度机制建设过程。

由于工业化加速,中国的传统社会生活共同体——农村正在解体,而新的社会生活共同体正在建设之中,大量的陌生人流入城市如何相处,是城市建设中不可忽视的问题;大量的城镇居民如何和谐相处,组建自己的生活共同体,在这样的生活共同体中相识、相知、相互帮助,也是提升城市居民生活品质的内在要求。健康的城市建设应当是回归人类的社会本性,从"看不见人"的城市走向"看得见人"的城市。如果城市建设者们在把握城市的社会本质属性的基础上开展城市建设,就会贴近人类本性和人民生活,满足人们的需求,激发人们参与社会生活和公共生活的热情,使社会治理格局日臻完善。正如简·雅各布斯所说:"试图在城市街区中追寻成功的标准,如高标准的物质设施,或所谓的能力很强的'无问题'的街区人口,或记忆中怀旧的城镇方式的生活等,都是白费功夫。这种做法都没有涉及问题的本质,即,城市的街区是干什么用的?"[①]这实际上提醒我们:在建设新的社会生活共同体时,应当明了我们到底需要什么样的社会生活。中央城镇化工作会议对以人为中心的新兴城镇化做出了全新的阐释,必将对城镇化进程中的人的全面发展产生重要推动作用。

二、改善城市社会生活是当代中国城市 建设需要进一步探索的课题

城市不宜居,如千篇一律、交通拥挤、环境恶化、生态失调、生活单调、缺乏便利等,几乎是我国城镇化进程中面临的共同问题,也是居民抱怨最多的

---

① 〔加拿大〕简·雅各布斯:《美国大城市的死与生》,金衡山译,译林出版社 2005 年版,第 113 页。

问题之一。纵观历史和放眼世界,城市有自己独特的内涵,它是基于历史和人类自身的特点形成的。只有把握了城市的本质和社会的内在规律,才能把握城市的内涵,建设真正符合人类需要的城市,也只有在这个意义上,城市才能成为人类乐于栖息、获得享受的生活共同体。围绕建设人类生活共同体来改善人们的社会生活和公共生活,是当代中国城镇建设需要进一步探索的课题。

社会生活发生在个人与家庭、个人与社会、个人与群体、个人与社区的交往以及各种各样的公共活动中,它以物质生活为基础,以社会交往为核心,以精神满足为目的。人们在社会生活中展现出自己的社会性,展现人的群体特征和社群属性。对于美好社会和美好未来的追求是人类的本质特征。自古以来就不乏各种美丽的传说,表现在诗歌、文学等艺术作品中,它们正是人类本质属性的体现。这种在历史上曾经出现过的城市经历了种种变故,由于工业革命和城市化导致的急剧社会变迁,传统生活共同体在很多地方已荡然无存。但是,人类从来没有失去过对美好社会追求的信念,这正是以人为中心的城市建设的动力所在。重新找回城市社会生活成为人类的不懈追求。从这个意义上讲,中央城镇化工作会议对提高城镇建设水平作出的部署,不仅反映了当前城镇发展建设的现实需要,也适应了人类社会发展的规律和历史趋势。

城市建设即政府、非政府组织和企业介入城市发展过程,通过制定有关法律和法规,进行城市建设投资,建立和完善社区组织,动员社会力量参与等来解决社会问题,完善城市社会体制与机制,提高城市社会的群体凝聚力等。城市的社会建设在目标上包括四个重要方面:居民生活质量的提高、社会凝聚力的建设和培养、社会组织和体制的建设与创新、社会问题的解决。这四个方面又是相互关联的,甚至在一定程度上有重合。与其他目标相比较,居民生活质量更具有概括性和目标特征,城市居民生活质量的提高包含了丰富的内容,如经济建设、环境保护、服务体系完善等。作为工具意义上的城市社会建设,主要是通过一系列的建设活动来修复由于工业化和城市化加速带来的传统人类生活共同体的瓦解,实现人的全面发展。当前的问题是,人们在推进城市社会建设过程中还不能完全明了社区建设与人类社会生活共同体之间的关系,往往把社区建设活动本身当作社区发展的目标。城市建设工作者可以进行各种创新,但是要切记最终目标——城镇是人民生活的共同体。

三、发挥市场和社会机制在城市化建设中更加积极的作用

在新型城镇化浪潮下,从中央到地方政府都在积极参与城镇化规划和建设,然而,城镇化在更大程度上是一个自然和历史的过程:人口的自由迁徙、生产要素的自由流动、产业的合理布局等。在社会人类学家费孝通先生早期的观察中,城镇体系,或者叫作区域体系的形成就像生物的演化一样,不断适应国际国内市场,促进资源自由流动,逐步形成自己的结构和体系。城镇化离不开政府,但如果城镇化建设一切都按照行政命令推进,那一定会出现灾难性后果。如何通过建立全国统一的市场体系,并使国内市场与国际市场有机接轨,进一步打破经济发展的行政羁绊,逐步建立起与社会主义市场经济体制相适应的地方行政体制,是新时期城镇化建设无法回避的内容。

推进新型城镇化,要坚决避免传统的发展城市思路,即认为通过建设一些大的项目,如新的体育设施、轻轨系统、会议中心或者住宅项目,就可以引导城市走向辉煌。新开发项目可以暂时给城市涂上一层亮色,但是永远无法解决其深层次问题,建设过多的住宅和基础设施而缺乏经济发展实力实际上是城市走向衰落的原因,底特律就是一个很好的教训,鄂尔多斯也是如此。住宅和基础设施过多的实质是需求不足,供应过多,底特律和鄂尔多斯的教训告诉我们:城市不等于建筑,城市是居民的聚集中心。因此,认真研究政府开支如何造福人民是国民经济成长新阶段的一项核心任务。事实上,过去几十年,尤其是最近十几年,以GDP政绩考核为核心的干部评价标准引导各地把过多的资源投入到住宅和基础设施,导致城市和区域发展缺乏创新和活力,甚至出现越来越多的"鬼城"。城市的真正活力来自于源源不断流入的人口。要毫不动摇地

实施流动人口市民化政策,在实现基本公共服务均等化的前提下,不断加快旧城镇改造和新城镇建设,发展产业,创造就业,使城镇居民的生产环境、生活环境、生态质量都大大改善,社区建设进一步加快,真正建设起实现人的全面发展所需要的物质、文化和社会环境,使各类城镇成为充满活力的人类居住点和社会共同体。

重新审视事业单位及其社保制度改革

一、被误读了的事业单位社会保障制度改革

《事业单位人事管理条例》于2014年7月1日起实施,引起社会各界、新闻媒体的高度关注,也造成不少误解。仔细品读《事业单位人事管理条例》,这仅仅是一个有关事业单位人事管理的规定,其中涉及社会上关注的社会保障和社会福利改革,提出了"事业单位及其工作人员依法参加社会保险,工作人员依法享受社会保险待遇"(第35条)。"事业单位工作人员符合国家规定退休条件的,应当退休。"(第36条)"事业单位工作人员享受国家规定的福利待遇。"(第34条)这里唯一值得解读的是第一条,就是事业单位及其工作人员依法参加社会保险。这里,从什么时间开始执行,如何实施,都没有具体的说明和规定。单就这些,人们就得出从2014年7月1日开始,事业单位及其工作人员全部实施养老保险制度的结论,未免显得过于草率。不过,《事业单位人事管理条例》指明了事业单位社会保障制度改革的方向,那就是,事业单位及其工作人员将加入社会保险体制,逐步与企业职工社会保险、居民社会保障制度并轨。2010年10月全国人大通过的《中华人民共和国社会保险法》提出:"公务员和参照公务员法管理的工作人员养老保险的办

法由国务院规定。"(第 10 条)"国有企业、事业单位职工参加基本养老保险前,视同缴费年限期间应当缴纳的基本养老保险费由政府承担。"(第 13 条)《事业单位人事管理条例》进一步明确了《社会保险法》的基本规定,事业单位及其工作人员参加养老保险。但是,问题并没有彻底解决。事实上,这仅仅是个规定,并没有全面实施,仅有个别地区和城市进行了试点,由此绝不能推出 2014 年 7 月 1 日起开始实施事业单位社会保险制度的结论。

仔细琢磨,党的十八届三中全会通过的《中共中央关于全面深化改革若干重大问题的决定》就明确指出,"推进机关事业单位养老保险制度改革"。2014 年的政府工作报告进一步要求,基本完成省市县政府机构改革,继续推进事业单位改革。建立统一的城乡居民基本养老保险制度,完善与职工养老保险的衔接办法,改革机关事业单位养老保险制度,鼓励发展企业年金、职业年金和商业保险,完善失业保险和工伤保险制度。这里值得琢磨的是,《中共中央关于全面深化改革若干重大问题的决定》把机关事业单位放在一起,而不是像《社会保险法》中把二者分开来,表明公务员的养老保险将不会独立于其他部门之外,单独设计。而且,政府工作报告把各类保障制度放在一起,更彰显了国家将进一步推进统一的社会保障制度的决心。

二、事业单位性质和特点再认识

事业单位承担着公共服务职能,负责维护公共利益,这似乎没有什么异议。大多数国家或地区也有类似组织,只是名称叫法不同。相同的是,公共利益总是需要一定的机构去保护。公共利益复杂纷繁,实现公共利益的组织形态也多种多样,其中,以企业的方式介入公共服务的组织方式也不乏其例,如美国和我国的香港地区,有企业也承担着公共职能,例如水电、交通、道路、邮电等,通常是交给公司经营的,但不完全是竞争性经营,有些采取了特许经营。《社会保险法》把国有企业和事业单位放在一起,主要还是考虑了它们都可以承担公共服务的责任,维护公共利益。如果不限于长期形成的"事业单位思维",而是跳出事业单位,从大公共服务的事业分析公共服供给体系的改革,例如,以公共服务的性质确定机构的组成与运行,而不是仅仅局限于公益与非公益之间,可能问题会简单一些,关键是敢不敢进一步解放思想。

发达国家和地区的经验表明,在实现公共利益以及提供公共服务方面,主要依据公共服务的类型确定机构的特点和性质,或者是非营利组织,或者是非竞争性企业。以下以我国香港地区的法定机构为例。香港法定机构可以追溯到英国工业革命初期。第二次世界大战以后,香港居民对于公共服务的需求激增,法定机构在香港应运而生。香港的法定机构是立法机构通过法律认可的、专门处理某些属于政府职能或与公共利益密切相关的问题的机构。每个机构依据专门的法律建立,并按照相关法律履行职责,不能随意更改,且不以营利为最终目的。大部分法定机构的资金源于政府,部分法定机构可以实现自负盈亏,少数机构,例如证券及期货事务监察委员会可以实现长期盈余。还有的机构按照商业规则运营,如九广铁路公司。部分机构,如香港铁路有限公司和香港交易及结算所有限公司虽由政府发起成立,但已经上市,政府只能依法持股份分红,不能以公共利益的名义干预企业运行,所以,也有人认为这类公司不能再被视为法定机构。

进一步深化事业单位改革,涉及公共服务体系的改革,恐怕要把事业单位,尤其是从事公益服务类的事业单位与非竞争性的国有企业一道考虑,某种程度上,它们的性质相同,在国际上都可以划归到实现公共利益的机构中去,因为它们维护公共利益,实现公共目标,代替政府履行公共服务职能,只是它们运作的方式和管理模式不同罢了。在这个意义上,事业单位和国有企业采用一样的社会保障制度模式似乎没有什么可以争议的。需要讨论的是,我们自己对于公共利益、公共服务供给方式的认识,以及如何从传统的计划思维和思考问题的方式中解脱出来。

三、机关事业单位不必人为地画地为牢

在重视公共利益及其分类的基础上,把事业单位与国有企业的改革一同考量。事业单位与机关一道改革是可行的,不必把二者割裂开来。党的

十八届三中全会决定和2014年政府工作报告,都明确要求加快机关事业单位的社会保障制度改革。

从我国香港地区的经验来看,法定机构与政府都承担公共使命,运作方式不同。法定机构和政府一样,也承担公共使命,提供公共服务。与政府不同的是,法定机构可以更加灵活地运用公共资源,有较大弹性吸引各种专业人才,更好地提升服务质量,可以运用较为灵活的资金筹措方法和运营模式实现公共目标。还有法定机构不具备政府所具有的政策制定职能,在日常运行过程中享有高度的自主权,接受公众问责,高度透明、公开。

政府可采取灵活多样的方式实现公共利益,事业单位也正是在这种意义下设计出来的。更好地发挥政府的作用,就是要在市场失灵条件下,更好地发挥政府维护公平正义、实现公共利益的作用。维护和实现公共利益,不仅需要政府自己去做,更需要政府通过制度安排,充分调动各方面的积极性和创造性去完成。当前,各地正在积极落实国务院关于政府购买公共服务的意见。政府不仅可以购买社会组织和企业的公共服务,也可以购买机构的公共服务,这里所谓的机构,一般是事业单位。必须进一步加快事业单位的改革,同时,要根据新形势下的公共需求,建立相应机构,凸显国家和社会重大利益,解决突出矛盾和问题,推动经济社会持续发展。

人们之所以对事业单位社会保障问题甚为关注,还因为我国的社会保险制度碎片化严重,存在城镇职工、城镇居民和农村养老保险。社会保障内部的各类保险采取的方式不一样,与个人的收入有很大的关系,每个人的收入又不尽相同,就自然造成养老金缴费和待遇上的差异。一个时期以来,在城镇职工养老保险实施多年后,机关事业单位的养老险制度改革依然按兵不动,这不免给社会造成一种印象:机关事业单位特殊。甚至会有人认为,个别官员利用手中的公权力延误改革,或为自己谋利益。加之,这些部门长期在福利工资方面稳定,吸引了大批大学生考公务员,造成千百万大学生"走独木桥"的局面。从这个意义上,成为媒体热点,吸引眼球,也就不足为奇了。

加快机关事业单位的社会保障制度改革,就是对计划经济遗留下来的机关事业单位养老金进行改革。从这个意义上说,养老金的顶层设计就是在进一步完善增量改革的同时,深化存量改革,在改革过程中使二者逐步并轨,最后形成统一的养老金制度。当然,在这个过程中,也要看到公务员和事业单位的养老保险制度改革的复杂性,尤其是公务员,用俄罗斯总统普京的话说,"如果一个人选择做公务员,他就选择了这些约束,选择了公众监督,选择了遵守特殊要求,就像世界许多国家一样"。同时,要"建立相应的国家公务人员激励机制,用浮动工资、道德、物质、业务奖励等举措激励国家公务部门提高业务水平"。[①] 继续探索公务员和事业单位的养老保险改革,努力打破双轨制,尤其是打破养老保险领域的"官本位"制度,必须改变机关事业单位一直游离于尽缴费义务之外的局面。解决这个问题的基本思路是"老人老办法,新人新办法"。事业单位养老金改革一直悬而未决,各地开始试点的公务员聘任制也许会成为一个突破口。要逐步实现企业职工、城乡居民、机关事业单位工作人员参加社会保险,在形成统一的基本社会保障体制的基础上,尽快建立公务员职业年金,最终形成基本社会保障制度上的统一,实现在年金和福利制度上各具特色的社会保障制度。

[①] 〔俄罗斯〕普京:《普京文集(2012—2014)》,世界知识出版社、华东师范大学出版社2014年版,第268—269页。

社会保障如何补短板、兜底线

进入21世纪以来,党和政府在完善社会保障体系建设领域倾注了大量心血,取得了举世瞩目的成就,我国的社会保障体系不断完善,保障水平不断提高。但也必须清醒地看到,现行的社会制度依然存在诸多短板,包括城乡社会保障发展不平衡、农村地区明显滞后等。进一步做好新时期的社会保障体系建设工作是政府改革和转变职能的重要任务之一。

本届政府把"补短板""兜底线"作为工作的重要议程,陆续出台了一系列的政策措施,包括加快棚户区改造、进一步完善公共就业服务体系、开展建立统一的社会保障体系的研究、建立疾病应急救助制度指导性的意见等,工作细致,有条不紊。2013年5月18日,国务院批转《关于2013年深化经济体制改革重点工作的意见》提出:"深化收入分配制度改革。贯彻落实深化收入分配制度改革的若干意见,制定出台合理提高劳动报酬、加强国有企业收入分配调控、整顿和规范收入分配秩序等重点配套方案和实施细则。"6月26日,国务院常务会议决定,在过去5年大规模改造棚户区取得显著成效的基础上,今后5年再改造城市和国有工矿、林区、垦区的各类棚户区1000万户,其中2013年改造304万户。逐步将非集中成片城市棚户区统一纳入改造范围。7月1日起,江苏、四川和辽宁三省上调最低工资标准,2013年全国已经有18个省市上调了最低工资标准。2013年以来人们热议的、各地正在探索的新型城镇化的首要任务,是有序推进农业转移人口的市民化,逐步解决现有2.6亿和每年新增1000多万农民工的市民化问题。

一、努力补好我国社会保障体系的短板

这里所谓的"短板",主要是指社会保障制度建设进程中存在的问题和需要完善的内容。党的十八大报告要求,要统筹推进城乡社会保障体系,要坚持全覆盖、保基本、多层次、可持续方针,以增强公平性、适应流动性、保证可持续性为重点,全面建成覆盖城乡居民的社会保障体系。与十八大报告的要求相比,当前社会保障体系还存在着一系列亟待解决的问题和诸多需要完善的方面。

第一,把解决基本社会保障的差异问题摆在重要位置,努力实现城乡、地区、部门,甚至个体之间差异的协调与统一。我国的基本社会保障采取了不同的形式和不同的体制,学者们把其称为"碎片化"的体制。其实,这样的体制,不论在我国还是在其他国家都有,要在短期内把它们统一起来确实不是很容易的。一是新型农村合作医疗的筹资水平不高,农民医疗费用负担还比较重。由于实行分灶吃饭的财政体制,部分地区财政补助资金按时足额到位还存在一定困难。二是基本养老保险碎片化严重,存在城镇职工、城镇居民和农村养老保险,全覆盖的体制机制虽然已初步建立起来,但待遇水平不高,差异较大。三是社会保障内部的各类保险采取的方式不一样,其中许多与个人的收入有很大的关系。要积极探索各类保险在征缴、发放等方面的统一和协调问题。要建立有效的社会保险关系转移接续制度。提高各级财政补助标准,确保职工、城镇居民基本医疗保险和新农合政策范围内住院费用支付比例均达到国家规定的目标。

第二,努力减轻养老金支出面临的压力。一是老龄化压力越来越大。到2012年底,我国的老龄人口已经达到1.94亿人,预计2013年会超过2亿人,而在老龄人口中,失智失能的老年人2012年已经达到3600万人,预计2013年会达到3750万人。二是截至2012年底,我国社会基本养老制度覆

盖人口大约2.6亿人,其中有1.9亿缴费人口,7000万人为领取养老金的人。养老金的维持相对来说比较紧张,这种态势还可能会进一步加剧。三是我国养老金存在缺口:基本养老保险收不抵支的部分统筹账户挪用个人账户(也叫"空账")。针对这些问题,要加强对养老金的监管,寻求多元途径,包括市场手段,实现养老保险金规模的不断扩大和保值增值。

第三,继续探索公务员和事业单位的养老保险改革,努力打破双轨制。根据《社会保险法》第10条规定,公务员、参照公务员法管理的工作人员养老金办法由国务院规定。但实际上,这两个群体,甚至包括事业单位一直游离于尽缴费义务之外,而且退休后替代系数也远远高于其他群体。这既不公平,也不合理,也是社会上多年批评的问题。解决这个问题的基本思路是"老人老办法,新人新办法"。应尽快建立公务员职业年金,通过配套改革解决"养老金"双轨制问题。

第四,进一步缓解看病难、看病贵问题。2009年以来,医药卫生体制改革取得了巨大成就,但依然存在一些亟待解决的问题,群众反映对新医改成效感受不明显的原因有二:一是城市大医院看病还比较难、比较贵;二是医保水平还比较低,与群众需求有差距。要继续深化医药卫生体制改革。在总结三年多的改革经验基础上,要努力解决好四个问题。一是健全全民医保体系。在继续巩固参保率的基础上,不断提高缴费水平,开发更多险种类型。二是巩固基层医改成果。完善核定基层医疗卫生机构经常性支出和购买村医服务支出等基本支出的体制机制,鼓励和支持专业人员到基层医疗卫生机构工作。从基层和面向居民出发,加强基层的公共服务机构建设,不搞上下一般粗的管理体制机制。要提高基层政府提供公共服务的能力,必须解决地方财力不足问题。三是积极完善基本药物制度。规范采购程序,完善网上采购药品制度,通过新农合网络结算系统建立村卫生室药品数据库。明确补偿政策,加强村医管理,努力为群众提供安全、有效、方便、价廉的医疗卫生服务。四是积极推进公立医院改革。建立医院法人治理运行机制,立足于公众利益、政府意愿和医院的科学发展开展决策。推行绩效考核,突出市属医院的公益性质。以惠民便民为目标,推动服务模式创新。努力实现医保、医疗、医药的"三医联动"。

第五，确保社会保障基金安全。截至 2012 年底，全国社会保障基金资产总额已破万亿，达到 11 060.37 亿，创近三年新高。保住救命钱，到底有多少招数？2013 年 6 月 18 日，人力资源和社会保障部公布了 2012 年全国社会保险情况。数据显示，2012 年，全国共核查五项社会保险待遇享受情况 9041 万人项，查出 7 万人冒领待遇 11 807 万元，比 2011 年多出 1 万人，冒领数额超过亿元，令人震惊。看管好社会保险基金，已经刻不容缓。

第六，解决个别企业和就业人员不缴纳社保基金或者变相少缴问题。由于认识问题和出于短期利益考虑，个别企业和就业人员不缴纳社保基金或者变相少缴，导致一系列劳动纠纷。有数据显示，70%的劳动争议案件都涉及社会保险，因单位未缴或少缴社会保险引起劳动者要求补偿损失的占全部社会保险争议的 60%以上。根据《社会保险法》，缴纳社会保险是用人单位和劳动者个人必须承担的法律义务。

二、努力发挥好社会保障体系的兜底作用

完善社会保障体系是一项长期而又艰巨的任务，我国的社会保障体系的制度框架已基本建立起来，但是短板诸多，当前应当主要从最直接、人民群众最关心、最现实的问题出发，补短板，充分发挥其兜底作用。这里所谓的"兜底"主要是指全覆盖、保基本，全面建成覆盖城乡居民的社会保障体系。

首先，努力实现基本社会保障均等化。这是《国家基本公共服务体系"十二五"规划》的基本要求。一是基本社会保障均等化是指居民应当不分城乡、不分地区享有对基础教育、基本医疗保险、基本养老保险和社会救助的基本权利，并能够实现机会均等和结果平等。换句话说，就基本权利而言，政府应当通过法律强制符合条件的企业和个人参加医疗保险和养老保险；就机会均等而言，在企业经营困难和个人发生特殊情况下，国家通过补助或减免税等方式，确保企业和个人社会保险的连续性；就结果平等而言，国家通过社会救助和社会福利等形式使那些缺乏社会保险的群体享受基本生活保障。国家必须保障所有居民享有基础教育和社会救助。根据制度设

计,国家在基本教育机构建设、社会救助经办和社会保障经办方面要确保部分地区和城乡配置标准大致相当的设施、设备和人员,以实现基本社会保障制度的目标。二是基本社会保障均等化的核心是确保包括低收入群体在内的各类社会群体有支付社会保险的财政能力,标准是保证基本生活。就预防性社会保障,诸如养老保险、医疗保险、失业保险、工伤保险、生育保险而言,要确保每个有能力建立自己账户的社会成员都能够建立这样的账户,雇主、个人和国家都要尽到各自的责任。在预防性社会保障体系中,政府的责任就是要确保个人、雇主必须依法建立积累式的个人账户,必要时,政府给予相应的财政支持。例如,最近一些年来我国各地实行的"公共卫生服务券"在一定程度上体现了均等化的价值取向。三是社会保障经办机构服务体系建设应当实现均等化,即不分城乡和地区地建立标准大致相当的服务设施,配置标准大致相等的设备和人员。国家以资助或免除保险缴费等方式来确保所有社会成员参加养老保险、医疗保险、工伤保险、生育保险和失业保险,实现基本社会保障的人人享有。

其次,进一步完善社会救助体系。一是社会救助领域先实现城乡之间以及各地区、各部门、各群体之间的统筹,然后推进到社会保险领域,最后再扩展到社会福利领域。要积极研究解决非户籍人口享受社会救助待遇的问题。建立合理有效的制度,有条件和分步骤地将他们纳入居住地的社会救助体系。当前首先要积极研究如何将农民工等外来人口适度且有规则地纳入到城市社会救助体系当中。顺应户籍管理制度改革形势,重新界定城乡低保对象准入条件。修订《城市居民最低生活保障条例》,重新界定城乡低保对象准入条件势在必行。二是完善财政体制和筹资机制。在属地管理的基础上,中央和地方要进一步完善社会救助专项调剂资金制度,用于补助中部、西部、革命老区、少数民族地区社会救助资金的不足。加快转移支付制度与方法、手段的改革,逐步采用以"因素法"为基础的转移支付办法。在转移支付的结构安排上,要根据地区人口、经济、财力和支出标准等综合因素,科学测算社会救助"标准支出"和地区财政"标准收入",依据客观指标,设置转移支付救助项目和指标,确定标准支出规模。三是分类施保。分类施保对象的界定,应具有很强的可操作性,依据重病、重残、多子女上学、孤老、单亲等明确可靠的特征或尺度，进行更科学细致的甄别，要适当照顾收入一般但医疗、教育支出巨大的低保家庭。四是围绕不同困难群众医疗救助的需求差异，改进和完善救助方式。力保实现救助对象和救助病种两个"全覆盖"：一要开展日常医疗救助，对老弱病残的人员给予必要的医疗保障；二要改革大病医疗救助，对需住院治疗的救助对象给予及时救助。

最后，加快建设与老龄化需要相适应的保险制度和服务体系。老龄化加速和未来老龄人口的不断增加，使老龄人口的医疗支出会大大增加，加强医疗保险基金的管理也非常重要。要重点考虑以下几点：一是关注农村人群，充分考虑城市和农村需求的差异，区别对待城市养老和农村养老；二是关注失能人群，按照国际惯例对失能老人分等级进行管理；三是关注高龄人群，要特别关注80岁以上高龄人群、低收入人群，以及失去亲人的老人；四是积极谋划具有中国特色的养老服务体系；五是着手规划和试点我国护理保险制度。

国际视角下均等化的"得与失"

从国际经验看,均等化是中央或联邦政府通过制定相关基本公共服务国家标准,在财政上确保负责提供服务的地方政府具有均等支付这些基本公共服务的能力,确保每个公民不分城乡、不分地区而能够有机会接近法定基本公共服务项目的过程。均等化包含了丰富的内容,公共服务均等化是其中的内容之一。均等化包括个人意义上的均等化和政府意义上的均等化,但不论在何种意义上,财政均等化是基本公共服务均等化的手段。各国根据自己的具体情况,设计了不同的均等化模式。实践表明,一方面,均等化在实现居民机会均等、基本权利平等和国家统一等方面发挥了积极作用;另一方面,均等化由于其体制机制的复杂性,在具体执行过程中,出现了许多问题,主要有被援助地区的资金使用效率不高、援助地区相对剥夺感、整个国家财政收支体系再平衡的艰难性等。这些都需要我们及早关注。

一、均等化是一套复杂的制度安排

(一) 艰难的选择:财政收支平衡和绩效问题

加拿大是比较早实行均等化的国家之一。加拿大通过实行均等化制度来确保联邦国家的统一。按照有关法律,10 个省级政府要各自承担省内的教育、卫生和社会服务等基本公共服务的供给。加拿大最早的均等化尝试始于 20 世纪 30 年代,当时受经济危机影响,一些省份陷入财政困境,有的省级政府没有足够的税源来确保法定的基本公共服务供给,特别是有的工业欠发达省份根本就没有能力提供与发达省份相同的法定基本公共服务。于是,欠发达省份只好求助于联邦政府。为了应对世界经济大萧条带来的挑战,加拿大政府于 1937 年建立了处理各省关系的委员会。该委员会成立后,通过开展听证活动,广泛听取包括利益相关者在内的全体社会成员的意见,决定在联邦政府设立国家协调基金,对那些没有能力为本省居民提供基本公共服务的省份给予财政援助。第二次世界大战以后,加拿大联邦政府的均等化措施越来越正规化、制度化,1957 年建立了财政均等化项目,1982 年将其纳入宪法。加拿大既是世界上实施均等化最早的国家之一,也是目前公认的和典型的实施均等化政策的国家之一。按照加拿大人的理解,他们生活在一个具有宪法意义的联邦制国家,均等化是联邦政府确保每个省有能力提供基本公共服务的工具。

近年,围绕着均等化体系的平衡,加拿大公共政策研究部门、决策部门的争论一直没有停止过。主要问题在于,一是由于各省的经济发展,新资源不断出现,以税收、税基和税源为基础建立的财政能力均等化体系经常被打破,引发了省与省之间、省与联邦之间的经常性争议。二是由于绩效评估体系存在问题,援助省的被剥夺感和受援助省的资金不经济经常引起争议。

进一步说,加拿大主要是通过建立省级政府财政支出能力均等化,来为所有加拿大居民提供品质适度的基本公共服务。具体做法是,所有省份都被纳入均等化体系,并计算其所有的财政收入来源(计量各省和地方政府财政收入状况和提供基本公共服务的能力):包括 10 个省的 30 多个不同的财政收入来源,如所得税、销售税、财产税以及经营税等。在加拿大,均等化的标准是财政收入水平,以人均财政收入水平计算。根据人均财政收入水平,联邦政府对财政收入低的省份实行财政转移支付。除了财政均等化,加拿大也为基本公共服务建立国家标准,确定各省公共服务可比较性和平均水平,使居民可以在国内流动,包括跨省流动,甚至跨省分享财富,加强加拿大居民的国家认同。在加拿大，财政能力均等化依据宏观经济指标和税收体系来实现；财政需求均等化主要通过专门的财政支出体系来实现。加拿大主要是以实施财政能力均等化来实现均等化目标。举例来说，在加拿大，根据宪法，医疗健康是省级政府应当提供的基本公共服务。为了实现基本公共服务均等化，联邦政府与省级政府合作，共同建立一个全国统一和基本接近的照顾标准，通过"加拿大健康转移支付项目"实现医疗健康均等化服务。医疗健康转移支付依据的标准是普遍性、简便性、公共保险——可以由公共机构也可以由私人机构提供。另外，加拿大还有社会服务转移支付，内容是所有的加拿大居民都应当享有的社会福利。

均等化原则自产生之日起就存在争议。有人认为，在这种制度安排中，平等被效率低下抵消，它均等了基本公共服务的质量，却减少了人们对富裕追求的内在动力。也有人认为，均等化的理念是比较容易理解的，但是实现这个理念的机制却不太容易理解。事实上，由于财政收入来源计算等技术问题，均等化在加拿大的实施并不顺利，在一些省份的运行也不公平。还有人把基本公共服务均等化作为福利国家的特征之一，认为在发展机会不均等的情况下，实施均等化可能会给政府带来巨大负担。

对于财政能力均等化或税收均等化国内外讨论得比较多，文献比比皆是。关于公共服务均等化的文献则比较少。我们应该看到，即便是在加拿大这样的国家，计算各省的公共服务供给状况，也缺乏必要的方法和数据。在加拿大，人们主要是依据各省的人均财政收入来确定均等化的。不过对此也有人提出异议，主张必须考虑各省的服务需求和服务成本，在此基础上建立一套更科学的宏观标准和计算方法。德国的经验也表明，试图为全民提供基本生活的福利国家并不能在全国不同的区域建立完全相同的公共服务，财政均等化只能提供基本相似的公共服务。在国家均等化政策之外的不平等，只能依赖于地方的投入和发展项目。

（二）均等化体系的复杂性：目标设置与制度安排

各国的基本公共服务均等化是多样的，每个国家都根据自己的历史和现实来建立各自的基本公共服务均等化模式。加拿大是典型的联邦制模式,两级政府分权。基本公共服务均等化是均等化目标和原则之一,在加拿大,它是整个均等化体系的组成部分。公共服务均等化是建立在财政能力均等化基础上的,而且从国际经验来看,最重要的是全社会要对均等化的标准形成共识。这些共识包括:均等化体系必须是简洁的,考虑全部均等化之含义的确复杂多样,但各个国家多选择其中之一予以实施;均等化必须集中在单一目标上;均等化的产出必须基于有条件的转移支付和公众评价;均等化标准必须基于财政能力均等化;均等化的标准必须建立在政治共识基础上;应有合理的制度化安排。

二、均等化政策的技术难题

(1)标准的复杂性。科学准确计量转移支付的数额、减少转移支付中的盲目性和随意性、降低人为因素的干扰和影响是许多国家在实施均等化战略时需要考虑和面对的问题。通常的做法是:第一,使用客观因素评估法核定地方财政平衡能力,在此基础上实行严格、灵活、多样的补助办法。客观因素主要包括人口数量、土地面积、人均耕地、人均国民生产总值、消费支出和价格指数、民族成分、自然资源、环境状况和社会发展水平等,各地区都按照这些因素确定计分标准和计算得分,最终得出地方财政支出水平。第二,根据地方的税源、税种以及税基、税率等计算各地的"理论收入"。第三,计算地方财政支出水平与地方"理论收入"之间的差额,根据差额,计算转移支付的数额。这样,既可以避免中央政府与地方政府之间的讨价还价,也有利于调动地方政府的积极性。

日本的大藏省每年根据各因素测定地方基准财政支出需求数额和基准财政收入数额,一旦地方基准财政支出需求数额大于基准财政收入数额,大藏省就会在不指定专门用途、不附加任何条件的情况下,把国税中的所得税、法人税和酒税所得收入之 32% 下拨给地方。联邦德国由联邦政府和各州政府的财政部门分别测算出"全国居民人均税收额"和"本州居民平均税收额",如果某州的"居民平均税收额"只相当于"全国居民人均税收额"95%以下时,联邦政府将对其实施转移支付政策。澳大利亚分三步测量联邦政府转移支付数额。其一,根据全国总人口、国土面积、财政收入、公共服务设施等因素,建立包括全国平均公共服务,也包括各州的"理想模型"。其二,评估影响各州税收能力和财政支出需求的人口、年龄、城市化程度和经济发展水平等因素。其三,充分考虑区域自然特征、城市化水平对于公共服务建设成本和公共服务需求的影响。在有关教育、卫生和医疗的转移支付中,充分考虑年龄、性别和收入状况因素。加拿大要计算每一税种的全国平均税率;计算收入来源的标准收入能力;测算各省总财政收入能力;计算转移支付的数额。英国为达到全国公共服务水平的均等化,也采取典型的因素分配方法,其基本指导思想是,要求按照各大都市、地方、郡、县等各级政府所承担的不同职能,较准确地计算出各级政府履行这些职能所需要的资金。首先要有完整、详细、准确的数据资料;其次是根据不同的支出项目分别设计出计算公式(数学模型),设计分配公式中的参数时尽可能体现出各种经济情况和条件的差别;最后由中央代表和地方代表共同讨论,对公式进行评价,以求得统一认识。

(2) 转移支付体制机制的制度难点。从国际经验看,影响转移支付规模的因素很多,可归结为:① 自然因素,包括海拔高度、自然资源、环境状况、气候状况、土地面积、地理位置等。自然条件影响政府支出的多少。② 经济因素,包括交通状况、耕地数量、产业基础、人均收入、人力资源等。③ 社会因素,主要包括人口规模和结构、居民生活、物价水平等。④ 特殊因素,包括与中心城市的距离、民族成分等。上述因素决定支出成本高低,决定转移支付额度。

澳大利亚的基本公共服务供给与加拿大相似,略显复杂。澳大利亚政府的转移支付办法基于联邦基金委员会提供的建议。联邦基金委员会的建议又是基于财政均等化的原则,即每个州必须具有提供符合本州特点的,又与其他州的标准相似的公共服务的能力。在澳大利亚,州政府承担着财政支出的主要责任,大约占 59%,主要用于健康、教育、社会保险、国家援助、福利、经济服务(道路、交通、产业补助、水资源),以及其他服务(住宅、城市复兴、区域发展、灾害救助)。州政府的主要支出用于健康和教育。长期以来,澳大利亚的财政体系展示出高度垂直中的不均衡(或者叫垂直差距),直到

1984 年州政府都被联邦政府紧紧控制着。在这之前,联邦政府为每个州规定最高债务标准,通过国家借贷委员会实施。

澳大利亚通过渐进方式不断使转移支付模式朝着更加规范的方向发展,呈现出阶段性特征。最初,它采取财政援助资金方式,转移支付模式主要依据各州的人口变化、平均工资变化以及一个可以使各州扩大自己社会服务范围并可变通的"改良"因素。随着时间的演进,一系列的支撑原则和变量组成的模式被引进。当前,支持澳大利亚一般财政体制的核心原则是:如果每个州从自己的税收来源获得相同的财政收入和承担相同的事务,并且效率一样,每个州就必须与其他州一样,被赋予提供相同标准服务的能力。20 世纪 80 年代,决定澳大利亚一般财政目标的、旨在用于各州财政收入分配资金的过程启动了。联邦基金委员会根据前一年固定的人均税收来计算这个基金。现在,这个基金的规模和增长由每年的总理会议根据宏观因素、联邦及各州的情况来确定。澳大利亚拥有一个非常复杂的均等化体系,这个体系依赖于财政收入和财政支出需求,其计算依赖于三个变量:人均财政收入的能力、人均支出需求、循环计算的专项基金的人均不同数额。事实上,每个州分享的一般财政收入资金依赖于它的"标准赤字",人口乘以人均基金。计算公式如下:人均基金相对量＝标准化了的人均财政支出需求－本州的人均征收财政收入能力＋/－循环计算的专项基金的人均不同数额。

澳大利亚人均自筹财政收入能力是基于对 19 项财政收入类的评估得出的。相反,财政支出需求类有 49 项。财政支出需求因素包括规模(人口、人口分布、城市化、社会结构、年龄结构)、环境因素(自然的、经济的)。例如,关于健康类的财政支出需求,一般医疗服务,使用单位是总人口,其他调整因素为基于临床的年龄和性别构成、基于儿童死亡率和女性生育率的健康状况、基于民族的社会结构。联邦基金委员会组织各州代表审议计算结构,然后递交最终建议给联邦内阁审议。联邦内阁通常根据自己掌握的财政需求和财政支出等信息做一些小的修改,每年的部长会议做出最终决定。

德国的均等化包括国家层面上的均等化和区域层面上的均等化,对于国家意义上的均等化,人们把其称为"全国一致的生活标准"。"德国财政平衡基本理论的出发点是德国国内各个地区的居民具有享受相同生活条件的权利，这也是德国基本法中的一项重要条款。"在德国，财政均等化大致经历了三个阶段：第一阶段，由16个州的人均等分配75%的增值税收入（约占财政收入的47.8%），剩余的25%作为对弱势州的财政补贴。第二阶段，正式建立财政均等化项目：富裕的州通过累进税向均等化项目提供资金（45%—72.5%），弱势州从均等化项目获得补贴。第三阶段，建立联邦补助金。"为了保障每一个人的基本生存权利，国家对于无力自助和无法获得资助者提供社会救济。社会救济金的来源主要是州和市镇的公共支出。社会救济金按申请者的家庭人口发放。各州的人均救济金标准不同，一般为每人每月300欧元左右。""根据德国法律，有些虽然没有交过养老保险金，但只要具备一定的条件，也有资格领取养老金。例如，妇女每抚养一个孩子，可以等同参加义务养老保险3年。"①

三、对我国的启示

将公共服务体系建设列为单独篇章纳入国家"十二五"规划表明政府对自身公共服务职能的认识有了进一步提升，也表明推进服务型政府建设迈出了更加坚实的步伐，政府自身改革和建设取得了显著成效。我国正处在经济社会发展的新起点上。在这个新的起点上，更加关注民生既体现了以人为本的科学发展思路，也体现了只有实现经济社会协调发展才能确保经济的持续、稳定和长期发展。

国际经验值得注意。为了避免走上福利国家的老路，我们必须从现在起全面考虑现阶段中国基本公共服务的内涵和范围是什么，如何划定，以及在技术上如何计量中国的基本公共服务均等化。特别是，如何建立一个与技术标准相适应的财政体制也需要纳入议事议程。另外，在实现基本公共服务均等化过程中如何确保效率和公平的统一，这个问题也不能回避。在某种意义上，均等化是一把双刃剑，我们既要看到它的优势，也要看到它的问题。

① 参见朱秋霞编著：《德国财政制度》，中国财政经济出版社2005年版，第151页。

基本公共服务均等化的下一步

党的十七届五中全会把完善基本公共服务体系放在重要位置,提出着力保障和改善民生,必须逐步完善符合国情、比较完整、覆盖城乡、可持续的基本公共服务体系,提高政府保障能力,推进基本公共服务均等化。较前几次党的重要文献,十七届五中全会在推进公共服务体系建设上的思路更加明确了。首先,必须推进基本公共服务的全覆盖,这是实现基本公共服务均等化的前提;其次,必须提高政府保障能力,这是实现基本公共服务均等化的基础手段。

《国家基本公共服务体系"十二五"规划》把基本公共服务的最低标准以及中央和地方的财力与事权放在重点专项规划的重要位置,这些表明"十一五"时期人们普遍关注的基本公共服务均等化的界定、标准等问题已经被提上议程并正在加以解决。接下来需要解决的问题或许是,在下一个五年计划中,把财政体制的改革提到议程上来。

一般来说,在发达国家,与基本公共服务均等化目标相关的不均等问题有四个方面,即区域差别、中央(联邦)与地方政府的财政收入和支出差别(纵向不均等:中央或联邦政府财政收入多于地方政府,地方政府的财政收入少于中央或联邦政府,但其财政支出却多于中央或联邦政府)、地区间的财政收入和支出不均等(横向不均等)、居民收入差距。在我国,还要加上一个城乡差距。大部分国家的均等化政策和战略也主要是为了提高政府间的财政能力均等化,目标主要是地方政府财政能力均等化。

我国的基本公共服务均等化还稍微有所不同,从某种意义上,其目标是针对政府间财政能力均等化,还要实现基本公共服务的人人可及。财政能力均等化是一个旨在实现基本公共服务人人可及的财政工具,其目标是地区性的,不针对个人。我们必须把财政能力均等化与基本公共服务均等化区别开来。这也是党的十六大把推进公共财政体制改革作为实现基本公共服务均等化手段的原因。针对实现基本公共服务均等化目标来建立一套针对基本公共服务的供给标准,以及与这些标准相对应的客观因素评估法,来核定地方财政平衡能力,根据地方的税源、税种、税基、税率等计算各地的"理论收入"以及地方财政支出水平与地方"理论收入"之间的差额,还要确定政府间计算转移支付数额的方法。

根据国际经验和我国的现实,我们把我国现阶段的全国性基本公共服务均等化界定为:中央政府通过制定相关基本公共服务国家标准(设施标准、设备标准、人员配备标准、日常运行费用标准),在财政上确保负责提供服务的地方政府具有均等支付这些基本公共服务的能力,确保社会、政府、服务机构在不存在偏见、歧视、特殊门槛的前提下使每个公民不分城乡、不分地区地能够有机会接近法定基本公共服务项目的过程。说它是一个过程,是因为我们认为基本公共服务均等化是在中国现阶段这样一个特定历史条件下提出的,旨在推动政府向服务型转变、完善财政体制的目标模式。在国际上一般是不讲基本公共服务均等化的,而是讲财政能力、财政需求均等化。严格意义上讲,中国的基本公共服务均等化就是国际意义上的基本公共服务可及性。基本公共服务可及性是建立在高度城市化、社会结构同质性比较强的基础上的,而中国的情况恰恰相反,中国城市化程度不高,城乡体制分割。中国的基本公共服务均等化需要在财政体制改革、政府责任划分、城市化进程加速、城乡分割打破的基础上实现,即在这样的条件下实现基本公共服务的可及性,所以我们说它是一个过程。它要求在基本公共服务面前,每个人都受到平等对待,每个人都有机会接近基本公共服务,每个人得到的最终结果也是大致相等的。在实现全国性基本公共服务均等化的过程中,中央政府主要负责服务范围划定、服务标准制定、财政转移支付、服务监督评估;地方政府主要负责服务规划、服务组织、服务实施、服务改进。从工作内容上考虑,可以分为四个部分:第一,通过立法,确立不分城乡、不分地区地使居民能够享受基本公共服务的基本原则和基本框架;第二,确立全国性基本公共服务的基本范围和最低标准;第三,建立和完善与基本公共服务均等化目标相适应的财政体制及政府间关系;第四,实现地方政府财政支出能力和财政需求能力均等化,确保居民拥有基本公共服务均等化的权利和机会。

在中国这样一个有五级政权的国家,划分各级政权在公共服务供给中的角色尤为困难,实践中确实存在众多问题。首先,目前我国形成的非对称性财政结构不利于实现基本公共服务均等化,中央财政收入和支出占整个国家财政收入和支出的比重缺乏合理的制度安排,各级政府在义务教育、公共卫生和基本医疗、社会救助、社会福利、基本养老保险等方面的事权划分不清、责任不明,中央政府有关政策文件在涉及政府间关系问题上过于模糊,不利于政策实施。我国的基本情况是,高端政府把财权和财力的重心往自己的层级中提升,把事权和责任的重心往自己以下的层级转移,其结果是:中央政府在分税制后,自然要提高中央占整个财力分配的比重,来履行中央政府转移支付,以支持中西部、农村地区以及经济欠发达地区的职能;省级和市级财政作为地方财政的高端,也往往着力提高自己在财政分配中的比重;最终是苦了基层财政,主要是县乡财政。而县乡政府往往是基本公共服务的直接提供者。特别需要指出的是,政府缺乏在有关农村基本公共服务领域的投入,且各地差别巨大,在任各地自行解决各自问题的前提下,其结果只能是造成更大的不均等。其次,我国业已形成的转移支付制度还不完善。例如,由于标准不明,各项转移支付缺乏可靠的核算依据;转移支付形式过多,导致转移支付管理分散;一般性转移支付和专项转移支付安排不合理,作用不明显;等等。以上问题导致转移支付很难达到预期目标,甚至造成大量资源浪费。

改革开放以来,尽管财税体制几经改革,但距公共财政的目标还相差甚远。主要表现在中央财政收入占整个国家财政收入的比重在不断上升,但是中央财政支出的比例却在不断下降,形成非对称性财政分权的格局。我国转移支付制度的问题是:"各级政府之间的事权划分不清,转移支付制度缺乏可靠的核算依据。""转移支付形式的多样化,极易导致转移支付管理分散。""具有均等化效果的'一般性转移支付'规模不合理,均等化作用不明显。""建立在中央与地方事权划分不清基础上的专项拨款,难以体现中央政府的政策意图,且分配很不规范。""省以下财政转移支付制度建设落后。"① "在省内,税收收入和转移支付的分配成为一种'向下滴漏'过程,即上级政府根据不规范、各地差别很大的标准决定分配多少给下级政府。这个过程对县、乡镇和村等基层政府机构弥补其支出职责与收入来源缺口是雪上加霜。"②

按目前分税制的发展和改革思路来推进基本公共服务均等化战略,至少必须考虑五个问题:建设服务型政府,这是中央政府既定的改革目标;完善公共财政制度,这也是中央政府的既定目标;合理划分各级政府的公共事务责任和财权,也是中央的既定目标;制定基本公共服务的标准,这是需要进一步研究和明确的;建立均等化需要的转移支付制度,这个问题中央也提出了,需要进一步探索。

---

① 参见上海财经大学公共政策研究中心:《2006年中国财政发展报告》,上海财经大学出版社2006年版,第384—386页。
② OECD:《中国公共支出面临的挑战》,清华大学出版社2006年版,第14页。

完善首都基本公共服务供给方式
——在首届"中国社会建设论坛"上的发言

北京是全国开展基本公共服务体系建设比较早的地区，早在"十一五"时期，北京市就在全国率先开展社会基本公共服务体系建设，把加强社会建设、创新社会管理、完善基本公共服务体系摆在重要位置，取得了显著成效。党的十八大报告提出建立和完善政府主导、统筹城乡、可持续的基本公共服务体系，2013年第十二届全国人民代表大会第一次会议审议通过的《国务院机构改革和职能转变方案》把转变政府职能摆在突出位置，这些都对进一步完善基本公共服务供给方式提出了新的要求。在基本公共服务制度框架搭建起来之后，如何完善基本公共服务的供给方式就成为一个不容忽视的问题，它直接关系到政府职能的定位和基本公共服务体系建设。在这点上，北京市依然有优势先行先试，为全国的政府机构改革和职能转变提供经验。

一、发挥政府在基本公共服务供给中的重要作用

（一）加强政府自身改革和创新

完善基本公共服务供给方式的实质是政府创新。在世界范围

内,人们对政府创新有各种表述,诸如"行政创新""新公共管理""再造政府""行政改革""全球管理革命"等。人们用了诸多字眼来表述服务供给体制,诸如"企业家精神""政府问责治理""公私合作伙伴关系""参与式治理"等。一是对于承担基本公共服务的政府部门必须加强公共价值教育,这是政府直接承担基本公共服务供给的前提之一,只有建立公共价值,才能使公务人员克己奉公、清正廉洁,把公共利益摆在中心位置,避免公共利益部门化,部门利益个人化。二是政府机构必须确立契约意识,基层政府不能把属地社会组织和企业当作自己的下属机构,直接派发任务,以行政方式管理公共服务供给,要确实保证社会组织和企业的独立法人地位,真正确立政府与企业和社会组织的合作伙伴关系。三是要进一步解放思想,打破传统的行政思维方式,走出所谓的"横向到边、纵向到底"惯性思维。除政府必须提供的基本公共服务外,在对各类基本公共服务分类和定性的基础上,充分发挥合同外包、联合生产、合作生产、志愿生产等体制机制的作用。在完善体制机制的基础上,激发社会组织参与基本公共服务供给的积极性和创造性,推动社会组织发展壮大。与此同时,调动企业的积极性和创造性,促使其履行自己的社会责任。四是建立全国平等委员会来对全国各级政府的收支情况进行统计分析,推进基本公共服务均等化,实现地区间用于支持基本公共服务的财政收支平衡,使欠发达地区和弱势群体在发展中受益。

(二) 进一步明确政府作为制度安排者的角色

政府和私人部门、非营利组织的合作依赖于参与者的积极合作,要走出这样一个误区:这种合作仅仅是一个零和游戏,一方的参与意味着另一方的削弱。事实上它需要强有力的政府、私人部门和强有力的非营利组织。一是公益性较强的非基础性公共服务,除目前必须由政府直接投资举办外,可以向社会投资者公开招标项目法人,通过财政补贴、PPP 模式(公私合营)、特许经营、贷款贴息、优惠政策等方式支持社会组织或其他社会力量举办。公益性较弱、以经营性为主要特征的非基本公共服务,要在政府统筹规划、宏观调控下由社会组织、个人或其他社会力量举办,由市场调节供需关系,以满足不同人群的多样化需求。二是建立政府与企业之间的契约关系,利用市场机制方法激发社会保险的功能。鼓励保险公司,诸如人寿保险等营利机构与社保基金合作,搭建服务平台,解决政府经费不足、人员不足和管理不到位等问题,真正实现"管办分开",节省管理成本。2011 年,全国新农合基金总量超过 2000 亿元,如何进一步发挥这部分资金的作用值得深入探讨。政府需要在日常管理、经办网络建设、风险管控等方面发挥更加积极的作用。三是严格招投标制度,要创造条件建立和完善有充分竞争机制的市场竞争,避免投标过程走过场及项目外包中的长官意志。逐步建立起发包方和承接方之间的契约关系,政府和企业、社会组织都要在平等基础上遵守契约,任何一方不得随意变更合同。四是在缺乏招投标环境的情况下,可以直接委托或采取其他方式,关键是要公开、透明。对于社会组织和企业自身的管理,政府不应当直接干预,可以采取评估监督等方式来实行间接管理。要制定严格的政策法规,确保政府购买社会组织和企业公共服务的财务透明化,加强社会监督,尤其是对国家财政资金项目,更要严格管理。

(三)努力提高政府监管能力

当前,我国的合同外包尚处在探索阶段,很多配套政策还不完善,诸如,外包企业或社会组织的准入门槛尚不明确,第三方评估体系也没有建立起来。一是要进一步制定政策,明确外包机构的资质,细化外包机构的选聘标准,加强对外包机构的全程监管,加大对外包机构违法的惩罚力度,提高违法成本,完善对外包机构的考核机制,引入第三方评估。二是合同外包既然是政府授权的,行政机关必然有责任对服务业企业和社会组织进行监督和管理。在合同外包过程中,一定要明确政府和外包企业与社会组织的界限,明确约定公共服务的范围,避免企业或社会组织越权。三是不断提升政府相关人员的知识和专业化水平。基本公共服务创新需要学习型政府和学习型公务员队伍。"《欧洲地方自治宪章》第六条要求,'地方政府雇员的任职资格条件,应确保根据品行和能力录用到高素质的人员;为实现这一目的,应提供充分的培训机会、报酬和职业前景'。"[①]这就是说,要把地方公务人员

---

① 任进:《比较地方政府与制度》,北京大学出版社 2008 年版,第 323 页。

的高素质放在首位,为此要充分考虑他们的培训、报酬和职业前景,使他们有信心来从事这项工作。

(四) 打造适应扁平化公共服务需求的基层供给体系

一是从基层和面向居民出发,加强基层的公共服务机构建设,不搞上下一般粗的管理体制机制。提高基层政府提供公共服务的能力,必须解决地方财力不足问题。针对基层政府改革的措施要多一些,以便解决一些发展中的瓶颈问题,诸如土地、资金和人才等问题。人事制度上的突破,比土地和资金上的突破更重要。要进一步调整和完善政府职能,注重加强地方政府的社会管理和公共服务职能。二是着力促进公共资源向基层延伸。推动优质公共资源在城乡均衡分布,国家应在这方面加大投入,确保基层人员的工资和奖金能够反映出他们的地位和价值。在欧洲一些国家,地方政府改革的路径各不相同,策略不断创新,但总的趋势是将重点放在地方社区建设。建设和谐社区是建设和谐社会的基础性工作。"如果不加强地方社区,鼓励它们在规划与维持其基础设施过程中积极参与并发挥更大作用,发展战略注定会失败。"① 必须对基层的价值有一个充分的估计,公共政策只有解决基层问题才会真正发挥作用。

二、开发和动员更多的社会资源

(一) 建设现代社会组织体制

如何使社会组织更好地发挥作用,能够自立自强、自力更生,这是中国社会组织发展面临的挑战,这也包括国务院已经决定的、目前正在分步推进的事业单位改革。事业单位转向公益性之后如何实现其社会目标和可持续发展,这是改革目标中最需要考虑和提出切实可行对策的。如何建立与事业单位目标相适应的社会文化环境和事业单位内部的文化价值也不能忽

---

① 〔英〕凯蒂·加德纳等:《人类学、发展与后现代挑战》,张有春译,中国人民大学出版社2009年版,第121页。

视,没有这样一套文化价值与之相适应,这项制度的改革会大打折扣。要通过完善社会组织管理法规,完善促进社会组织发展的相关政策,鼓励和引导全社会,特别是社会组织积极参与基本公共服务的提供、管理和监督。

(二) 开发和动员更多的非资本化资源

让更多的人承担起对于社会的责任和对自己的责任是解决当前问题的出发点。随着人口尤其是老年人口的增加和医疗技术的不断进步,人类创造的社会保障制度本身已经出现问题,可以使用的资金数量已捉襟见肘。如何动员社会中的非资本化资源——志愿服务和志愿者,已经成为不能回避的问题。一是通过引入志愿机制,动员更多的志愿服务资源作为非资本化资源投入到资源日益短缺的社会保障中去。在社会保障体系建设中,志愿服务可以提供社交和互相帮助的机会,加强人际的接触和关怀,减少彼此的疏离感。通过志愿者与服务对象的接触,能有效地协助服务对象扩展社交圈子,并可以鼓励他们多参与社交活动,加强他们对人、对服务及对社会的信心。志愿者来自社会的各个角落,了解所服务机构的情况,他们可扮演桥梁的角色,将机构的工作、作用、困难及其他服务信息传达至社区中,将彼此的距离拉近。志愿者以亲切的关怀及鼓励,协助服务对象减少在接受服务时的自卑感及疏离感,从而建立起自尊与自信心,推动他们以积极的态度参与社会,促进社会融合与进步。通过倡导、鼓励和支持利他主义的文化价值,把社会上的大量非资本化资源与有限的资本化资源有机结合起来,形成社会保障、社会福利和基本公共服务的新的资源组合。二是以往的发展更多是以建立市场经济为目标,把激发人们的经济活力摆在重要位置,充分发挥市场机制在配置资源中的作用。未来,科学发展是要在继续发挥市场经济体制机制作用的同时,发挥与市场经济体制相适应的社会体制的作用,充分调动广大社会成员参与社会生活,解决社会问题,激发社会活力。如何像三十多年前那样,通过完善市场体制以刺激经济发展的动力来激发全体社会成员参与社会决策,参与提供公共服务的积极性,是新的发展必须面对的问题。

(三) 支持企业和社会组织开展社会创新

一是各级政府应积极支持这样的探索,在政策和法律上给予支持。一些地区在社会建设中已经进行了一系列的探索和实践,有许多成功的经验和做法,应及时推广。二是要创造条件吸引劳动力进入社会组织工作。三是积极创造促进社会企业家成长和社会创新的社会环境,在政策、法律等方面给予支持。四是创造适合社会企业家发展和社会创新的舆论环境。五是从提高效率出发,鼓励政府外包和社会组织借鉴市场方法从事非营利的公共服务活动;从社会创新出发,鼓励企业承担更多的社会责任,逐步发展出一个与经济社会发展相适应的公共领域,吸引更多的人就业。要大力培育社会企业家。社会企业家为了解决社会问题而进行创新。六是从目前对社会组织的能力建设、组织完善、项目开发等拓展到另外意义上的社会创新,即依托高等院校、研究机构的研究组织和科研人员,借助他们的研究和思想,把社会企业家和社会工作人员结合起来,共同研究和解决当前经济社会发展领域面临的新问题,建立社会政策的实验室,在孵化器中大致经过类似自然科学的"中试"环节后进入实践操作领域。充分发挥孵化器在应对新时期社会问题中的创新作用。通过孵化器,把社会科学家的思想和研究成果转化为政策建议,把社会工程师的技术转化为政策设计,通过政府有关部门和社会工作者变成实际行动。尤其要针对信息化技术带来的一系列社会变革和社会问题进行项目开发和政策创新。各级政府要从土地使用、税收减免、财政补贴等方面支持社会创新。

三、完善基本公共服务的绩效评估机制

1993年克林顿和戈尔组织了一个班子对公共服务和政府履职进行评价,得出如下结论:加强对于绩效评估体系的领导是绩效评估的关键;绩效评估需要系统管理和理想的分析框架;有效的内部和外部沟通对于绩效评估不可或缺;对于结果的可问责性必须明确和可解释;补贴、奖励和认同需要纳入绩效评价过程。有效的基本公共服务供给主要是如何通过治理来提

升基本公共服务的产出和效率，而这个问题的关键是基本公共服务供给过程中的治理问题，包括如何确保基本公共服务供给者的可问责性，如何通过激励机制的完善来提高基本公共服务的绩效，以及如何提高基本公共服务的质量。要实现这些目标，需要一套测量指标，以及创新计量方法。国际经验表明，有三种制度因素可以改进公共服务绩效：一是分权和向下游政府转移基本公共服务职责责任；二是合理的人力资源管理；三是教育、卫生部门扩大运作规模可以提高效率。从技术上来说，不断采集有关公共服务的财政支出效率信息也非常重要。

绩效的设计是服务外包的核心，因为只有通过绩效才能对投入与产出的关系，以及资金使用、规制管理等制定出明确的政策，来刺激基本公共服务的供给。一是绩效评估中的公平性，这是居民是否满意的核心。基本公共服务绩效评估的公平性和公正性表现在基本公共服务均等化程度上。二是要加强对公共服务供给效果的评估工作，进一步建立和完善专业评估机构，设计合理可行的评估指标，避免评估工作形式化和表面化，努力提高评估指标的系统性和科学性。政府要组织专家对现有的社会组织进行评估定级，按照相关规定，要求达到一定等级的社会组织才有资格承接政府的公共服务项目。要重点培育和扶持行业协会、公益慈善组织、农村专业经济协会、社区社会组织。

四、保持基本公共服务供给的可持续性

（一）及早关注有限资源和无限需求之间的矛盾问题

与发达国家相比较，中国在建设基本公共服务体系过程中面临的突出问题，一是人口问题，二是规模问题。随着时间的推移，要特别关注国家履行基本公共服务承诺的能力，也要妥善安排社会领域的财政支出，在这个问题上，中国更需要在基本公共服务和社会福利领域进行创新。

为了避免走上福利国家的老路，必须从现在起全面考虑：现阶段中国基本公共服务的内涵和范围是什么？在技术上如何计量中国的基本公共服务均等化？如何建立一个与技术标准相适应的财政体制？在实现基本公共服

务均等化过程中如何确保效率和公平的统一？这些问题不能回避。某种意义上，均等化是一把双刃剑，既要看到它的优势，也要看到它的问题。

(二) 开展针对流动人口的基本公共服务联合生产

流动人口公共服务需求的满足需要探索联合生产的模式，即中央政府、输入地政府和输出地政府之间的联合生产。这里所谓的联合生产包含了两层意思：一是中央政府与输入地、输出地政府三者联合起来为农民工的基本公共服务"埋单"，具体各方的支出比例可以由三方政府协商，制定具体的责任细则；二是涉及养老、教育等问题时，需要多方面来提供公共服务，尤其在分离人口仍然处于分离状态时，更应当这样。对于农民工这一特殊的现象要从财政体制改革上给予考虑，因为历史上没有一个国家在公共服务扩张时期曾遇到这么大规模的人口迁移。

加快户籍制度改革

2014年7月24日,《国务院关于进一步推进户籍制度改革的意见》颁布实施。这是中国城乡关系史上的一件大事。从党的十六届五中全会至今,也就是从大约十年以前开始,社会各界对农民工问题呼吁越来越多,从公平正义考量,人们日益关注如何让农民工在城市中定居下来的问题。这十来年,在这方面确实做了很多的工作,出台了一系列的文件,不是说《国务院关于进一步推进户籍制度改革的意见》突然就颁布了,凡事总有一个过程。例如,从2011年国务院办公厅印发《关于积极稳妥推进户籍管理制度改革的通知》开始,发展改革委、人力资源和社会保障部等相关部门陆续出台配套政策,18个省(自治区、直辖市)出台了具体实施意见,14个省(自治区、直辖市)探索建立了城乡统一的户口登记制度,初步为农业人口落户城镇开辟了通道。2012年2月23日,国务院办公厅正式发布了《关于积极稳妥推进户籍管理制度改革的通知》。在党的十八届三中全会的决定里,在统筹城乡发展中,专门就户籍制度改革提出了具体的要求。2014年6月6日,习近平总书记主持全面深化改革领导小组第三次会议,通过了《关于进一步推进户籍制度改革的意见》,就2014年的户籍制度改革作出部署,把户籍制度作为一项重要的改革内容。总之,户籍制度改革文件的出台,并不像人们想象的那么突然,实际上是一个逐步酝酿的过程,在这个过程中还包含了各地的实践探索。

从实践的角度看,20世纪80年代以来,人们就从不同的角度对这个问题进行了研究和探索,例如,费孝通教授在《小城镇 大问题》这一著名论述中就提出了农民的去向问题,提出了"离土不离乡"和"离乡不离土"以及"离乡又离土"等。这里包含了实践不断发展的过程和人们的认识不断深入的过程。国家体改委时期,还进行了小城镇放开户口的试点工作,一般说来,小城镇就业比较难,放开也不太容易留住人口,人还继续往大城市走。这些年,特别是"十一五"规划以来,广东、四川、重庆、北京等地在这些方面进行了一些实践探索,积累了一定的经验。为了统筹城乡的发展,各地搞了一些试验区,在这些方面都进行了探索,涉及户籍制度问题、城乡统筹发展问题,走到了这一步,现在以国务院的名义颁布这么一个意见,是水到渠成的事情。从另一个角度看,截至2014年底,全国共有2.69亿农民工进入城市,这么大的人口规模本身就是一个大问题,这么多人安定不安定直接关系国家的稳定。在这样的背景下,党中央和国务院从全面深化改革出发,结合推进新型城镇化建设,出台这样一个政策是必然的。必须看到,户籍制度改革不是一蹴而就的事情,最大的阻力来自于财政体制。因为户口制度本身不仅仅是一种人口登记制度,实际上它背后隐含了一系列的社会保障和公共服务制度安排。

中国的户口制度实际上经历了几个阶段。第一阶段,新中国成立初期也有户口制度,但当时就是户口登记,登记男的女的,全国有多少人,这是一个国家社会管理的基础性工作。如果一个国家,对自己有多少人都不知道,男女是多少也不知道,是无法管理的。所以,新中国成立初期有户口制度,但那时候的户口制度主要是发挥了信息登记作用。第二阶段,1954年毛主席主持编写我国第一部《宪法》,明确规定人口有迁徙的自由,那时候也不分城乡。但1958年,有关部门出台了一个文件,把户口分为城市户口和农村户口。就是这么一个部门文件,却发挥了很重要的作用。"文化大革命"期间,一直到后来,城市人口和农村人口分类,我们将其称作城乡分割分治。更有甚者,1975年修改《宪法》,禁止人口自由迁徙,把人口流动当作非法行为。从1958年开始,户籍制度造成的城乡分割分治,实际是社会体制中最核心、最坚实的东西。从户籍制度改革入手来加快社会体制改革就抓住了牛鼻子。

户籍制度改革的难点在哪里？一个是它背后有一套福利，如果有了城市户口，就可以在城市上学、买房、就业，还有其他各种福利和基本公共服务，有户口就可以享受，没有户口就可能受到限制。进一步说，这些基本福利和公共服务是一个体制问题，若想在城市享受养老服务，需要城市政府、城市财政给予支持。对外来人口，一般来说，输入地政府是不愿意去承担这种责任的。我曾经参加过一个地方政府关于基本公共服务体系的讨论，该地方政府在写有关文件时，说要努力实现基本公共服务均等化，但其所谓的基本公共服务均等化是针对本地户籍人口而言的，这样就把外来人口排挤出去了。我在发言的时候就问："中央要求实现基本公共服务均等化，你们为什么不把外来人口考虑进来呀？"他们就说："丁教授，你讲得很对，也很有道理，也符合中央的要求，但我们没有这样的财力，就目前来说，我们能把本地户籍人口的问题解决好了就不错了。"包括广东、江苏，这些流动人口大省都面临一个财政体制问题，这是一个原因。现在我们有2.6亿多流动人口，要一下子解决这个问题，使这么多的人一下子享受基本公共服务，无论是中央财政还是地方财政，解决起来难度都比较大，这是我们要充分认识的。

这次《国务院关于进一步推进户籍制度改革的意见》里提出到2020年先解决1亿流动人口的落户问题，流动人口现在是2.69亿，我估计到2020年就是3亿甚至更多了，我们先说解决1亿。有人说，改革开放初期就几百万人，那时候就开始解决的话，现在就不会有这个问题了吧？第一，我们没有那么强的预见性，人类的认识总是有局限性的，我们必须承认这点。第二，说实在的，那时候财力也不够。说到底，一个是认识问题，一个是财力问题。所以，历史最好不要去假设，遇到问题了，就去解决问题吧。

基本公共服务，我的理解是，最主要有八大类，包括教育、住房、基本养老、公共卫生、基本文化设施、社会服务，还有社会福利、社会救助等。若要有城镇户口，就可以在城市享受最低生活保障，要没有城市户口，包括大量农民工在内，在城市就没有权利享受所在城市的社会救助最低生活保障，这些是最基本的。有人说,户籍制度附着了60多类公共服务,我没有仔细去数,可能各个地方在自己的政策中又附着了一些其他的条件,这也是有可能的,但国家层次上最根本的还就是这八大类。

推进基本公共服务均等化,这是2005年党的十六届五中全会第一次提出来的,叫作"加快财政体制改革,推进基本公共服务均等化"。当时为什么要提这个问题呢?我理解在当时是两个背景,一个背景就是我一开始讲的,社会上对流动人口议论比较多,包括一些研究机构和智库,都认为这个问题不解决不利于社会稳定,也不利于公平正义。一个国家人为地把人口分成两类,本身就带有歧视性。第二个原因也是想推进财税体制改革,包括城乡差别和地区差别,大家想这个问题怎么解决,特别是想通过财政体制改革,把推进基本公共服务均等化作为一个抓手来实现区域之间、地区之间、群体之间的差别的缩小,这可能是一个手段。在这样一个背景下就提出了推进基本公共服务均等化这么一个策略。

这些年来,各地在推进基本公共服务均等化的过程中,把户籍制度改革和统筹城乡发展结合起来。这里就不说哪个省了,有的省市被列入统筹城乡发展试验区,它积极探索三个集中:土地集中、产业集中、人口集中。在此基础上实现基本公共服务均等化。这个试验区搞的是全区域规划,不是一个城区的规划,它把包括城区周边的农村一起规划,在这个过程中积极推进基本公共服务的均等化,通过基本公共服务体系建设打破户籍制度背后的那套制度,对于教育、医疗、社会保障等方面的制度进行改革。从这个意义上看,可把推进基本公共服务均等化看成是以解决户籍制度推进城乡统筹发展的一个手段。

党的十八届三中全会通过的《中共中央关于全面深化改革若干重大问题的决定》里有这样一句话:要紧紧围绕着保障和改善民生促进公平正义来推进社会体制改革。我们把户籍制度作为中国社会体制的核心,特别是传统社会体制遗留下来的一个很重要的制度因素,也是改革的一项重要内容。从这个意义上讲,加快推进户籍制度改革,实际上是推进整个社会体制改革的一项重要内容,也是落实党的十八届三中全会提出来的六个紧紧围绕中第三个紧紧围绕的基本要求,即紧紧围绕着保障和改善民生、促进公平正义来积极探索和实践。户籍制度从哪里改？从涉及占我国人口20%的群体的生计发展问题进行改革，这样就可以抓住改革的核心新问题。

户籍制度改革必须与新型城镇化战略紧密结合起来。新一届政府上任以后提出了一系列战略决策，一个是转型升级，一个是加快改革，一个是推进新型城镇化。新型城镇化的核心是人的城镇化，习近平总书记、李克强总理一再讲要通过城镇化逐步实现流动人口在城镇定居落户"落地"，使农民工成为新市民，成为真正的市民。怎么才能使农民工成为新市民，与城里人一样？就是要使他们在享受的权利上与城里人一样，包括就业权利、享受基本公共服务的权利、参与城市社会生活的权利。获得这些权利要靠户籍制度的改革，打破现有的户籍制度，大家才能享受同样的权利，才会成为真正意义上的新市民。户籍制度改革的目标，既是加快当前整个国家社会体制改革中的重要内容，又是推进新型城镇化建设的基本要求。必须坚持以人为本，在这个过程中使流动人口市民化。

户籍制度改革肯定要分成几个阶段走，《国务院关于进一步推进户籍制度改革的意见》要求到2020年先解决1亿流动人口的定居落户问题，这就凸显出阶段性。解决这个问题不能一蹴而就，必须分阶段实施。一个要考虑财力，一个要考虑城市的承载力。这么多人进来了要就业，你有没有那么多的就业岗位给他。退一步说，你即使有那么多的就业岗位，那么多人进城了，进城就要就业，就要有住房，还要让孩子上学。有没有那么多的学校让孩子一下子都进来，这也涉及城市的医院和图书馆的容量。像最根本的问题，包括教育问题、住房问题，这是必须解决的。因此，户籍制度改革和流动人口的安置是一个渐进的过程，不能操之过急。要分阶段，另外可能还要分地区、分类进行，因为不同的地区情况不一样，例如中西部地区，还有大中城市的生态容量、环境容量也不一样。这样既要分阶段进行，还要分类，才有可能解决这个问题。中国虽然大，但要和美国比还真不太一样。美国西部也是沿海，美国西部一开发，城市也就发展起来了，像洛杉矶、旧金山成了美国一大经济带。我们西部现在也在大开发，但相对来说没有美国西部那样的区位优势。中国现在的人口主要集中在东部地区。当然随着我们西部战略的进一步实施，人口形成合理布局也是可能的。

户籍制度改革的根本意义在于,一是从国家发展和全面深化改革上讲,就是要实现中国共产党提出的发展目标,走共同富裕的道路,实现公平正义,让每个人在基本权利上实现平等。这就是党的十八届三中全会和习近平总书记提出的要发展和完善中国特色社会主义制度。发展和完善中国特色社会主义是全面深化改革的总目标,这个目标的核心就是公平正义。通过这个目标的实现的体现我们的制度优势。二是通过制度改革打破城乡差别,来实现健康可持续的发展。实现健康可持续的发展从长远来说有利于整个经济和社会的统筹协调。一个国家长期分成两种人口,而且两种人口的权利不一样,长此以往会出现另外一些问题,会影响社会稳定,会影响经济发展和社会和谐。因为一部分人发展不起来,长期消费不足,在经济方面是不利于扩大内需的,不利于从需求上推动国家的发展。还有,国家长期处在社会不平等状态,会引起社会秩序的问题。所以,印度有一个经济学家,这个人是英国三一学院院长,叫作阿玛蒂亚·森,获得过诺贝尔经济学奖,他说一个社会不平等隐含着社会秩序问题,隐含着社会反抗和社会不稳定,这些不稳定的因素长期在一个社会中存在,久而久之会形成影响到社会的问题,影响到社会的稳定。一个公平的发展战略必须把这些因素考虑进去,在一些基本权利上让大家平等。

不仅仅是农民工的问题,农民工有家属,整体说来就是流动人口问题。解决农民工问题,既包括农民工,也包括他们的家属。把这些我们过去称之为流动人口的人变成真正的市民,这是改革户籍制度的一个最直接的目标。怎么来实现这样一个目标?就是要打破户籍制度的限制,使流动人口享受到城市居民所享有的城市户籍制度的基本权利,比如说公共卫生和基本医疗、基本养老保险、基本医疗保险,还有一些其他的。我国基本公共服务体系规划,2012年7月份颁布,它规定了八大类,这八大类是国家法定的基本公共服务——教育、就业保障、基本养老、公共卫生基本医疗、公共文化、社会服务、保障性住房、人口服务(特别是计划生育)。这八大类权利在全国范围内应该是最基本的权利,因为它们被写入我们的国家规划,是法定的。在这些问题上应该使流动人口和城市居民享有同等的权利,就是均等化。

先说就业吧,不同的城市对就业的需求是不一样的。从人口布局上考虑,一个是要创造更多适合农民工的就业岗位,特别是在一些县、中小城市发展一些产业园区,让农民工有就业机会。前段时间我到沂蒙山区看了一个就业服务中心,很有意思,引人深思。当时,媒体都在炒南方某个地方不让农民工在立交桥下住的问题。在这个城市,农民工找不到工作,睡在桥底下,城管就在桥下打上桩子让他们睡不了,媒体炒得很热。后来我到沂蒙山区一看,当地政府搞了一个服务中心,不管哪里来的农民工先在这里住一个月,一天交1元的住宿费,吃饭要交钱,但也不贵,4—8元。在这一个月内,就业服务中心给他们提供就业培训和就业信息,帮助联系就业。这样,不至于使农民工进城找不到工作后,不知所措,不知道去哪儿。对此,我感受比较深,我觉得这是地方政府应该做的事情,是政府的责任。第一,政府就是要加强对农民工技能方面的培训;第二,要帮助他们寻找就业机会,提供就业信息;第三,在一些中小城市进一步发展经济,扩大就业,创造就业机会。因为大城市特别是特大城市,北京、上海、广州,现在应该说就业机会很多,问题在于它的生态环境压力比较大,在这种情况下,使产业合理布局,就要在中小城市进一步发展产业,建立园区,创造就业机会,这可以很好地解决农民工的一些现实问题。

　　这些年我们一直在进行保障性住房的建设,在"十二五"期间建3600万套,通过这样的制度慢慢解决住房的问题。保障性住房的建设也还是要根据就业状况与住房制度改革有机结合起来。因为过去在这个方面有过实践,我也去看过很多地方,地方政府建了房子,但是没有就业机会,农民来住下了,不久又回去了,因为没有就业机会。我国有许多大江大河,有数百个行洪区。我国的人口太多,很多人住在行洪区,每年到了洪水季节,大家就迁出行洪区。后来国家想这么迁也不行,就在行洪区以外建设了一个永久性的居住区,让行洪区里住的农民迁出来。一开始大家迁出来了,步行或者骑着自行车回去种地,时间久了,就觉得不方便,慢慢又搬回去了。这说明什么?说明安居乐业的前提是要有就业机会。所以,住房问题一定要和就业问题结合在一起考虑,就业是民生之本,只要解决了就业问题,住房问题应该不是问题,应该慢慢会解决的。有国家的保障性住房政策,加上他们有收入,再加上其他的一些财政政策和金融政策的配合,应该不是问题,这样人口的安居乐业才不会是问题。

　　既然是外来人员进城,不只是他一个人进城,还有他的家人也会进城,这就带来了子女教育的问题,比如上学问题,还有高考不平等的问题。用什么办法来改变这样一个状况?我参加某一个大城市"九五"规划的时候,我说已经有几百万的流动人口了,能不能写到规划里面去,让他们融入城市生活中。当地政府的领导说,他们不敢写,因为没有这个财力,而且那时候也真没有认识到流动人口问题是社会发展的问题。到"十五"规划的时候我又去参加了,还是这么讲。"十一五"规划一开始想写,但后来发现心里没底,不知道这些进城农民工到底有多少孩子。很多孩子没有进城,在老家里跟着爷爷奶奶。现在有 6000 多万这样的儿童,其实进城的不到 2000 万,这叫留守儿童。前年,我参加这个城市的规划时,市委书记说了,尽管"十一五"开始启动的时候,没有把这个问题摆在重要位置,但随着落实中央推进基本公共服务均等化的战略,到"十一五"的第四年,基本解决了 60 万农民工子女接受义务教育的问题。义务教育是 9 年,从小学到初中。问题是高中怎么办?现在他们确实遇到这样的问题。前不久,我遇到了一个司机,他就跟我讲,他的孩子学习不错,城市政府也允许他的孩子在这里上到初中,但高中以后不允许在这儿上了。那怎么办?他说他准备送孩子出国上学。我说:"你有钱送他出国吗?"他说:"有啊,别看我农民工,但我在本市买了十个铺面,我还买了房子,我还有两辆汽车,我一年收入 80 多万。"我说:"那你没问题。"可是像他这样的农民工会有多少?大部分人没有这个能力。

　　从现在面临的问题来看,义务教育之后的教育问题确实是个问题。这些孩子在城市已经有了享受义务教育的权利和机会了,但进一步的发展,就是高中,在哪儿上高中的问题。还有,在城市也不能参加高考,这个问题需要解决。但要回头从历史角度看,在"九五""十五"的时候连小学都不能上,现在可以上了,已经不是问题了。所以现在着手解决高中教育和高考问题,这就是进步。在国务院的文件里也看到了,要逐步解决这些人的子女继续升学和高考的问题。从党中央和国务院的角度来看,这些问题已经被注意到了,而且列入《国务院关于进一步推进户籍制度改革的意见》里,那就要求地方政府想办法了。就像过去党的十六届五中全会提出来说实现基本公共服务均等化，一开始大家觉得这挺难的，但经过十年，在基本公共服务上已经做了很多的探索和尝试。现在这个问题已经提出来了，我想再用五年十年，应该可以解决，分阶段解决吧。

历史的发展就是这样，从 2003 年开始，农村实行新型农村合作医疗制度改革和建设，现在全国 90% 以上的农民都参加了新农合。从 2009 年开始，给农村居民建立养老保险，2010 年给城镇居民建立养老保险，慢慢从无到有，从制度上已经基本实现了全覆盖，它为进一步建立统一的养老保险制度奠定了一个制度基础。当然，尽管制度上已经覆盖了，但有些人没有买，或者由于其他原因，还没有参加养老保险。但制度上毕竟已经开始了，下一步的工作就是进一步完善这个制度。2014 年 2 月 7 日，本年度的国务院第一次常务会议就通过了关于把城市居民和农村居民养老保险并轨的决定。这一决定，对进一步推进城乡一体化和推进户籍制度改革都具重要意义。在这个基础上，《国务院关于进一步推进户籍制度改革的意见》里写明，根据不同类型，在城区人口 50 万至 100 万的城市参保一定年限，而且在城镇有工作和常住，就可以在当地申请登记为常住人口；在城区人口 100 万至 300 万的城市合法就业且有稳定住所，参保一定年限，可在当地申请登记常住户口；像北京这样的城区人口 500 万以上的大城市除了参保还要有其他的分数，包括在深圳都是按照积分、按照技能来有序地融入城市。这些年在社保领域的工作，进一步推进社会保障制度建设，已经为慢慢推进户籍制度改革奠定了基础，把户籍制度背后的那些制度因素慢慢给完善起来。

关于土地问题，现时代，讨论新型城镇化，一是要讨论人口问题，二是要讨论土地问题，缺一不可。《国务院关于进一步推进户籍制度改革的意见》里讲得清楚，包括党的十八届三中全会的决定，涉及关于土地的问题，宅基地、耕地和土地受益的权利，这些权利都是农民不可侵犯的权利，都是基本的物权，我们有《物权法》。解决土地问题要本着自愿的原则。我看到过很多地方的试点，愿意通过流转的方式流转也可以，不愿意也可以暂时不流转，尊重农民的意愿。当然，在具体执行过程中，有个别领导干部和个别机构理解中央政策有偏差，在执行过程中，特别是过去，有一些领导干部有不法行为、违纪行为，侵犯了群众的利益，对群众伤害比较大，大家在这个问题上有情绪，这个我觉得可以理解。但我们也看到中央最近一个时期在这些问题上政策是非常严厉的，包括反腐和土地问题，特别是即将召开的党的十八届四中全会，就依法治国的问题，会对这些政策的具体执行——我理解依法治国是要具体政策怎么来依法执行——做出具体的规定，那就是要在法制的框架内解决这些问题。在政策执行的过程中依法来执行，就必须按照中央的要求来保证农民的三个权利。

农民工进城，从过去十多年的实践来看，可以先进城，先集中，土地可以自己经营，也可以交给公司经营，通过土地的收益来增加收入。同时农民工在城市中如果年老没有办法，土地可以通过流转方式，慢慢地实现土地制度改革，实现市民化的过程。土地改革的前提是要保证农民的土地权益。

土地问题和人口流动是相互影响的。从各地经验来看，慢慢这边人口先集中了，那边土地集中经营，农民享受土地和收益的权利，慢慢把社会保障体系建立起来，把就业问题慢慢解决了，再根据土地权利进一步实施改革措施。农民的土地总体上是集体所有制的，在这个过程中，慢慢通过流转的方式，在使其利益得到保障的前提下，让他真正成为城市的市民，同时完成土地改革的过程，这需要一段时间。

在解决流动人口问题上一定要讲平等。但平等是相对的，不是绝对的。中国有其特殊性，很多特大城市的生态容量和资源状况是不能够支撑人口无限增长的。比如像北京，2013年是2115万人，过去我们做北京环境生态研究的时候发现，北京自有的水只能支撑500万人，北京2000多万人生活要靠调周边的水，有时候调河北的水，有时候调山东的水，现在马上要南水北调，相当一部分水是张家口和承德牺牲了自己的工业发展、产业发展，为北京供水。在这样的情况下，像北京这样的城市无限扩张人口肯定不现实。这里涉及两个权益的问题，一个是农民工进城，还有一个是本地居民权利的问题。所以平等不是绝对的。这么大的城市，大家一到下班挤得要死，这对谁都不是平等的。

像中国这样一个国家，必须形成合理的人口布局。在互联网时代，在获取信息的便利性和生活的舒适性方面，大城市和小城镇不见得差到哪里去，关键是中小城市能否解决好就业问题，形成一个合理的人口布局，我觉得这个可能是个关键。所以,我记得二十多年前、三十多年前,社会学家费孝通教授讲,中国发展要下好两盘棋,一盘就是人口的棋。因为没有一个国家会遇到我们这么大的问题。举个例子,现在城市化率为53%,而美国城市化率超过50%的时候是100多年前,那时候美国才1亿人口。假定现在中国不是13亿人,而是1亿人口,中国的城市化问题很好解决,北京2000万,上海2000万,广州2000万,其他地方再解决4000万,中国的人口问题就解决了。人口自由迁徙不是问题,问题是我们现在13亿人,怎么布局都会遇到和生态环境、资源之间的矛盾冲突,包括珠三角、长三角都遇到了生态的瓶颈。

在这样的情况下,既要考虑到每个人迁徙的权利,还要考虑到整个国家的人和自然的协调、长期发展的问题;既要考虑到横向的公平,也要考虑代际的公平。如果把人口都集中了,把这个地区搞崩溃了,对后代人不公平。我们的公平既要考虑横向又要考虑纵向,既要考虑个人的也要考虑一个国家和民族的持续发展,一定要考虑中国这个国家这么大,人口这么多,千万不能简单地走发达国家已经走过的路。中国的问题是世界上任何国家不曾遇到的问题。举个例子,纽约在1900年的时候是300万人口,它现在也就1000多万人口,北京在1900年的时候有100万人口,现在是2115万人口,纽约的人口100多年才翻了三番,北京翻了二十多番,它们的压力不是一个情况的,所以思考问题的角度也应该是不一样的。

关于居住证制度,《国务院关于进一步推进户籍制度改革的意见》里面写得很清楚,所谓居住证制度,就是在一个地方常住,有自己的房子,有自己的养老保险或者是各种社会保障达到一定的年限,就发给居住证,这样就取消了所谓的城市户口、农村户口,就是这个地方的居民。随着社会保障制度的完善,全国统筹以后,比如说,有人可能出于就业或其他考虑而离开北京,可以到别的地方买房子,买了房子后,养老保险可以转过去,也可以成为别的地方的人。这样慢慢就打破了过去人口不能迁移和流动的局面,包括农村居民和城镇居民之间的分割分治的局面。所以,户籍制度改革实际上就是旨在打破人口不能流动、城乡人口分割分治的这样一种局面。

城镇化必须提高人民生活水平

一、引　言

在中国城镇发展和城镇发展研究中,费孝通都是一位值得关注,也值得深入研究的学者。就中国城镇发展而言,他在20世纪80年代,提出的"小城镇,大问题"这一著名论断抓住了中国人多地少这一历史特点,概括出了中国城镇发展的方向,至今仍然是中国城镇化战略选择的基点之一;就城镇发展研究而言,他提出的"小城镇,大问题"至今依然吸引着学界和政策制定部门从不同角度进行研究和探索。小城镇问题依然是中国当代城镇化进程中需要进一步深化研究的重大课题。

关于《小城镇　大问题》,1983年,时任中共中央总书记胡耀邦同志说,这篇文章"值得一看",因为它可以"给人以一定的思想启迪"。① 当时正值国家制定城市化发展战略,作为中共领导人,胡耀邦非常关注小城镇问题,认为建设和发展农村,必须建设小城镇,小城镇或许是解决中国人口问题的一个方向。在《中国为什么要改革:思忆父亲胡耀邦》一书中,胡德平写道:"耀邦同志非常推崇

---

① 胡耀邦:《推荐一本书》,载费孝通:《小城镇四记》,新华出版社1985年版。

费孝通先生对小城镇的研究。"①

1984年初,《小城镇 大问题》首次刊载在《瞭望》杂志上便在社会上引起巨大反响。"1984年上半年,小城镇问题一时成为农村改革领域内的热门问题,其中为人们谈论得最多的便是费孝通教授的著名文章《小城镇 大问题》。"②回顾这段历史,是不是可以这样认为,20世纪80年代初期,受命领衔恢复中国社会学的费孝通,因抓住了小城镇这个时代命题并进行了学有专长的探索,通过《小城镇 大问题》,不仅把小城镇问题推到了中国农村改革的前沿,也大大提升了初创时期社会学的影响力。

二、始终把改善农民生活作为出发点和落脚点

(一) 中国农村真正的问题是人民的饥饿问题

城镇发展不仅是人口集中和提高经济聚集效益的问题,在中国更是如何解决农民的生活和发展问题。费孝通在其早期研究中就紧紧抓住了这个问题。在《江村经济》一书中,费孝通总结说:"中国农村的基本问题,简单地说,就是农民的收入降低到不足以维持最低生活水平所需的程度。中国农村真正的问题是人民的饥饿问题。"③这是指发生在20世纪30年代的状况。当时的国内外背景是:国际上,1929年爆发的经济危机导致各国贸易壁垒形成;在国内,手工业破产使农民苦不堪言。针对中国农民的生活问题,费孝通提出:"最终解决中国土地问题的办法不在于紧缩农民的开支而应该增加农民收入。"④他从发展农村副业、实现劳动力转移、建设一体化的城乡体系等方面寻求解决问题之道,"志在富民"就成为他孜孜以求并为之奋斗终生的目标。在江村和禄村研究中,他总是把乡村发展与城市联系起来,认为农村发展不能离开城市。基于城乡关系分析,他把视野拓展到农村劳动力转移问题上。他说:"要想在正常的方式中去吸收农业劳动力到农业之外去,

---

① 胡德平:《中国为什么要改革:思忆父亲胡耀邦》,人民出版社2011年版,第48页。
② 王于:《大转变时期》,河北人民出版社1987年版,第37页。
③ 《费孝通文集》第二卷,群言出版社1999年版,第199页。
④ 同上书,第201页。

一定要先想法使农业所需要的劳力减少。农业所需要的劳力减少之后,农村就无需要再拖住百分之八十以上的人口,使他们半陷在泥土中,动弹不得。"①减少农业中的劳动力,首先要推广新技术,提高农业生产效率,这也是20世纪30年代他和他的姐姐费达生一直倡导蚕丝制造技术的动因。增加农民的收入,一方面要依靠非农产业的发展,另一方面需要解决农村富余劳动力的出路,这是中国农村一个问题的两个方面,即通常意义上讲的农业和农民问题。农村、农业和农民的所谓"三农"问题有着内在的联系,不可分割。仔细推敲起来,在这个问题上人们之间的争论也多是由于从不同角度来理解和分析问题罢了。

江村自新中国成立以来的发展变化证实了他以往的思考:一是农业不能完全解决农民的收入问题,必须发展农业以外的其他产业,"要显著地提高这类地区的农民收入,单纯从农业入手是绝对不够的。如果忽视了副业的多种经营,那就会发生严重问题"②。二是发展乡村工业是中国工业发展的形式之一,"在我们国内有许多轻工业,并不一定要集中到少数都市中去,才能提高技术的"③。他主张在乡村发展适合农民需要的技术。在工业化初期,他的观点极具实际意义,改革开放初期经济社会发展的实践已经证明了这一点。现在仔细品读他在1957年春夏之交写的《重访江村》,依然能够感受到他的热情奔放、充满期待的心情和对提高农民收入的渴望。由于"反右运动",他的上述观点被当作"妄图从恢复贩运、恢复合作丝厂两个方面来策划资本主义的复辟活动"④遭到批判。从此,他被迫保持长达二十多年的沉默。

(二)城镇化的根本问题在于解决人的问题

在中国发展城镇,必须始终把人口问题摆在重要位置。历史上如此,当前依然如此。1943年,抗日战争接近尾声。在准备抗日战争胜利后的战后

---

① 费孝通:《农民的离地》,《今日评论》1941年第5卷第10期。
② 费孝通、王同惠:《花篮瑶社会组织》,江苏人民出版社1988年版,"重版前言",第2页。
③ 费孝通:《重访江村》,《新观察》1957年第11—12期。
④ 同上。

经济发展座谈会上,费孝通提出了工业和农业、城市和乡村协调发展的建议,他说:"我主张今后的政策不但要使乡村和都市的发展不相冲突,而且应当用农业来促进工业和以工业来维护农业。"①把城市和乡村统一起来,建立互补的工业和农业,是从制度和产业上处理好农业、农民和农村之间关系的一种选择和探索。统筹城乡的一体化发展是一个世纪以来有志于中国发展的人们积极思考与探索的问题。

1978年,中共中央作出《关于加快农业发展若干问题的决定》,明确要求社队企业要有一个大发展。国务院在1979年7月颁发了《关于发展社队企业若干问题的规定(试行草案)》。这是国家制定的关于社队企业的第一个专门文件,有力地促进了全国社队企业的发展。1981年10月,在"三访江村"中,费孝通惊喜地发现,"这个农村个人全年平均收入已接近300元,位于全国的前列"②,究其原因是由于1979年以来落实了多种经营方针,农村大力发展多种多样的副业。有了发展的宏观和政策环境,农业迅速发展起来。后来,在对边区开发的研究中,费孝通虽然认为赤峰的主要问题是农牧关系,即自然生态问题,但也认为:"'有工则富,无商不活'这句话在赤峰市是同样适用的。"③他写道:"贯彻林牧为主的方针,首先改变生态环境,农牧结合,发展饲料种植,加速牧业改造。大林牧的基础上建立多种多样的小型工业,使千家万户都能得到收益,走上工业化的道路。"④这在当时不失是一种真知灼见。20世纪80年代,一些发达国家和地区相继开展产业结构调整,转向知识、技术和资本密集型产业,给发展中国家带来跨越式发展的机会。国家及时抓住这个机会,开放东部沿海地区,将其纳入当时被称为"国际大循环"的发展轨道,使东部沿海迅速崛起。时过境迁,如今,经过三十多年的改革开放发展,东部开始产业升级,西部发展并承接东部沿海产业转移。城镇化的核心是解决产业转移和人的就业问题。人的就业就是费孝通讲的"人往哪里去"的问题,也就是农民从农业和农村中走出来,到工业和服务业

---

① 《费孝通文集》第三卷,群言出版社1999年版,第87页。
② 费孝通:《三访江村》,《江苏社联通讯》1981年第17期。
③ 费孝通:《边区开发·包头篇》,《瞭望》1986年第15、16、17期。
④ 同上。

中去。城镇化的根本问题是解决人的问题,首先是解决就业岗位问题,其次是收入问题,最后才是居住和生活问题。

关注农民生活是费孝通城镇化思想的核心。1948 年,在回应他翻译的由梅奥(Elton Mayo)著述的《人性和机器》中有关"人性和机器"的批评时,费孝通就阐述了自己有关人的发展的基本观点。20 世纪 80 年代,他对于乡镇企业效率的基本观点是,中国农村发展小工业的意义比简单的经济增长多得多,乡村工业除了解决了中国农民的生计问题,推动了工业化发展外,还正在改变着我们社会的传统性质和结构,在乡镇企业发展的地区,人们已经开始改变他们的思想和做人的态度。[1] 所以,费孝通不主张仅仅算经济账,而且主张算账要算总账,而算总账远比单算经济账复杂。他所谓算总账实际上是指要从经济和社会的综合效益上来对待乡镇企业和小城镇的发展。他并不仅仅持经济效益观与其关于人的观点有关。费孝通很赞成帕累托(Vilfredo Pareto)的观点:绝大多数的人类行为是非理性的,不是由逻辑而是由情绪支配的。费孝通认为,人类行为理性成分和非理性成分这两方面都有,但是在不同时代比重不同,两者的比重是根据生活变化的。他从思想发展的深层考察中国的发展,认为"中国的发展,从思想深层来看,一直是在理性和非理性两端中间摇摆"。因此,他主张中国的发展,"要提倡理性主义,中国理性主义还远远发展得不够",同时他又认为中国的发展也要记住人除了理性外还有另外一面,即非理性。他在 1981 年就呼吁:"不要忽略了'人'!"[2]他主张人的全面发展,或者说,人本身就是目的。

中国是一个人口大国,尤其是农村人口大国。改革开放三十多年,尽管大量农业人口离开土地进入城镇,农村人口和流动人口依然是困扰当代中国发展的重要问题。农村、农业、农民问题是长期困扰中国发展的症结。一个世纪以来,这个症结虽然在不同的历史时期有不同的表现,基本内核似乎并无多大变化,增加农业产出,提高农民收入,改善农民生活状况一直是问题的核心。

---

[1] 费孝通:《经历·见解·反思》,民盟中央《中央盟讯》1988 年 7 月增刊。
[2] 费孝通:《不要忽略了"人"》,《百科知识》1981 年第 1 期。

三、真正把产业发展和解决就业作为城镇化的基础

（一）小城镇是中国经济社会发展的重要节点

城镇化是工业和商贸发展以及在此基础上的人口集中的结果，前者是果，后者是因，不可颠倒。有时颠倒了这个关系，就会带来许多问题。中国特色的城镇化就是要以解决农民问题为根本目标，始终以农民为城镇化的主体，以城镇为载体，实现农民、农村和农业的现代化，而不是把农民排斥在城镇之外，否则，城镇化就会偏离正确的目标和正确的发展方向。在1982年底的考察中，费孝通看到："农村发展之后，必然会产生一个商品集散中心，也就是市镇。"[①]市镇是农村商品发展的重要条件，后来的"小城镇，大问题"就是在这个基础上进一步探索出来的。更确切地说，是观察出来的，敏锐的洞察力是费孝通学术研究的特色之一。在他看来，小城镇是"整个农村发展战略中的一个'瓶口'"[②]。对于费孝通个人来说，小城镇研究将他的方法推到了一个新的层面。他在1982年底就感到研究工作不能停留在以"一个农村作单位的水平上"[③]，必须上升到"市镇"的研究层面。市镇不包括乡村腹地，市镇本身就构成一个社区。这个社区中心被称为小城镇，在由他指导的江苏小城镇研究成果报告中，又被称为"小城镇区域"。

小城镇作为社会结构的一个环节，凝聚了中国经济社会发展中的各种矛盾和问题，也是发展过程的一个节点。自1979年农村实行改革以来，社会上出现的各种问题都或多或少与小城镇联系在一起。联产承包责任制的实行推动了农业的发展，农产品的剩余要求发展商品生产，建立商品交换中心必须依托一定的区位和设施。商品经济发展导致农村产业结构调整，农村剩余劳动力增加要求解决剩余劳动力的出路问题，发展非农产业和推进城镇化成为中国发展的关键。20世纪90年代，乡镇企业"异军突起"为解决剩

---

① 费孝通：《社会学的探索》，天津人民出版社1984年版，第216页。
② 费孝通：《谈小城镇建设》，《社会学通讯》1983年第2期。
③ 费孝通：《论小城镇及其他》，天津人民出版社1985年版，第3页。

余劳动力提供了一线希望。乡镇企业的兴旺成为小城镇发展的基础。这实际上是一个过程的两个方面,这个过程就是由乡土社会向现代社会转型。在这种背景下,提出小城镇研究具有重大意义。当时,中国农村改革的基本进程是:1983年农村进入专业化生产和创新合作经济组织阶段。1984年底和1985年初,一些理论工作者的文章和决策者的讲话中开始讨论农村第二步改革问题,即放开农副产品价格和调整农村产业结构。在这样的背景下,费孝通也在寻找农村进一步发展的可能性方向,发展乡镇企业,建设小城镇。现在看来,那个时期的改革刚刚起步,一些根本性的制度改革还没有提到议程上来,诸如,户籍制度、土地制度、粮油供应关系、城镇就业制度和社会保障体制等,对此不必求全责备,一定要以历史的眼光看历史问题。基于这样的体制特点,当时大量剩余劳动力进入小城镇也不是偶然的,是有其制度原因的。当然,也有产业发展的因素,20世纪八九十年代,尤其是在苏南一带,乡镇企业星罗棋布,农民离土不离乡似乎是一种普遍现象,带有阶段性特征。

  小城镇作为内含各种复杂社会体制因素的空间单位,是一个承上启下的发展节点。承上,就是联系大中城市;启下,就是带动农村农业。最初由于户籍制度的制约,人们看好小城镇的蓄水池作用,随着大中城市人口流动条件的放宽,小城镇就业约束就凸显出来,尤其是在产业发展和就业方面。2002年,费孝通写道:"这20年里,我们看到了人口向城市集中的现象,而且这种集中的速度相当快。农民离乡要有两个条件,一是在乡下活不下去了或是生活得不好;二是农民离乡出去后要有活路,也就是有活干,能生活得下去。"[①]这个"能生活得下去"就是要有就业。1992年,邓小平南方谈话对于建立和完善社会主义市场经济起到关键性作用,尤其是党的十四大报告明确要求把建立社会主义市场经济体制作为改革目标,把中国经济推到一个黄金发展阶段,数以亿计的农民工成为"中国制造"的主力军,为中国经济发展带来了巨大的人口红利,中国的城镇化也步入快车道。到2000年,城镇化率已经上升为36%,比1990年提升了10个百分点。经济改革带动的城镇

---

① 《费孝通文集》第十六卷,群言出版社2002年版,第79页。

化打造了长三角区域,经济一体化也是在这 10 年间初具雏形的。而这个区域倾注了费孝通最多的研究心血。

(二) 小城镇是中国人口的蓄水池

小城镇是中国城镇体系中连接农村与城市的重要环节,对于聚集产业和解决人口问题至关重要。1984 年,费孝通将小城镇和其周围的乡村视为一个经济社会区域,小城镇作为乡村商业和工业"进"与"出"的中心对周围乡村形成一种辐射。后来,他在苏南发现了许多小城镇与上海及其他城市的联系,并"形成了'一条龙'工业体系。生产关键部件和承担总装任务的'龙头'设在市内,'龙尾'则摆在集镇或乡村"①。他由此得出结论,"城市工业、乡镇工业和农副业这三种不同层次的生产力浑然一体,构成了一个区域经济的大系统"②。被他称为"苏南模式"的经济区域是一个内部具有密切联系的空间体系,一体化的城镇体系和工业体系是它的骨架。"乡镇工业离不开城市,城乡工业也离不开乡镇工业。"③"乡镇工业实际上已经成为城市工业体系中的一个组成部分","两者的密切结合是区域经济发展的必然现象"。④ 这种空间联系方式被他称为"区域经济系统",即发生在特定的地域范围内的经济模式。将小城镇和乡镇企业与人类本身的意义和目的结合起来分析,费孝通便把发展乡镇企业理论与人学理论联系起来。实际上他也把乡村工业和小城镇放到通常所谓"发展"的角度上进行分析——社会发展应当依据人类的目的性把人看作具有多种侧面的整体,看作生物的存在,看作个体和集体的成员以及生产者和消费者,他们同时生活在自然、经济、社会、文化环境之中。他始终没有忘记人这个发展的核心和目标。现在,人们把这个"人"具体到流动人口,农民工及其子女和家属的基本权利,诸如就业、社会保障、教育等,就更有针对性了,随之解决问题的政策措施也可以更加明确细致。

---

① 费孝通:《小城镇 再探索》,《新华日报》1984 年 5 月 2 日,第 4 版。
② 同上。
③ 同上。
④ 同上。

2002年费孝通总结时说:"我在过去20年研究中国的社会经济发展时,曾经花了很多时间关注小城镇的发展建设问题,这是因为中国现代化的起步和发展是一个从'乡土中国'向现代化都市逐步发展的过程,鉴于中国的历史、人口、城镇规模、发展速度等因素和条件,我们不得不走从农村小城镇开始,逐步发展城市化的过程,必须自下而上地发展起多层次的犹如金字塔型的经济中心,以此来最大程度地减低高速现代化和都市化对整个社会的冲击和震荡,保证中国改革开放这一人类历史上最大规模的社会变迁的平稳进行。我当时提出新兴的小城镇可能成为防止人口超前过度集中的蓄水池的设想,就是这个意思。"[①]作为一个"迈向人民"的社会人类学家,费孝通从小城镇入手逐步扩展到大城市,就是从乡土中国的变迁逐步拓展到以都市化为基础的现代化建设。历史从哪里开始,逻辑也将从哪里开始。现代化是发展的目标,在走向这个目标的过程中,保持社会平稳变迁,关键是解决好人口的安置问题,这是城镇化问题的中国特色。时至今日,我国的城镇化率虽然已经达到52.57%(2012年底数据),但是,在这个52.57%中依然有15%甚至更多的城镇人口没有解决好就业和社会保障问题,尤其是没有获得基本公共服务权利。2.6亿流动人口不稳定,国家何以稳定?

历史是不能假设的。如果我们假设,改革开放初期,整个国家的流动人口仅有200多万,占整个人口的1%不到,从那个时候就着手解决流动人口问题,进行户籍制度改革,情况也许就不是现在这样。这不仅受制于当时的认识水平,也受制于当时的各种环境因素,包括体制机制的制约。到2000年,我国的流动人口占整个人口的近8%,到2012年几乎接近20%。要在一个短时间内解决20%人口的基本公共服务问题,仅财力的门槛就难以迈过。这实际上向我们提出了具有战略性、宏观性、预见性的思考和分析问题方法的意义这一重大课题。在迈向新的发展阶段上,政策制定更需要战略性、宏观性、预见性的思考和分析。

在以往研究的基础上,费孝通把自己的研究视角也转向了城市,他说:

[①] 《费孝通文集》第十六卷,群言出版社2004年版,第37页。

"我本人'从农村进了城',指的是这几年我越来越多地把中等城市和大城市作为我研究的一个重点,并且在研究中加深了对各类城市的认识。"①这包括从 2000 年开始他对城市社区建设的探索和思考。从改革开放初期我国 80% 的人口居住在乡村,到 2000 年 36% 的人口生活在城市,发展的重点开始转向城市,人们的关注点也逐步转向城市。人类从农村转向城镇并生活在市镇,这是除受气候变化影响之外,人类最大规模的迁徙,家庭生活因此而改变——不论是农村的大家庭还是城市的小家庭。外来的农民与城市的原居民一道组成城市中的新的生活共同体,也就是人们目前正在进行的所谓"社区建设"。这是中国历史上最大的一次社会变迁,同时也是人类历史上最大的一次社会变迁,就其人口规模而言。人类历史上上一次如此重大的社会变迁发生于 18 世纪末至 20 世纪的欧洲和新大陆。

面对这样宏大的社会变迁,若是不要居民失望,并且政府机构和投资商自己的投资也能够保持长久的效益,最有希望的战略就是营造健康的城市发展和和谐的社区,而不是把精力放在宏观层面或者家庭层面的事务上。尽管宏观层面的状况对城市发展有着巨大影响,但并不能替代城市及其社区自身的健康发展;同样,家庭的和睦和精致的装饰也替代不了周边环境。需要认识到,城市和社区,即人们越来越赖以生存的环境可能是下一波经济文化繁荣和社会和谐的诞生地,也可能是下一波社会冲突和暴力的发源地,至于走到哪一步,取决于我们是否把这个问题提升到议事议程,采取什么样的态度,如何去设计未来的社会机制。

四、不断发挥市场在城镇化形成中的决定性作用

(一) 市场是城镇体系形成的决定性推手

中国城镇发展,尤其在改革开放初期,很大程度上是借助于市场力量的。1984 年的苏北调查中,费孝通已经触及了区域的划界问题,即规定区域范围。虽然对于江苏省的分析他着力从经济角度入手,最后总是与行政体

---

① 《费孝通文集》第十六卷,群言出版社 2004 年版,第 38 页。

制联系起来，以一个或几个行政区为单位，他实际上感到市场力量形成的机制、体系与行政体制往往不是重合的。1988年，他在对珠江三角洲经济区的考察中，采用了"切片素描"的观察方法来确定该区域范围，当他坐的车离开南宁不久，公路旁有一个很惹眼的新建村子，村子四周丘陵两侧全是成片菠萝田。在他的追问之下，知道了这里培植的菠萝产量高、质量好，而且近年来发展了商品经济，打开了销路，供不应求，最近又发展了加工业，生产便于运输的菠萝罐头和菠萝饮料，大量供应香港。在这种实地观察中，他勾画出了一个区域市场体系。现代城市群和城市体系不是规划出来的，而是经济社会发展到一定阶段由于各种力量作用形成的结果，其形成机制就是市场。他带着这个印象到了玉林，受访者又告诉他，这几年来农村家家户户饲养肉鸡，每天有汽船拖着装满了肉鸡的木船运往香港。最后，他得出结论，一个大香港经济区必须有一个庞大的粮食及副食品基地为它服务。这个以种植和饲养为主的供应地带的位置，将按它和经济中心区的交通条件来决定，而且将随着经济中心区的扩大而向外延伸，现在正在由珠江三角洲延伸出去，前哨已到达粤北和桂东地区。这种以观察外围地区的商品交易活动来确定经济区范围的方法是他在特定条件下发现的。通常，更经济的方法是在区域中心测量各种商品的来源，并根据商品的来源来确定经济区的大小。在最初的区域经济探索中，他注意最多的是城镇体系对于乡村开发的意义。对城乡关系的分析是1984年后他一直关心的问题。从1988年开始，他注意到了市场因素对区域体系的影响。他认为，市场因素是他这些年来研究工作中忽视的一个具有重大意义的因素，尽管已经八十高龄，他依然主张对此应当补课。从改革开始，到改革推动发展，这实际上是一个过程。在发展进入一个新的阶段时，重新开启改革是发展的历史必然。当前，我们就处在这样一个阶段。

（二）全国的城镇布局需要发挥市场和政府两只手的作用

1988年，在对广东珠江三角洲经济区的分析中，费孝通开始注意到商品经济对于区域经济的意义。同年，在关于"黄河上游多民族开发区的设想"中，他将这一点更加具体化了，他设想在包括从青海的龙羊峡至内蒙古的托克托段黄河上游沿岸地区，其正处在西藏、新疆和内蒙古、宁夏四个少数民族自治区的中心，建立区域性的经济，以这里的原料支持沿海工业地区，同时"用来发展西部地区的中小型加工企业，使之分散在各乡各村，让千家万户都富裕起来"①。他看到区域中心的工业与腹地的关系，认为中心地区工业的发展需要广大市场。这个市场首先"应当是西部的牧区，也就是三面围绕着这中心的四大少数民族自治区"②。他试图通过对这个区域的开发来把"占1/3国土的广大草原的巨大潜力发挥出来"，使牧业经济"从封闭的经济改革成为开放的经济"，而"商品经济是促成改革的基本力量"。③ 这种商品经济的具体运行特点是：牧区的牧业发展为区域中心工业提供了毛、皮、奶等原料，也为工业开辟了广大的市场。用市场体系来改变牧区的经济，使之区域化，是和他以商品经济推动乡村工业发展的思路一致的。后来，讲到在中国农村的经济改革，费孝通认为，商品经济的发展与乡镇企业的发展一样，都在空间上不断地向外扩展——经历了农贸市场，地区性市场，区域性市场（如上海长江三角洲经济区），向国际市场的过渡。伴随着这种市场体系的发育，则是区域经济的发展。这样，他对乡镇企业和小城镇的研究都逐渐与区域问题联系在一起了，将商品经济发展与市场体系区域结合起来。

费孝通在"全国一盘棋"上看到了两类市场和国内三个地区的协调关系。两类市场是指国内市场和国际市场，他常说，应当"两个市场，左右开弓"。三个地区则是指沿海、中部和边区。寻求解决一个地区的经济发展问题，是费孝通现代化思想的重要组成部分，他认为，区域经济发展"首先应该解决经济发展的启动问题"，他称之为"发动机"。④ 他写道："这个'发动机'的启动关键在哪里？我认为是市场导向的确立。沿海地区'外向型'经济体现了国际市场导向，但是也不能忽视国内的钱，农村这个大市场，我们应该给予充分重视。"⑤开发一个区域，必须以两个市场为导向，而不是以一个市

---

① 费孝通：《从沿海到边区的考察》，上海人民出版社1990年版，第196—198页。
② 同上。
③ 同上。
④ 费孝通：《全国一盘棋——从沿海到边区的考察》，《瞭望》1988年第40期。
⑤ 同上。

场体系来面对地区的发展。当各个地区共同面对市场的时候,也面临各个地区在市场体系中的协调发展问题,尤其是在行政体制改革还没有彻底理顺过来的前提下。他实际上已经触及了关于统一的市场体系建设问题:既然"以为西部各地区的经济发展都要以国内外市场为导向"①,就没法回避已经不平衡发展的各地区在市场条件下的共同发展问题,在主张各地区以市场为导向的同时,又主张国家政策的"支持",尤其是对"西部少数民族地区","国家的参与是必要的,但是最根本的发展动力来自当地的人民群众"②。可以看出,地区发展与市场问题包含着复杂的组织和制度的因素。他的发展观从乡村的开发走向区域经济,最终,必须考虑各个区域的协调问题,这样,实际上人们必须面对一个在市场经济冲击下的复杂的宏观调控系统,如何协调市场与行政的关系,至今依然是一个没有很好解决的问题。眼下,在新型城镇化浪潮下,从中央到地方政府都在积极干预城镇化规划和建设,然而,城镇化在更大程度上是一个自然和历史的过程:人口的自由迁徙、生产要素的自由流动、产业的合理布局等。在费孝通早期的观察中,城镇体系,或者叫作区域体系的形成就像生物的演化一样,不断适应国际国内市场,促进资源自由流动,逐步形成自己的结构和体系。城镇化离不开政府,但如果城镇化建设一切都按照行政命令推进,那一定会出现灾难性后果。如何通过建立全国统一的市场体系,并使国内市场与国际市场有机接轨,进一步打破经济发展的行政羁绊,逐步建立起与社会主义市场经济体制相适应的地方行政体制,这是新时期城镇化建设无法回避的问题。

五、结　　论

费孝通晚年的热情探索,以及"但恨年迈我来迟"的景况是一部令人钦佩和感动的记录。他的热情和紧迫感,凝聚成一个系列的探索:对于不同类型的城镇和不同地区的特征的"勾画"和"描述"。他几十年的研究活动是在特定的历史、社会和自身条件下进行的。他自己对于这一点的认识也非常

---

① 费孝通:《从沿海到边区的考察》,上海人民出版社1990年版,第154—155页。
② 同上。

清楚:"如果能说我这点心血没有白费的话,我只在这门学科的建设中做了一些开路和破题的工作。我在客观和主观的种种限制下,尽力所及为研究我国城乡社会发展勾画出一些素描和草图,并跟着实际的发展不断提出一些问题,开辟一些值得研究的园地。"①也许把他在这个时期的研究称为"开路和破题"的工作更为恰当,这些开路和破题为后人的进一步研究和思考留下了丰富的素材,奠定了坚实的基础。历史发展到今天,费孝通的城镇化思想对于当前我们思考新型城镇化依然具有重要的参考价值。一是在探索城镇化问题上他将自己的效益观称为"社会经济观",以区别于单纯追求经济效益的经济观。二是费孝通关于中国发展观点的思想主线最终延伸到人类的意义和目的上——"要记住人类本身的意义和最后的目的"。这些都是非常有价值的探索。

党的十八届三中全会通过的《中共中央关于全面深化改革若干重大问题的决定》,对健全城乡发展一体化体制机制作出了重要部署,提出必须健全体制机制,形成以工促农、以城带乡、工农互惠、城乡一体的新型工农城乡关系,让广大农民平等参与现代化进程、共同分享现代化成果。这将大大推进我国的城镇发展的进程。随着有关具体措施的颁布实施,一系列涉及我国城镇发展的根本性问题,诸如农村和农民发展、土地制度、户籍制度、流动人口等都会逐步得到稳妥的解决。尽管中央明确提出新型城镇化战略,但在发展大城市还是小城镇问题上,人们的争论似乎还在继续。

推进新型城镇化,要坚决避免传统发展城市的思路,认为通过建设一些大的项目,例如新的体育设施、轻轨系统、会议中心或者住宅项目,就可以引导城市走向辉煌。新开发项目可以暂时给城市涂上一层亮色,但是无法解决其深层次的问题。因此,需要认真研究政府开支如何造福人民,这是国民经济成长新阶段的一项核心任务。事实上,过去几十年,尤其是最近十几年,以GDP政绩考核为核心的干部评价标准引导各地把过多的资源投入到了住宅和基础设施建设,导致城市和区域发展缺乏创新和活力,实际上城市的真正活力来自于源源不断流入的人口。要毫不动摇地实施流动人口市民

---

① 费孝通:《四年思路回顾(后记)》,载《行行重行行——乡镇发展论述》,宁夏人民出版社1992年版。

化政策，在实现基本公共服务均等化的前提下，不断加快旧城镇改造和新城镇建设，发展产业，创造就业，使城镇居民的生产环境、生活环境、生态质量都大大改善，社区建设进一步加快，真正建设出实现人的全面发展所需要的物质、文化和社会环境，使各类城镇成为充满活力的人类居住点和社会共同体。

第五部分

社会怎样治理？

创新社会治理　激发社会发展活力

党的十八届三中全会提出，创新社会治理，必须着眼于维护最广大人民根本利益，最大限度增加和谐因素，增强社会发展活力，提高社会治理水平，维护国家安全，确保人民安居乐业、社会安定有序。要改进社会治理方式，激发社会组织活力，创新有效预防和化解社会矛盾体制，健全公共安全体系。这昭示着中国的治理模式正在发生深刻变化。

一、从社会管理到社会治理：治理理念的高度升华

党的十八届三中全会，把以往的社会管理提升为社会治理，反映了我们党的治理理念的高度提升。就世界范围而言，治理一词出现于20世纪90年代，并广泛应用于各个领域，不仅包括组织治理，也拓展到问题治理，不仅拓展到地方和国内问题的治理，还拓展到全球问题治理。从各国经验看，治理是一门驾驭和引导社会和组织的艺术。治理是决定权力如何运用、决策如何做出、居民或利益相关者如何参与的结构之间、过程之间以及传统之间的互动。治理不仅决定走向哪里，而且也决定谁应当参与决策和以什么样的资格参与。在国际上，对于加拿大的经验研究表明，公共对话与

政府的信任度之间有明显关系,公共参与可以提高政府的信任度;对于意大利的研究发现,公共对话能够提高经济运作效率。

社会治理是指一种导向公共理想的社会和经济效果的治理模式。人们逐渐认识到,制度结构或关系——不只是政府内部的制度结构和关系,还包括社会部门的结构和关系——对决策产出具有重要影响。人们越来越认识到,政府对于公共事务的影响只是众多因素中的一个因素,事情越复杂,政府的局限性越明显。与此同时,越来越多的人开始相信,公共关心的重要问题,包括环境问题、信息和通信技术发展问题非常复杂,以至于不能仅仅依赖政府单独决策。关于这样的例子可以列举很多,恐怖主义的威胁、核武器扩散、大规模杀伤性武器扩散、局部战争已经不是一个主权国家可以控制的,必须在全球范围内展开合作。能源合理开发利用、生态保护必须由南北世界共同协商,未来可能发生的情况是发展中国家的赶超模式与发达国家的高消费模式产生严重冲突,要么发生战争,要么人类在过度利用资源和生态恶化中走向终结。想要持续发展的人类亟须一个全球的社会治理机制——发达国家与发展中国家、穷人与富人共同商量人类的未来。

党的十八届三中全会将社会管理发展为社会治理,适应了我国新时期的新特点,以及人民群众在新时期的新期待。在经济转轨、社会转型的过程中,由于政府、市场和社会的关系没有彻底厘清,政府越位、缺位和不到位,教育、医疗卫生产业化导致人民群众基本的公共服务得不到保障,不能公平分享改革发展的成果,尤其是个别官员腐败和官僚主义,导致广大民众没有得到公平的分享;干群关系紧张,甚至在很多方面极大地伤害了群众的感情,对于党和政府倡导的很多事情缺乏参与的热情和活力,对于关系国家发展、民族存亡的重大问题,许多人在很多时候麻木不仁、袖手旁观。实现中华民族伟大复兴的中国梦,如果失去人民群众的关心和参与,注定很难成功。因此,如何激发人民群众的热情和活力,是当前和今后一个时期必须直面的问题之一。最有效的办法是:真正"把人民的利益放在第一位",尽可能减少权力对市场运行的干预,在完善产品市场和要素市场的基础上,创造发展机会的公平均等,鼓励人民创业和就业,鼓励公众管理自己的公共事务,最大限度地调动各阶层民众的积极性。

公平公正问题长期困扰我国居民,渗透到社会的各个领域、各个层面,表现在行为和心态上,时而通过一些突发事件表现出来,它导源于政策、法规、机会、公共资源、生存发展环境诸多方面,如何构建一个公平公正的社会环境,实属人民最大期待。改革开放三十多年来,我国经济增长、社会进步,国家总体发展取得了举世瞩目的成就,人民群众的物质生活水平得到极大改善。但是,我们也必须清醒地认识到,老百姓对社会中的不公平、不公正现象仍心存疑虑,各种极端行为时有发生,各种社会矛盾和问题不断出现,尤其由于利益格局不合理引发的过激反应日趋凸现,诸如土地征用、房屋拆迁、医患冲突、环境事件,经常成为人们关注的新闻热点和焦点。这些都需要深入改革以收入分配体制为核心的整个利益格局。利益格局调整是当前社会体制改革乃至整个全面改革的核心,改革难度之大,问题之多,矛盾之复杂,涉及人群和部门之广泛,实属空前,对此需要有充分的心理准备和足够的应对措施。

二、提高社会治理水平,依赖于新的治理模式

要实现社会治理创新,必须充分发挥人民群众的首创精神,最大限度调动各方面积极性,不断释放全社会的创造能量,努力提高社会治理水平。

过去三十多年的发展中,中国社会的治理和体制结构一直在不断变化,主要表现在:法治在替代人治;立法与执法分离;部门之间的壁垒在打破;分权使地方领导获得更多的权力;公众越来越多地参与立法、执法和政策制定。

提升社会治理水平要鼓励社会各个方面参与社会事务和公共事务。在全球进入新的发展时期,各种挑战层出不穷,严峻危机时有发生的形势下,探索新的社会治理模式,避免社会治理危机或通过社会治理避免危机,保持经济社会协调发展,已经成为世界各国政治家、企业家和非营利部门领导人共同面临的课题。从传统的社会管理走向社会治理,通过社会治理提高组织效率,避免组织危机,保持组织、国家和社会的健康、持续和全面发展已经成为当代的基本趋势。

提升社会治理水平,要不断完善决策模式。在一个日益复杂的世界如何决策?如何引导社会沿着正确的方向前进,避免曲折,避免危机?这需要新的社会治理模式。治理是关于政府与其他社会组织的互动以及它们如何联结居民的活动。社会治理是指一系列的价值、政策和制度,通过这些,一个社会可以来管理它的经济、政治和社会进程。社会治理是一个国家开发经济和社会资源过程中实施管理的方式,它同时也是制定和实施决策的过程。社会治理还被界定为限制或激励个人和组织的规则、制度和实践的框架。所以,治理不仅仅局限于政府,也包括多元角色的互动。

在古代的雅典,市民聚集于市场处理公共事务,政府只是处理这些事务的一个过程,并不独立于市民之外。但是,今天很少有人认为政府是一个过程,事实上,它作为一种制度模式已经成为社会的角色之一。政府被认为是独立的实体,不仅是因为它成为一种制度形式,也因为它是作为某一群体的代表。为了正确理解社会治理,首先要意识到重视公众利益并不意味着要约束政府。但是政府应当与其他角色包括媒体、社会组织、企业组织分享共同利益,有时要在公共问题上保持一致。

提升社会治理水平,应当根据自己的实际探索中国特色的社会治理模式。例如,在美国,1935年,罗斯福建立美国社会保障体系是对美国传统的社会福利制度的改革。里根在20世纪80年代对政府公共服务的改革是对传统的福利国家体制的改革。克林顿和戈尔在政府管理中实行绩效评估是对传统政府治理模式的改革。20世纪初期,小布什对社会保障体制的改革是针对自罗斯福以来,美国社会经济环境发生巨大变化导致原有的社会保障制度难以适应现实需要而进行的政策调整。在英国,撒切尔、梅杰等实施以市场为导向、以经济效率为目标的改革,率先在公共部门引入竞争机制,这种以自由主义和市场化为导向的改革,将传统意义上的"国家照顾"转变为"社区照顾",减轻了国家的负担,拓展了公共服务的内容和公共服务的供给方式。2010年,英国现任首相卡梅伦执政后进一步改进公共服务体制机制,发挥社区和社会组织的作用。我们还可以欧洲模式为例,在背后支撑这个模式的是一系列的制度措施,包括政府的干预、税收政策、健全的福利和社会保障、限制或阻止经济不平等和社会不公正、政府与工会和其他社会组织之间的合作。因此,改革创新社会体制,需要有充分的理论自信、道路自信、制度自信。

新社会治理要努力适应世界范围内的产业革命和产业升级这一新的形势,努力实现与时代同发展。第三次工业革命正在全球范围内蓬勃兴起,美国、欧洲以各种各样的方式迎接这场革命。中国如何面对这样的形势?当然需要改革,包括社会体制改革。杰里米·里夫金的《第三次工业革命》的出版在世界范围内引起了不小反响。《经济学人》评论道,人类已经进入第三次工业革命。《第三次工业革命》的过人之处就在于它不仅仅就经济来谈经济,而是把适应新经济模式所需要的社会发展模式也给描绘了出来。在里夫金看来,第三次工业革命本身就已经包含了正在全球蓬勃发展的社会企业家精神、法人意识和合作精神。这些非经济要素与经济要素密切结合,将治理20世纪经济社会发展中形成的种种弊端,尤其是即将打破营利组织和非营利组织各走各的阳关道、营利组织过于强势以至于使非营利组织步履维艰的局面。社会创新与新产业革命将结伴而来。目前,全球范围内的社会发展正处在一个新的探索阶段,主要在两个方面酝酿突破。其一是针对社会问题,通过各种途径和平台,在交流和碰撞中形成新的理念和方法,参加交流和碰撞的各方包括非营利组织、企业、政府、专家学者、职业服务供给商、创效评估人员等。其二是在传统的金融体制内,植入社会和环境效果评价,引导私人资本进入社会和环境领域,产生了诸如社会创效证券、小额贷款、小额保险等新的金融产品和组织形式。这些创新活动依赖于社会体制改革,所以,社会体制改革与社会体制创新是不可分割的,当前,必须把改革与创新有机结合起来。目前,世界范围内都在讨论第三次产业革命,新的产业革命以信息技术和新能源为核心,要求经济体制、社会体制、文化观念和行政治理模式的变革,换句话说,需要更加深层次的改革。

提升社会治理水平,就是要不断提升社会组织的自我管理。目前社会组织正在蓬勃兴起,其自身的治理问题也已经被提到议事日程上来。从社会组织的治理结构也大致可以看出其他部门需要什么样的治理模式——需要如何构建它们的内部结构和外部关系。社会组织治理的意义在于:社会组织的财富归公共所有;社会组织的权力不是归捐赠者、政府官员或专业管理者所有,而是归那些来自不同背景的志愿者领导人组成的理事会所有。这些年来,一些慈善组织引发的媒体舆论,多与它们的内部治理有关。

三、改进社会治理方式,必须充分激发社会活力

充分调动各方面的积极性,改进社会治理方式,不断满足人民群众日益提高的对公平正义的要求,进一步完善相关法律法规,强化司法公正,使法律成为社会公平正义、各类社会主体参与社会事务和公共事务、市场主体参与市场竞争的坚强后盾。改革要取得成功,必须得到人民群众的支持和理解,而要得到人民群众的支持和理解,必须坚持公平正义的价值理念。面对新一轮的改革,人民群众希望知道改革的价值理念是什么。经过三十多年的改革发展,人民群众希望看到的是富有成效、公平正义、政治清明的改革,这正是给他们带来实惠的改革。党的十八届三中全会把维护公平正义摆在重要位置,进一步深化改革,就是要通过反腐败,缩小城乡差距、地区差距、群体之间的差距,完善土地制度、户籍制度,使全体人民能够自由迁徙,安居乐业。

最大限度激发社会发展活力,必须明晰政府与社会的关系、政府与社会各自的责任。政府要完善法律法规和通过制度安排更好地保障人民群众各方面权益,让全体人民依法平等享有权利和履行义务,使各种社会活动、居民的公共参与在法律和秩序的框架内进行;社会要通过居民的参与来解决发展中出现的矛盾和问题,建立起和谐的人际关系,形成秩序与活力统一的社会环境和氛围。

要敢于以极大的政治勇气和政治智慧解决人民群众在社会领域中遇到的各种切身利益问题,以及感触最深、反映最强烈的问题。敢于碰社会领域中的硬骨头。一是努力消除传统社会和文化中长期积淀的、阻碍国家现代化的障碍。在现实社会中,官本位和泛行政化趋势是亟须改革的一个领域。官本位和泛行政化的触角已经遍及教育、科学研究、文化艺术,甚至居民生活等领域,它使等级制度和等级观念侵蚀社会的公共生活,破坏了社会和谐和公共参与的基本价值——平等和公正,挫伤了社会成员的积极性和创造

性。二是合理的利益格局和公平的价值基础是社会充满创造力的源泉。尤其是要完善企业权益保护机制,着力解决劳动力供给结构不合理及熟练技术工人、高管人员和科研人员难找等问题。《劳动合同法》中的部分规定过度保护员工权利,造成部分不符合企业要求的员工难以退出,束缚企业用工,要全面权衡员工权利和企业权利。进一步完善居民参与公共生活的决策机制。历史由人民群众创造,发展必须依靠人民,改革的动力归根结底来自人民。改善居民生活需要居民自我决策,经济水平不断提高,人民群众的生活质量不断提升,对民主决策和自我治理的诉求就会越来越多,建立和完善社会治理体制机制要求改革和完善社会管理体制。与改革开放初期比较,当下的改革面临的矛盾更多、更加复杂,尤其是涉及收入分配制度改革、利益格局调整,以及人民群众对于公平正义的更高期待等一系列问题,必须依靠人民群众的力量和人民群众的参与。在一个国家社会结构单一的时候,决策者可以像指挥军队一样引领社会前进。当利益格局复杂、社会诉求多元以后,未来的前途在何方就变得不够明确。可以把更多的决策交给社会去博弈,交给社会组织去负责。三是及早反思过去在借鉴国际经验中形成的与现实不符的措施。现实中借鉴于西方和其他国家的经验,而现在又被西方国家视为发展阻力的问题,需要我们提早注意,加快改革。这实际上是在回答我们在哪里的问题。例如,福利制度,我们在建设社会保障和社会救助制度的过程中,借鉴了发达国家的经验,但是,发达国家在过去几十年实践中由于初始条件发生变化,社会福利制度的诸多问题暴露出来,类似不公平和不可持续,这些也影响到我国的社会保障和社会福利体制。西方国家正在改革自己的社会福利制度,中国当前也要及早考虑这些问题。四是要敢于承认过去在实践过程中由于认识的局限性造成的阻碍当前工作的因素。曾经在一个发展阶段上,我们认为市场是配置资源的唯一手段,忽视了政府和社会的角色,在教育、卫生等领域实行产业化,结果导致了人民群众看病难、上学难等一系列非常直接和现实的问题,进一步的改革就是要恢复基本教育和公共卫生与基本医疗的公益性质。再如贫富差距,有人将其视为改革的结果,其实这个问题很复杂,是一个世界性问题,需要更加深入的研究。五是要敢于面对发展带来的新问题和人民群众在发展中形成的新期待,变革现行的体制机制,以适应这些发展变化和新期待。不能简单认为中国以往的改革仅仅是把容易改革的改掉了,剩下的都是最顽固和最难改的部分了。这样认识改革过于简单,我们承认关键领域和重点环节的改革需要进一步加快推进。但是,新情况、新问题、新挑战要求不断改革,发展永无止境,改革创新也永无止境。

夯实社会治理的社会基础

如何实现更加有效的社会治理？"用提升公共治理水平的方法代替强制性规则可以使公共机关在政策制定方面更好地与众多行为者（公民社会、社会伙伴）互动，从而可以照顾到各方利益，减少改革的阻力。"①在西部某市，面对产权制度改革、土地流转、土地综合整治、公共服务资金使用、房屋拆迁等一系列复杂的利益问题，某县一改过去靠传统的"村两委说了算"的做法，做到"民事民定、民事民管、民事民监"。一些村庄实行集中居住，住房的选址、建筑、分配等都由村议事会决策，在短短的时间里，就顺利完成了546户住房集中居住工作。某县一乡镇"团结新春"农民集中居住区建设中，通过议事大会，采取"两次抓阄方式"，前后仅用两天时间，就顺利完成了788户住房分配任务。这些在过去的社会管理中被视为复杂棘手的问题，就如此简单地解决了。

地方政府在社会治理中创造了一些值得推崇的做法和经验，其中我们经常倡导的"寓管理于服务之中"就在地方践行了。西部某市对公共服务实行分类管理，政府提供财政支持，把与居民日常生活直接相关的公共服务授权给居民自己管理。市、县两级财政每年划拨给每个村（社区）的专项资金不少于20万元，同时，村级自

---

① 余南平：《欧洲社会模式》，华东师范大学出版社2009年版，第56页。

治组织可以一次性以不超过资金7倍的额度,向市小城镇投资有限公司融资贷款,用于民主决策议定的、群众急需的公共服务设施建设。村级公共服务的资金刚刚拨付给农民时,曾引起很大震动,如何使用这笔钱,人们的意见很不一致。有人主张分掉,有人主张偿还村上的债务,也有人主张作为干部的补贴。总之,每个村民都有自己的想法。最终谁说了算?如果按常规,村干部们说了算,群众肯定有想法。面对这样的局面,一些德高望重的村民参与决策,后来政府有关部门发现效果不错,就逐步将其制度化,建立了村民议事会。某乡镇针对村民授权事项和重大事项,均采用"四议、三公开、两监督"的议事程序。"四议",即群众提议、群众商议、群众审议、群众决议。"三公开",即议题公开、议决事项公开、议决事项执行情况公开。"两监督",即党员群众全程监督、村民议事会全程监督。再者,因势利导将社会管理模式逐渐延伸到利益关系协调和发展问题上。在土地确权、土地整合治理、公共服务资金使用、房屋拆迁、住房分配、道路建设、水利设施、集中居住、产业发展等涉及村民切身利益的项目上,让村民全程参与、全程监督,保证了项目的顺利实施。通过公共服务供给把农民组织起来,我看到了"寓管理于服务之中"的意义与价值,如同赫伯特·西蒙所说:"在现实生活中经济学的最大不足是在决策系统中对组织的忽视,这也是其运用于政治科学的不足之处,在决策系统中组织对社会的运作如同市场一样重要。"[①]在讲社会管理格局时,人们一直强调社会协同,社会协同的基础是社会组织,各类社会组织,尤其是我们通常意义上讲的基层组织和社会团体、民办非企业单位等,都十分重要,如何发挥它们的作用,还真要好好地动脑筋。

面对这样一个"整套"的社会治理模式,思考我国现阶段的社会治理问题,可能需要进一步探索和研究下列问题。首先,基层政府职能定位有待进一步明确,干部工作方式有待进一步改进。一是行政职能延伸到了村,就提出了政府职能下沉与村民自治如何有机结合的问题。二是部分村干部对新出现的基层治理模式不习惯,认为政府提供的公共服务资金使用都要交给村组议事会讨论决策,程序复杂,有时一个项目要开几十次会才能通过,村

[①] 〔美〕詹姆斯·艾尔特等:《竞争与合作——与诺贝尔经济学家谈经济学和政治学》,万鹏飞等译,北京大学出版社2011年版,第131页。

干部，甚至乡镇干部感到耗时、压力大，有的村甚至不愿要这笔钱。三是部分村民对新出现的治理模式也不习惯。农村议事会刚建立时，成员们的积极性很高，感觉自己受到了尊敬。时间长了，会议多了，耽误了工作，影响了挣钱，有人就不愿意干了，甚至提出支付误工费、补贴等，或者干脆不参加了。可见，社会治理、民主参与也是需要条件的，这涉及个人生活水平、稳定的收入、社会责任感等。

其次，城市社区如何实现社会治理还需要寻找突破口。例如，C市在调整农村利益关系的过程中，找到了通过公众关注的土地、村级公共财产等切身利益问题引导农民参与社会治理的办法，而在城市中如何引导城镇居民参与公共事务，这还需要进一步破题。一是政府行政管理与基层群众自治的有效衔接和良性互动机制还没有完全形成，政府的部分社会管理和公共服务职能还没有实现与社区民主自治功能的有机联系和融合。有的社区居委会工作人员仍然习惯于被动接受上级部署的工作任务。二是社区组织各方关系（居委会、物业、业委会）尚未理顺，职能交叉。凡涉及利益较大的领域和事务就容易出现多头管理的现象；凡涉及利益较小的领域和事务就容易出现无人管理的现象；组织之间相互掣肘也时有发生。社区中居委会、物业公司、业主委员会各方关系含混不清，时常产生一些矛盾冲突。

再次，宏观社会体制改革和设计滞后制约着微观社会治理。例如，C市在推进社会管理创新过程中，就遇到了一系列全局性、体制性、地方政府难以解决的问题。地方的实践表明，在个别地区进行一些形式性的社会管理创新是不难的，难的是制度创新，这就涉及全局性的问题，或者可以说就是顶层设计问题，包括编制、财力、人事、政府职能定位等。这类问题不仅存在于C市。目前全国社会建设蓬勃开展，轰轰烈烈，但是介入或管理社会的部门在各地大不一样，有政法、民政、宣传、组织、发展改革等，也有的地区专门建立了社会建设部门，中央和基层都没有相应的机构，有点"上不着天，下不着地"，不利于进一步推动社会建设和社会管理创新。另外，农村社会组织不完善，内生的社会组织和外来的社会组织缺乏发育。

当前我国转型的压力不会简单地随着经济增长或民生条件改善而消逝，要消除这种压力，还必须提高公民自身的治理能力和水平。"我们相信所有的社会改革涉及的主题依然是看似矛盾的'效率与公平'的争论,甚至是比较固化的欧洲社会模式基础上进行的变革,其本身更需要政治智慧和改革认同!"①

首先,创新社会管理,必须始终把理念创新放在重要位置。一是新形势下,"加强和创新社会管理"应当包括政府如何进行自身社会管理职能的改革和创新。二是创新社会管理,必须正确处理权力与责任的关系、利益与风险的关系。在社会领域,更大的权力意味着更大的责任,在涉及利益等领域,权力越大,责任越大;社会管理主体的利益越大,风险就越大。只有实行多元治理,才能减轻责任,分散风险。三是政府要全心全意地提供公共服务,这是政府的根本职责。政府要部分地承担社会管理的责任,所谓部分承担就是说,社会管理的另外一部分责任实际上是需要居民自己负责,也就是社会治理。

其次,既要尊重群众首创精神,又要善于引导和教育群众。一是社会管理创新需要政府善于发现群众中的好做法。一线同志面对新问题、新形势会有许多新思路和新点子,应加以总结,形成制度性的东西,并在实践中加以完善。要相信群众有能力建立一个适合现阶段经济社会发展特点的社会治理机制。二是关键问题还是在于教育群众。群众参与社会治理的时间不长,缺乏经验,参与公共事务的能力和水平也有限,如何提高居民参与公共事务的积极性、提高他们的参与能力和决策能力就成为新的问题。农村是一个人情社会,宗族依然会发生作用,让居民站在集体利益和大局考虑问题也还需要一个过程。三是发挥乡规民约在基层社会治理中的重要作用。把制度设计与文化建设有机结合起来。例如,某村建立文化大院,村民们每天晚上都到文化大院参加各种活动,通过参与文化活动增进了学习热情,加强了交流,形成了社区网络,进一步促进了社会治理。

再次,加强基层政府和组织自身改革建设,不断提高基层政府和组织的管理水平。一是从政府为民做主,到政府代民做主,进一步到居民自己当家做主,是一个历史性转变。新形势下,基层党组织要从具体村务中解放出

---

① 余南平:《欧洲社会模式》,华东师范大学出版社 2009 年版,第 66 页。

来，重点做好联系群众、引导民心、改进民生、推动村民参与的工作，提高居民的议事能力。二是不断改善基层干部的领导方式。过去基层干部是按照上级党委和政府的要求工作，现在要按群众的要求，这就要求改变工作方法，进行工作方式的创新。尤其是，基层党组织如何把握大局，让群众了解政策、执行政策，与党的大政方针保持一致，这都是新形势下的新问题。缺乏统一领导和协调当然是不行的，"如果缺乏一个统一的实施者的话，每一个人都有一些动机偏离上述合作形式而采取另外的行为方式——例如不遵守合约、偷窃、拒不纳税等。因此，作为政府得以构建的良好的社会契约将会对社会成员产生普遍的益处，并将要求在一个合适的谈判情形中达成一致同意"①。

最后，着力搞好社会体制顶层设计，为基层社会治理创造良好宏观环境。一是要进一步完善社会组织的管理体制，放开工商和公益类组织的登记注册。要建立社区组织和各类社会组织参与公共服务的激励机制和社会认同方式，激发它们的积极性和创造性。二是从顶层考虑全国的社会管理体制设计。

通过社会治理来减轻基层政府的维稳压力。在社会矛盾增多，特别是社会冲突时常发生的情况下，应该特别注重通过社会治理来实现社会有序，比如要采取有效措施限制高收入阶层财富的过度扩张，进一步提高中等收入阶层的收入水平和消费能力，确保低收入群体生活得更有尊严；在提高社会服务质量和水平的同时，实现居民的需求与服务供给的有机对接，实现公民权利与社会服务供给的有机统一。只有这样，才能走出依靠增加政府责任来维持秩序、社会管理的经济社会成本不断增大的怪圈。

解决社会问题要发挥公民社会自身的作用。公民社会是特定的制度结果，也是公民教育和公民文化培育的过程，它通过人的自治能力锻炼、自治纽带形成，增进个人责任、公民意识、社会自主性，使社会治理制度成为可能。例如，C市基层公共服务体系建设和社会治理的实践表明，公民社会的发生已经显示出社会需求、公共资源、社会治理之间衔接的可能性和可行

---

① 〔美〕詹姆斯·艾尔特等:《竞争与合作——与诺贝尔经济学家谈经济学和政治学》，万鹏飞等译，北京大学出版社2011年版，第156页。

性。当然,它还需要不断历练,各级政府应创造条件使其不断发展,逐步完善。在这个问题上还需要进一步解放思想,就像在过去三十多年间不断探索社会主义市场经济体制一样,在今后一个时期,要不断探索社会治理模式。

从各地情况看,目前基层处理社会问题主要基于两种逻辑。一是传统的治理模式,即由治理者和被治理者两部分人组成,治理者作为公共事务的决策者,指导、协调、管理社会生活,在这种情况下,政府面临着巨大的管理压力和治理成本。二是正在形成的治理模式。例如在上述这些地区,公共生活是公民共同的事务,人们在基层党组织的领导下,通过居民协商,制定一定的规则,共同决策,共同治理,党组织始终把握大方向。这些地区正在经历社会治理的形成过程。公民社会的最终责任主体是公民个人,每个公民为自己负责,也为社会负责,从而形成以村民自治与社区自治为基础的社会治理。在这条道路上,中国还处在起步和探索阶段,从基层着手建设社会,各地迈出了不同的步伐,应当鼓励、支持、引导、提升,从中找出中国社会管理的新路子。

完善社会治理,需要进一步创造三个基本条件:一是公民文化素质和社会责任的培育,它是社会价值的基础,它的培育需要一个较经济发展更长的历程,甚至可能不是一代人能够完成的,但必须从现在做起;二是完善法治和政策环境,它是公民社会治理的规则基础,这些在现阶段我们是可以做到的;三是个人权利保障,它是公民社会的理性基础,这还需要一个过程,它也需要每个人有足够的经济能力和参与公共事务的能力,以便能够承担起个人对社会的责任。

历史和经验告诉我们,有效的社会治理模式必须兼顾经济发展与社会凝聚力,并把公众参与作为首要的治理手段。中国的基层和地方政府面对纷繁复杂的经济社会问题,有的走出了自己的发展道路,证明有效的社会治理离不开坚实的社会基础。打造社会治理的社会基础,乃是我们提高社会管理水平工作的下一步。不管是否相信,这一步还是要走的。

让大数据成为提升社会治理水平的推手

一、技术使社会治理创新成为可能

  大数据是指对海量数据进行分析并从中获得所需要的结论和解决问题的思路的方式方法，通过这些方式方法可以让居民受益，使政府工作得以开展，给企业更大空间参与、互动和创新，改变整个社会的生活和个体的工作及其固有的空间。在这方面各地已经进行了多方尝试。

  例如，辽宁省纪委创办了"民心网"，来"倾听民声、实现民意、服务民众"，格外醒目。民心网24小时受理居民举报投诉，并开通96515电话热线和手机短信平台，畅通居民诉求渠道。同时，建立了承办人与专家队伍，对诉求信息进行甄别研判，实现对居民诉求信息的职业化处理。通过杂志、手机报、电视台等媒体，及时通报居民诉求热点和办理结果，确保"问题清楚、责任清楚、效果清楚"。

  民心网的实践告诉我们，除了一般意义上的所谓"民主"讨论，民生问题可以跨越数字鸿沟、匿名问题，来强化政府与民众、民众与民众之间的交流，而不是取代他们之间面对面的交流。互联网完全可以在技术上加强面对面的交流，而不是造成人们时空上的隔离。技术使得更好的决策成为可能，更经济、更迅速、更准确的数据采集和分析对于决策的有效性起关键作用。这里，最关键的是数据的隐私保护，必须逐步建立起高标准的数据保护体系，以防止未授权的访问和数据采集。未来，社会化媒体的数据采集和分析将成为大数据在社会治理中的关键。

第九届中国(北京)国际园林博览会(以下简称北京园博会)是目前国内水平最高的园林行业国际性盛会，也是北京继2008年奥运会之后举办的又一次国家级、国际性大型活动。如同2008年北京奥运会一样，北京园博会也使用了大量志愿者。北京园博会由北京市丰台团区委组织实施。在社会动员方面的特色是，从志愿者需求出发，通过信息化选岗排班、时尚化文化类标识激励动员，建立了"社会化动员为主、组织化动员为辅"的社会动员模式。

通过民心网和北京园博会网络平台，似乎看到了大数据时代"数字公民"的脚步离我们越来越近。我们已经步入互联网变革和社会治理创新的关键时刻。大数据已经可以对影响社会秩序和形成社会问题的因素进行评估和分析。一方面，社会研究领域，包括社会政策制定领域，要能够积极迎接大数据形势下的冲击；另一方面，还要积极应对，学会大数据思维和分析方法。平台和网站的使用会改变人们收集观点、评论、舆情的方式，这一改变不仅会发生在私人领域，也会发生在公共领域。通过收集并存储数据可以进行某种方式的访问，这在人类历史上是未曾有过的，也是人们缺乏认识或者没有认识到的，但是已经在现实的生活中存在并发挥着作用。

二、抓住虚拟世界中的现实问题

人们把互联网视作一个虚拟世界，这主要是基于人与人之间面对面的交往关系来理解的。从实际情况看，虚拟世界充满了真实的问题，因此，不宜把互联网过于虚拟化。

比如，通过民心网反映上来的都是涉及百姓切身利益的现实生活问题，诸如住建、公共安全、教育、社会保障和就业、环境保护、工商和行政管理、交通、民政、卫生、物价等。令人吃惊的是，住建问题竟是居民最为关注的问题。进一步分析,在住建方面,百姓关注度最高的三类问题是,城市小区物业供暖不到位问题 13 504 件,自来水管线维修不及时问题 5229 件,物业维修服务不到位、不及时问题 3719 件。小区供暖不到位表现在供暖不达标、未按时供暖和供暖管线维修不及时;自来水方面的问题集中在水质和收费方面;物业管理多是维修服务不到位、不及时、业主委员会成立不规范、不作为等。另外,居民反映比较多的问题还有维修基金动用难、物业捆绑收费、房产证办理难等。2012 年,辽宁全省通过民心网反映的有关住建方面的问题 53 185 件,其中举报投诉 48 434 件,政策咨询 4571 件。随着民心网的知晓度不断上升,居民对全省住建系统各个部门更有信心,提出的问题逐年上升,受理量也不断增加。2009 年住建系统办理居民诉求问题 5975 件,到 2012 年已经达到 16 384 件。从地区分布看,沈阳、鞍山、大连居民诉求量居前三位。小区停车难诉求连续三年上升。2013 年民心网共收到居民反映小区停车管理方面的问题 1095 件,转给有关部门办理 448 件,其中沈阳市受理 207 件,其次为鞍山和大连。停车管理的主要问题是收费不合理、物业停车管理不到位以及停车位占用小区公用面积等。造成小区停车管理问题的主要原因是机动车数量急剧增加、管理职责不清、停车规划不合理、停车法规不健全等。

这些现实问题必须有人来处理。民心网由 180 名专职承办人组成,他们每天对诉求问题进行筛选、认领、分派。此外,辽宁全省各部门和行业联网单位还有 3000 多名兼职承办人,他们根据民心网分派的问题细化分类,认真处理。对群众关心的热点、难点问题,民心网通过《民心网内参》直接报给辽宁省主要领导。10 年来,《民心网内参》共向各级领导报送 2437 份,得到 545 位领导同志批示 1493 次。辽宁省各级党委政府、纪检监察部门通过民心网工作平台解决居民提出的问题 27.63 万件,退还不合理收费、清欠各类补偿款、赔偿居民经济损失累计约 14 亿元。16.3 万件投诉问题的办理结果被居民评为最满意"五星件",促进各级政府公益性投入 21.47 亿元。各级纪检监察部门通过民心网查处干部作风、违规违纪案件 1.01 万件,2166 人受到党政纪处分,5527 人受到批评教育、责令检查、诫勉谈话,收缴违规违纪金额 2.12 亿元。

再比如，北京园博会志愿服务平台的核心是志愿活动中的 26 万个班次和 1.3 万名志愿者之间的匹配。组织者把志愿者组账号管理分为三层，分别是志愿者网站管理员、片区管理员、高校管理员。网站管理员的职责是网站账号管理、后台维护、数据分析、信息统计等。片区管理员负责所在区域的骨干志愿者排班、人员考核、评价管理等。高校管理员负责排班选岗、任命高校负责志愿者、上岗情况监督等。

北京园博会志愿者时尚化文化类标识的特点是，凡在网站上注册的用户均可用原用户名和密码进行"小 V 蜂"App 手机客户端登录。"小 V 蜂"App 把资讯、岗亭信息、新鲜事、好友与个人中心五大功能集中于一体。"资讯"是指园博会志愿者网站的主要信息——新闻、资料、通知和园博会志愿者榜单。"岗亭"标示园博园各岗亭的具体位置，提供相关服务信息，为志愿者通过手机客户端进行便捷选岗提供条件。"新鲜事"是志愿者通过文字和图片方式即时表达志愿服务心情、畅谈服务心得体会的快捷平台。通过"个人中心"，志愿者可以完善本人信息，更全面展现自己，建立社会网络和社会联系，结交朋友。

三、通过大数据提升解决社会问题的能力

在大数据时代，如何使用技术创新提供的无限空间来提高解决社会问题的能力？这实实在在是社会治理水平的提升过程。具体说，如何利用这一前景良好的新科技来加强社会融合？如何发展这一科技来加强社会建设、社会反馈，了解社会暗示，发现社会议题和公共议题？如何利用高速、廉价的通信环境来加强我们真实社会已经淡化了的组织联系，而不是沉溺于非现实世界的"虚拟社会"的虚幻影像？这恰恰是在大数据时代完善社会治理体制机制需要考虑的。

社会化媒体，大数据，分析、优化与预测，这三种各自独立发展起来的技术创新，现在开始相互影响并产生正和效应。在这样的背景下，既要正视互联网创造的虚拟社会和虚拟社区，又要鼓励社会机构，包括政府利用互联网技术来建设社会。

一是提升政府在信息时代支持和驾驭大数据的能力。政府需要不断创新服务模式,准确把握社会需求,加快数据交流、各类平台建设,推动治理和服务流程升级换代,为互联网云计算和大数据在社会领域的应用提供资源支撑。政府还要建立规则、加强监管、科学引导,促进社会领域的大数据良性运行。通过大数据支持提高决策水平。通过解决社会治理体制碎片化问题,推动社会治理从用个案说明问题走向"用数据说话",实现社会治理从静态到动态、从简单粗放到科学决策的根本转变。要建立开放的数据开发系统。实践证明,在许多场合,群体智慧要高于个人智慧,群体猜测要比个人猜测准确。为什么?因为所有高估和低估会在平均中抵消,最终更加接近事实。这就要求,企业、政府机关、社会组织把那些可以交给社会上有兴趣的人们去开发的数据公开,让那些在大学和研究机构工作并且对数据有兴趣的学者们有机会分享这些数据和资料。可以让他们的研究结果为企业、政府机关、社会组织服务,各得其所。这就要求打破传统意义上的单位所有制,包括课题、数据、人员。只有这样,决策咨询才会取得意想不到的效果。

二是提高使用社会化媒体分析社会问题的能力。在学科分类上,计算机科学通常属于理科或工程学科,但早在1993年,美国麻省理工学院的研究就发现,计算机科学具有社会性,因为在计算机或互联网上传输的大部分字节与自然科学无关,而是有关社会交往。媒体的社会化就是例证。舆情分析可以通过微信、微博上的新闻、评论嗅到其中隐含的社会情绪,人们的喜怒哀乐。必须充分认识到,社会化媒体,包括微信、微博、网站等,已经渗透到人们生活的各个领域,开放的群体通信和群体互动已经成为社会生活的重要组成部分,单个个人平台使用者已经占我国居民的60%以上,他们在自己使用的平台上互动交流、发表评论和发布信息,非常活跃,形式多样,展现出生活的真实场景,也使人们的行为、思想、观点都表现得淋漓尽致。这些,都可以通过各个平台或网站的并联进行进一步分析,开展思想动态研究、行为方式分析、生活方式探索、发展趋势预测,乃至可以替代传统意义上的问卷调查而进行大规模的数据分析。

三是提高通过移动计算及时了解社会变动的能力。移动计算是指使用计算机的人和计算机在移动状态下的互动行为。这种移动下的人机互动,一方面导致对于移动硬件、软件、用户界面、通信设置、信息安全和数据保护的新要求，另一方面也改变了人们的交往方式和互动模式。未来，移动计算将会无处不在、无时不在，将覆盖商业领域、私人生活和社会生活领域。移动计算到处可以使用，到处可以连接。利用网络平台推动居民与居民、企业与企业、居民与政府、企业与政府、政府部门与政府部门之间的互动，就是通过网络建设创新社会互动模式。要提高搭建结构化信息构架的能力。把人们活动的数据资源——物联网、人联网结合起来，进行分析，使不同的数据结构、数据量和数据流速与不同的平台和网站关联结合起来，进行捕捉、存储、分析、整合和管理。政府和有关组织机构必须协同工作，制定行业标准，把各类社会事业和社会治理信息平台与网站对接，使各类数据能够衔接和可进行分析，为学者和政策研究者提供方便。例如，通过社会保险基金信息平台、养老服务平台、医疗服务平台、教育服务平台等平台与网站的标准化建设和对接，实现对国家基本公共服务体系建设状况的评估和分析，本身就要求有关常态化的数据、研究成果、调查数据统筹布局，以便实现云计算，实现社会治理数据的提取、整理、汇总和定期发布。当务之急是制定行业数据标准，建立部门、组织、个体之间的合作机制。

四是通过加强分析和优化提高对社会发展趋势的预测能力。"如今，预测分析的触角早已伸向社会的各个角落，无论是企业还是政府机构、无论是执法部门还是慈善组织以及医院和高校，这些社会组织都要作出数以百万计的运营决策来实施服务，而预测技术则能引领这些决策。预测技术是用来改善大规模运营效率的有效手段。"[①]作为大数据的核心，预测分析将在社会治理中发挥重要作用。随着越来越多的数据被记录和积淀，预测分析将成为社会形势和舆情预测的关键。以大数据提升社会治理能力必须首先拥有海量的社会信息，拥有能够对这些海量信息进行抓取、分析的工具以及使用这些工具的专业分析团队。总体来看，在我国的网络建设中，单个网络内部的承办人和各部门之间、各个政府部门之间、上下级之间的网站的独立作战状态还十分严重，这不利于实现大数据处理，必须实现网络内部、网络与

[①] 〔美〕埃里克·西格尔：《大数据预测》，周昕译，中信出版社2014年版，第259页。

网络之间的协同配合、信息共享,进一步从总体上优化平台与网络之间的连接。既要"自扫门前雪",也要"照顾别人田"。在更大程度上实现共同开发、互相启发、联合处理,使信息化水平进一步提升,使大数据的潜力得到更好发挥。要不断开发网络技术和软件技术,使越来越大的信息库得到处理和应用。对于从不同平台和数据资源获取的大数据,如何进行关联是关键。只有在此基础上,才能进行必要的数学模型建构,在建构模型的基础上进行预测、优化以及决定是否需要对社会行为进行必要的干预。例如,通过对社会化媒体的分析,可以发现哪些话题是人们经常讨论的、感兴趣的,也可以建立话题之间的关联,这种分析是为了更好地进行舆情分析。

五是发展足够的用户,培育互联网思维能力。没有足够用户生成优质的内容,就不会有大数据。日均活跃的用户和每天沉淀下来的海量信息是对关键信息进行提取和分析的基础。要对海量信息进行语义分析、数据分析,提取关键信息,然后进行归类、人工分析和编辑,最后以社会形势、社会舆情、社会热点问题等对策和调查报告形式出现,用于相关部门的决策参考。例如,用户对当前的房价或自己所在小区的房价及其管理进行评论,攻略引擎可以从中分析用户的区位、职业、年龄、态度等关键性信息,进而分析房地产价格变动对于人们态度的影响。用户也可以用这些攻略引擎分析出来的大数据做下一步行动决策。所以,大数据不仅提供了决策部门所需要的信息,也为用户提供了所需要的信息,这也就是人们通常所谓的互联网思维。根据不同用户的偏好,政府在社会过程中还可以调整相关政策,改进社会治理方式和公共服务供给方式,通过大数据实现"多赢",而不是通常意义上的"单赢"格局。这种格局更会激发用户参与,在参与过程中,实现用户信息的积淀。

六是实现实体化互联网与大数据结合,提升网站特定工作能力。民心网的特点就是赋予网站特定的工作职能,通过网站收集和处理信息,解决居民生活和工作中的问题。具体说,就是处理好举报投诉,做好政策咨询,进行信息评议,仔细管好每一个信息,高度重视每一位居民的意见和建议。更进一步说,就是认真分析获取信息的性质,明确信息处理的责任主体,回应好居民提出的每一诉求。通过全面联网,充分调动各方面积极性,完善大数据系统。目前，辽宁已有2586个政府部门和公共企事业单位与民心网实现联网，实行网上投诉、网上分转、网上反馈、网上公开结果，真正实现政民互动、为民办事、维护群众利益。辽宁省14个市和10个省直重点行业分平台运行，逐步形成了条块结合、运行高效的民意诉求办理反馈系统联动机制，已经具备大数据的雏形。民心网构建的"金字塔"式诉求办理模式已初见成效。第一层面是网上评议。截至目前，全省包括学校、医院、派出所、供暖企业等在内的42 863家单位已在民心网上开设评议窗口，公开接受群众的评议。52个系统、行业实现了网上评议的回复对接。第二层面是诉求办理。2012年辽宁各地区、各部门通过民心网为群众解决问题54 687件，是2011年的1.24倍。通过对民心网群众反映问题的查处，给予党政纪处分353人，促进政府公益性投入3.87亿元。第三层面是疑难问题督办。由各级纪检监察部门协调诉求责任主体解决问题，查处案件。2012年辽宁省内各地区共协调督办疑难问题75件，涉及拆迁征地、弃管楼维修、房产证办理等群众反映的难点问题。民心网作为一个政府和居民沟通的渠道，重要的是如何互动，如何在互动中解决问题，真正发挥其工作功能。民心网认为，如果公众把问题通过民心网提出来了，网络及其有关部门不去解决，或者解决不好，就会严重挫伤居民的积极性，失信于民，所以网络必须追求实际效果，通过自己的努力以及各个方面的配合，把居民提出的问题解决好，这是网络的生命所在。保持民心网的生命力，一是要瞄准居民反映的实际问题，不回避问题，而是切实解决问题；二是要积极督促有关部门解决居民提出的问题。除此之外，民心网还通过直办方式解决居民提出的问题。所谓直办，就是指民心网对居民反映的各种问题通过《民心网内参》直接传递给相关部门或单位，由相关部门或单位自行办理，将结果直接向民心网反馈，充分发挥民心网的联网优势，运用现代软件技术实现网络传输，快捷反馈。

发挥社会规范的基础性作用

完善国家治理体系、提高国家治理能力离不开每个社会成员的努力,中国有句古话,"修身、齐家、治国、平天下",讲的就是这个道理。2014年2月17日,在省部级主要领导干部学习贯彻十八届三中全会精神全面深化改革专题研讨班上,习近平总书记强调,必须适应国家现代化总进程,提高人民群众依法管理国家事务、经济社会文化事务、自身事务的能力。[①] 这里的"自身事务"既包括居民的日常生活事务,也包括居民自身的修养和行为。治理是指一系列的价值、政策和制度,通过这些,一个社会可以来管理它的经济、政治和社会进程。它是一个社会开发经济和社会资源过程中实施管理的方式。它同时也是制定和实施决策的过程。治理还被界定为限制或激励个人和组织的规则、制度和实践的框架。

一、社会规范是制度建设的重要内容

每个社会成员自觉遵循社会规范是社会秩序的基础。习近平总书记指出,推进国家治理体系和治理能力现代化,要大力培育和

[①] 《习近平:坚定制度自信不是要固步自封》,2014年2月17日,新华网,http://news.xinhuanet.com/politics/2014-02/17/c_119373758.htm。

弘扬社会主义核心价值体系和核心价值观,加快构建充分反映中国特色、民族特性、时代特征的价值体系。① 这透彻地分析了作为社会成员的个人在治理体系中的作用和个人修养在提升国家治理能力中的角色。在"修身、齐家、治国、平天下"中,修身是治国平天下的基础。而修身就是要树立正确的价值观,遵从社会规范,形成合群爱群的公德。这是一个把社会制度内化为个人内心规范的过程。合群的态度、乐群的行为是社会治理的基础。

社会规范以社会制度为基础。制度包括法律法规、风俗习惯、组织章程、政策措施、游戏规则等,一旦形成,将成为社会规范。如果人们接受了这些社会规范,就会形成社会治理或社会控制体制机制,一方面表现为个人对于社会集体行为的从众意识和一致行动,另一方面表现为个人对于权威的顺从,进而在从众和顺从中形成社会秩序和社会活力。制度是社会成员必须遵循的行为规范,为了让规范变得有意义,社会规范本身必须是社会的多数人所能接受并且了解的。制度可以分为两类。正式制度通常是通过文字建章立法,包括法律等,法律是国家强制的制度和规范,各个地区、部门的规章制度也是强制性的。非正式制度没有文字记载,多是约定俗成的,但是在人们的行为中发挥着重要作用,主要通过民德和民俗体现出来,它经过长期的教化和社会化把政府的强制的规范和社会约定俗成的规范内化为人们的行为,受社会舆论监督。民德通常是一个民族最珍视的原则,要求每个社会成员都必须遵守,违者必然受到社会舆论的谴责或严肃惩处,例如不赡养老人、虐待儿童妇女都会遭到社会的强烈反对。民俗是指导日常生活的行为规范。2014 年 2 月 12 日,中央各报都在显著位置刊登了社会主义核心价值观的基本内容:富强、民主、文明、和谐、自由、平等、公正、法治、爱国、敬业、诚信、友善。这既是国家意识,也是民族意识,更是个人的行为规范,是新时期我国社会成员行为的基本规范和准则。

---

① 《习近平:坚定制度自信不是要固步自封》,2014 年 2 月 17 日,新华网,http://news.xinhuanet.com/politics/2014-02/17/c_119373758.htm。

二、价值观是社会规范的基石

价值观是社会规范的核心。价值观是文化中共同的东西,它告诉人什么是好的、对的、合适的,也告诉人什么是坏的、错的、不合适的,它决定了人们的喜恶,也直接影响人们的行为。它可以体现在具体的行为中,也可以体现在一般的判断里,用来规范自己,判断别人。尽管文化中的某些文化价值会随着时代的变化而不断发生变化,但是大部分的价值观,特别是成就感、效率、物质享受、平等等,都会保持相对的稳定性。这也是中华民族历经千年始终保持认同的原因。当下的问题是,如何把这些核心价值内化为全民族的行为,逐步变成民德、民俗,成为全体社会成员遵循的行为规范。

把全体人民认可和认为可以接受的核心价值内化为民族的行为不是一朝一夕的事,需要几代人甚至十几代人的努力。对此,一定要有清醒认识,切不可认为通过媒体的宣传就可以树立支配人们行为的价值观。一是对于儿童要从家庭开始,从其社会化的进程初始阶段教化。在出生不久和开始具备自我的初始阶段,儿童只会模仿身旁的人的言行,特别是与他们互动亲密的人的言行,这时,父母和家庭成员的德行就显得特别重要。之后,他们参与父母的生活圈子、朋友的生活圈子,再后来他们进入学校和职场,在这些过程中,他们不断模仿别人,受到鼓励,也受到干扰,他们的人格、行为逐步被塑造出来。教育不仅要教给学生知识,更要培养学生的德行和信仰,这就要求教师首先自立、自尊。教育若没有德行和信仰,就不会成为国家的核心力量。二是当代社会化的一个显著特点是新媒体的出现,以及年轻一代在接触新媒体的过程中逐步实现社会化,形成自己的行为规范和人格。社会化是社会成员的文化塑造、学习及其生活态度养成和价值观培养、行为规范形成的过程。如何把社会主义核心价值观培养成全体社会成员的行为是一项艰巨的任务。这个过程也是国家治理体系完善的重要过程,国家治理能力提升的重要过程。三是要崇尚知识、思想和文化。知识、思想和文化复兴是伟大民族复兴的基本标准,要通过文化潜移默化为人们的生活方式,用知识引导人们的生活,以思想涵养人们的内心,使整个社会的定力得以培育。"修身"也是国家治理体系和治理能力的具体体现和基础。

三、社会规范具体体现为个体和群体的治理能力

个人的修身立人最终体现为治理能力,这个在当前对于公务人员尤为重要。治理能力包括治理主体的影响力、凝聚力等,诸如政府、企业、社会组织等的影响力,具体到领导干部身上就是能否虚心听取群众的意见,与群众打成一片,不武断专横,心胸宽阔,不唯书、不唯上,坚持真理,开放包容,任人唯贤等,以及领导干部的自我认知能力、价值观、思维模式、领导行为等,通过这些要素的转型最终提高个人的影响力和组织的影响力。在新媒体时代,领导干部如何面对这些挑战?首先需要解放思想,在这样一个时代,卓越的领导者必须具有远见卓识,与社会和群众共享持久的价值观,具有变革的勇气和胆识。"既无为一己之修,乃无为一群之政。"①"于是今人乃惟知为政有学,而不知修身之有学。乃更不知修己乃为政之本,为中国文化之大传统。"②与社会和群众共享持久的价值观,首先要修己,领导干部要努力培育自己的规范行为、健康人格和核心价值观。不能修己,何以为政?健康的人格、规范的行为、高尚的人生价值是领导干部影响力和魅力之所在,是其领导力的基础。

凝聚力主要表现在感情方面,但凝聚力又不完全归结为情感。我们可以把凝聚力界定为一种理念形态(价值观、理想、感情),它蕴藏在每一个社会成员之中,是社会成员共同的心理和精神的集中体现。在一个拥有56个民族的国家,建立强大的民族凝聚力是实现国家治理现代化的重要内容。民族凝聚力是某个民族整体对其民族成员的吸引力、这个民族的成员对民族整体的向心力以及民族成员之间的亲和力。这三种力量有机统一起来,才能形成强大的凝聚力。而民族整体吸引力处于决定地位,它决定着民族成员的向心力和民族的亲和力。文化是人类强大的黏合剂,因为交流是文化的本质,也只有交流才能培养人们的认同和社区感,促使人们产生共同的情

---

① 钱穆:《晚学盲言》下册,台湾东大图书公司1996年版,第853页。
② 同上书,第855页。

感和行为，发现共同生活、共同工作的感觉。从原初文化衍生出来的其他因素，也决不能忽视。凝聚共识，建设强大社区，需要用创新的思想和理念去思考问题，以更大的智慧去解决现实中遇到的具体问题。放宽历史的视野，增强彼此的了解，拉近心与心之间的距离。

修身立人必须从个人信仰、国家和民族意识以及个人的自信力培养开始。国家和政府在个人社会化进程中的作用日趋明显，人们越来越认识到，国家是一个重要的社会化机构，因为国家对一个人的生命历程的影响越来越大。在传统文化中，本来是由家庭承担教化功能，现在越来越让位于各种机构，比如媒体、学校、社区组织、社会组织。尤其是20世纪以后，国家机构的影响越来越大，比如政府规定孩子几岁才可以上学、开车、饮酒、参加选举、结婚、退休等，这些虽然在实际执行过程中不是那么明确，但是政府已经介入到个人的生命历程，不同程度上影响着人们的社会化过程。由国家倡导的价值观也是如此，20世纪60年代初，美国总统约翰·肯尼迪的至理名言——"不要问你的国家为你做了什么，问一问你为你的国家做了什么"激励了几代美国青年参加和平队和志愿服务。通过个人和文化教化实现的社会秩序是成本较低的社会治理，这样的治理体系建设需要时间，通常需要几代人的努力。卡斯特说："（在苏联）长期的冰封之后，最尖锐地冒出来的问题显然是认同的问题。但是把它当成是一个纯粹的种族或文化的问题，仍然是不够的。实际上，这里涉及的问题是重新寻找文化、经济和对于居住在其中的人们来说意味着某些东西（某些情况下意味着一切）的现实生活的土地。"[①]在这里，我们不必对卡斯特的所有阐述去进行分析，但他透出的信息，通过苏联的经验告诉我们，仅仅有文化因素还是不够的。

要对建设社会主义核心价值体系的艰巨性有充分的认识，毕竟我们的价值观历经几个时期，出现过不同程度的断层。教育是一项重要的社会制度，它为每个人进入社会体制中扮演角色做准备，是训练公民适应社会机制的工具。如何发挥教育在培育核心价值观中的作用？值得进一步探索。在当代，教育可以传播文化，促进社会与政治的融合，促进社会治理发挥重要作用。

---

① 〔美〕曼纽尔·卡斯特：《认同的力量》，曹荣湘译，社会科学文献出版社2006年版，第43页。

社会沟通关系社会秩序

一、理解社会沟通

通常,社会沟通是指发生在社会关系中的,两个以上的社会实体通过技术环境(电话、普通信函、电子邮件、微博、微信等)或常规环境(面对面的互动——语言的或肢体的)开展的知识、思想、感情交流。随着信息技术的进步,人们越来越把发生在开放社会的非正式沟通作为社会沟通的重要内容。这是社会沟通在新形势下的新趋势、新情况,也是我们面临的新问题、新挑战。

人们为什么需要社会沟通?马克思指出,在现实生活中,人的本质是一切社会关系的总和,人在与他人的交往中得到发展和实现自己的价值。一个人除了渴望得到财富、成功,还希望在社会和社区中得到人们的认可,得到人们的理解和了解,体现出自己的价值。个人在与他人的交往中得以交流、分享,获得心理上的满足和释放,得到精神上的慰藉和平衡。在现代社会,社会沟通是缓解精神和心理压力的重要途径。过去一两个世纪的现实是,市场经济加速,工业化进程加快,社会生活节奏变动,传统社会的社区生活似乎已不复存在。人们进行这样的社会沟通的机会太少了,人们对于这样的机会重视也不够,这也就是在经济实现快速发展后,患心理疾病的人不断增加的原因之一。这实际上是一个世界性的问题。但是,人类确确实实需要社会沟通。

沟通需要理解。我曾经在地铁上看到父子吵架的事。一家四口出门,起初全家都站着,后来父子和姥姥(或奶奶)坐上了三个腾出来的位子,大约10岁的男孩问爸爸的手机在哪儿。父亲大怒:"刚才没有座,你嚷着要坐,现在有了座,你就想玩!"孩子很厉害:"我没有你想的那么龌龊,我只是问问手机还在不在!"(可能担心丢了吧)父亲被严严实实地堵了回去。父子无语。过了一会儿,父亲教训儿子:"你坐好,看你坐没坐相。"儿子不甘示弱:"怎么了?我不是坐得挺好的嘛!"父子吵了一路。我分析,童言无忌,儿子可能真的是担心手机在地铁上被盗,问了父亲,父亲按照自己的理解教训了儿子,儿子不服,争吵起来,父亲心里有气,再在坐姿上找儿子的茬,于是就发生了这一幕。我想,若是父亲一开始心平气和地说"手机在,不用担心",也许就没有后来的舌战。或者说,父亲若是站在孩子的角度理解孩子的心态,也许不会发生这一幕。现实生活的情况往往是,我们一般会按照自己的经验、心态、知识来理解别人,用自己的经验、心态、知识来解释别人的行为,其结果常常是误解,最终造成沟通障碍,甚至发生冲突。理解,就是设身处地,人具有设身处地的能力,这是一种重要的心理特征和行为模式,只是在不同的人身上表现得不同罢了。

沟通需要沟通的愿望和友好、平和、平等的心态,这是顺利沟通的基础。沟通的愿望来自于对别人的关心和希望得到别人的关心。友好是人生的基本态度,包含了对美好社会的理想和渴望,渴望建设一个美好社会是人类自古以来孜孜以求的理想,这些体现在古代美丽的传说、小说、诗歌、绘画等艺术作品和其他文献中。平和来自从容的生活和开放包容的心态,以及对于生活的深刻理解,对于人类本性和做人准则的全面把握。平等是个人信仰和文化的积淀,它产生于对于社会地位、权力财富等的正确认识。社会学家费孝通在二十多年前就说,在实现小康之后,心和心之间的关系就变得特别重要。尽管人们的地位、财富、知识、能力不一样,但是平等对话是最基本的,这需要理性平和和谦卑的心态,在一个急速转型和身份变化巨大的社会中,尽管理性平和和谦卑并非那么容易,但也不是不能做到。

在没有根本利害冲突的情况下,社会隔阂可以通过一定方式的社会沟通来实现融合。比尔·克林顿说过:"马丁·路德·金曾经说,人们之所以相互仇恨,是因为他们相互害怕。他们之所以相互害怕,是因为他们相互不了解。他们之所以相互不了解,是因为他们相互不能交流。他们之所以相互不能交流,是因为他们相互隔离。我们经历中令人悲哀的教训是,有时我们相邻而立,却仍彼此隔离,心与心之间相距千里。如果想要建立稳固的社区,我们就必须缩短这种距离。"[1]在这段话中,克林顿把社区概念作为一个民族或者国家共同体来使用。仇恨和恐惧可以是个人内在的心理状态,也可以外化为具体行为;了解和交流是人与人之间的互动行为。改善个人的内在心理状态和外在行为需要通过人与人之间的沟通和交流,也正是在这个意义上,我们才可以理解马克思所说的人的本质是一切社会关系的总和这一科学理论。

推动沟通与融合进入社会管理或社会治理领域,而不是把社会管理仅仅局限于社会组织和基层组织的管理,对于提升当代中国社会治理水平至关重要,它意味着中国社会管理格局要从当前考虑,如何发挥企事业单位、人民团体、社会组织和基层组织的作用以及它们自身的建设,进一步延伸到人民的实际生活。人们的社会生活其实也非常简单,就是以物质生活为基础,以精神生活为目标,发生在人与人之间的交往活动。

心态问题说到底是个人修养和家庭教育问题。个人的心态培养始于个体最初的社会化进程,从家庭开始,再到学校和工作单位。一个社会从家庭开始,到机构和市场,甚至到政府治理的混乱会潜移默化地改变人们的心态,逐步导致社会内在规范的失序,包括道德沦丧,一旦出现突发事件,这类社会内在规范的失序就会显现出来。在这个意义上,贴近社会生活来实现社会秩序,是提升社会治理能力最现实不过的措施和手段了。

心灵的东西非常重要,也最容易为人们所忽视,维系一个民族、社会、社区长期发展和存在的往往是人们内心的价值积淀,也是我们在谈以人为本时很少考虑到的。社会学家费孝通早就看到了这一点:"由于文化的隔阂而

---

[1] 〔美〕比尔·克林顿:《希望与历史之间:迎接21世纪对美国的挑战》,金灿荣等译,海南出版社1997年版,第91—92页。

引起的矛盾会威胁人们的共同生存。"[①]他是从文化人类学的角度看文化的，即文化是人们的价值体制和行为模式。文化的隔阂是怎么形成的？地理、种族自然是原因。现实中的许多隔阂却是由于收入差距、社会地位差别引起的。而在公平发展的机会机制下，收入差距又是不可避免的，要消除人们之间由此产生的误解和隔阂，沟通、了解是非常重要的。在全球化和中国经济持续发展下，中华民族作为一个巨型共同体，其建设需要更加宽阔的视野、心态，尤其是在当前，面对纷繁复杂的国际局势，这种视野和心态不仅对于国家稳定具有重要意义，对于国家安全也不可或缺。

二、社会沟通在中国的历史演变

（一）传统农业社会的沟通

这是一种面对面的交流，体现为邻里之间、个人之间、群族之间的交往与沟通。这种沟通方式发生在传统社会，主要是农业社会。那个时候大家都居住在同一村落里，从事农业活动，生产方式基本相同，日出而作，日落而息，生活方式也差别不大，基本没有社会流动，是一个熟人社会。

（二）工业社会的沟通

随着生产方式发生变化，工业革命开始后，大量的农村人口离开农村进入城市，这些来自不同农村社区的人在城市就业和工作，就出现了陌生人的社会。在这样的背景下，有人提出重建社区。

（三）信息时代的社会沟通

20世纪70年代，交往方式发生了根本性变革，这是由于信息技术的广泛应用。信息技术的广泛应用推动了经济的全球化，经济全球化的进一步发展推动了全球的社会化。

微信、QQ等正在改变着人们之间的沟通方式。前不久我到南方出差，

---

① 费孝通：《人的研究在中国》，天津人民出版社1993年版，第10页。

遇到一个在信息技术领域颇有发展的成功人士讲到这样一个故事:一个孩子要过生日了,母亲提出要带她去买件衣服作为生日礼物,孩子说不需要衣服,因为同学们都穿校服,衣服平时穿不着,还是给买一个微信或QQ上的小产品吧,诸如小星之类,因为现在的同学都是利用QQ来写作业,这类小产品大家都有,是网络圈子里人们认同的标识。可见,网络改变了人们的生活方式、学习方式和认同方式。

就社会来说,在没有全球信息化之前,主权国家与主权社会是统一的。全球化条件下,情况就变得复杂起来,信息可以通过互联网、卫星电视、手机短信等把不同国家的居民联系起来。这就给一些主权国家的社会管理带来一定难度。在全球化经济下,明显感到与主权政治实体不一致的情况是,全球互联网系统下的个体分布在世界各地、不同国家,在扁平的互联网系统中他们可以形成虚拟组织,也可以单独成为主体;在扁平的互联网系统中国际非政府组织、跨国非政府组织获得巨大便利性;跨国界的卫星电视频道形成了跨国界的收视群体,也造成跨国界的文化传播、文化认同。在这种情况下,国际经济、政治、文化、军事等领域的每一波动,都会影响到国内居民。国际市场的变动会影响国内居民的消费和生产行为。

三、当前加强社会沟通需要做好的几点工作

(一) 从家庭和谐来铸造健康个人心态

社区的牢固性取决于家庭建设。家庭是社会核心价值延续、保护和发展的最基本的单位,通过父母的尽职尽责、慈爱、关心、鼓励,孩子会区分好的行为和坏的行为,会在社会生活中充满友爱、信心和希望,这些正是一个健康社区的基础,也是一个和谐社会的基础。这也是很多国家和地区把家庭与社区放在一起来讨论和审视的原因。

克林顿在谈到社区时说:"人们很容易忽略这样一个事实,即共同工作以建立共同基础是我们这个民族最重要的价值观之一。""共同工作是美国

人民最擅长的事情。"①从这里可以看到社区的一些特点:共同的目的、同一居住地、共同的归属等。美国人对社区的擅长来自美国的历史和文化,包括"五月花"号的天路客们的历史。美利坚最早的社区就是教区。在教区中,人们有着共同的信仰、共同的目的,居住在一起。无论是马克思主义经典作家的论述,还是中国思想史上的分析,以及历史事实都说明,社区共同体是人类在自然发展过程中形成的,因为作为生命个体的人类彼此相互需要。社区在本义上就是把个体联结在一起,为共同体服务,参与共同体事务,保持健康的心态。

健康的心态也来自于社会规范。人是社会的存在物,人要在社会中生活,就必须遵循社会组织为维持一定的社会秩序而建立的各种社会规范,其中社会责任感是最普遍的、最广泛的、渗透性最强的社会规范。这是人们和平共处的基本前提。真正的、高品位的生活应当包含居民毫无顾忌的交流和愉快的相处,真正高品位的生活也应当是使人们回归共同体的生活。

近年来,在创新社会管理的实践探索中,国内的一些地方,诸如北京、江苏、安徽、广东、安徽、贵州、江西、湖南、山东、浙江等地都从不同的角度对社会沟通进行了探索。2011年,北京市西城区委区政府提出运用信息化技术手段,加快推进"全响应"社会服务管理建设设想,探索社会视角下的社会各类主体在互动过程中,形成的全息、全元、全维、全联动、全反馈的社会运行状态。在此基础上,2012年初,西城区启动了"访民情、听民意、解民难"工程,领导干部带头下基层,各部门、各级领导与社区建立联系点,街道、社区全面收集民情信息,形成区、街、社区三个层面全面感知社情民意、快速处理民生问题的机制,使居民反映急迫的民生需求在第一时间得到响应。总体看来,西城区创新社会服务管理注重顶层设计,起点高,在网格化、信息化、标准化、精细化、人性化等方面形成了自己的一些思路和做法。

(二) 从社区融合来铸造健康社会生活

"成功的社区在拥有共同的目标或活动的同时,还有着共同的经历和共

---

① 〔美〕比尔·克林顿:《希望与历史之间:迎接21世纪对美国的挑战》,金灿荣等译,海南出版社1997年版,第80页。

同的信念。其成员拥有共同的思维方式和价值体系,因此他们可以相互预见并尊重彼此行为。"①社区的要素包括区位、人群、组织、共同的意识或归属感。具体说来,一是区位,其是共同体的重要因素,但不是唯一的因素。区位也可以叫作空间因素,是指社区自然环境、资源状况。社区是指人们共同居住于同一地区,在这一地区中他们共同的活动比较多,接触多,在这一地区之外,他们很少有或者没有共同活动,也没有接触,当然人们在此之外可能与其他人群形成另外的活动和接触。在这个意义上,我们说作为单个个体的人,在其现实生活中,可能会交叉处于不同的社区。二是人群,社区必定有一批不同年龄、性别、职业、教育的人居住或生活,他们在收入、信仰、地位、社会态度上也不尽相同。尤其是现代社会,政府和社会有意在规划上让不同的阶层搭配居住,以减少社区分离,促进社会融合。中国传统的社区,同一单位的人居住在同一社区,随着改革开放的深入,这种状况基本改变,现在是不同单位,甚至不同地区的人口居住在同一社区。三是组织。美国社会学家罗伯特·帕克(Robert Park)说过,"每一个社区即是一个社会"②,根据我们对社会的理解,居住在同一地区的居民必然会有若干的社会组织,这些组织可以是正式的,也可以是非正式的。四是共同的意识,也就是认同,是指居住于同一社区的人们由于相同的生态环境、共同的活动,在心理上形成的相同的归属感,大家属于同一社区,在语言上或话语上一致,可以很快彼此进行交流。人是社会的存在物,人要在社区中生活,就必须遵循社区组织为维持一定的社会秩序而建立的各种社会规范,从事类似的活动。作为个体的人之所以遵守社会规范,进行道德选择,是出于自身和社会生存与发展的需要。一个人能否得到社区和他人的认同和赞许,是人的一切利益中最基本的利益,而得到认同和赞许的关键,则在于一个人是否有美德和具有社会责任感,品德高尚的人会得到社会和他人的赞誉。人类社会要存在和发展,就必须有共同的价值目标和行为规范,并要求全体社会成员共同

---

① 〔美〕克莱尔·高蒂安妮:《繁荣社区的智慧资本》,载德鲁克基金会主编:《未来的社区》,魏青江等译,中国人民大学出版社2006年版,第62页。

② Robert E. Park & Ernest W. Burgess, *Introduction to the Science of Sociology*, Chicago, University of Chicago Press, 1921, p.161.

去维护和遵守之,这就要求人们做出正确的道德选择。社会责任感作为一种自主的选择,旨在维护社会的和谐发展,促使个人实现自我肯定、自我完善,社会责任感对于社会发展和人自身的发展具有十分重要的作用。只有每个社会成员都承担起社会责任,才能保证社会的和谐与健康发展。在社区内部也是如此。20世纪以来,社区精神一直是人们极力追求的东西,也是社区建设的灵魂。同时,它也是人们最感到困惑的。社会人类学家费孝通很重视社区精神的价值。他已经看到,"社区中的住户,彼此都很了解,发生了什么事,大家有一种责任感,要一起去解决。这种意识,在城市人的生活中,特别是在邻里关系中,是早就有的"①。对于大部分社区建设实践者来说,社区是培育社区精神和激励合作技巧的过程,它包括一群人为了共同承诺的目的和目标而具有的热情、天赋、洞察力和经验,包括相互之间的包容、相互之间的熟悉、相互之间的尊敬、对于思想和观念冲突的容忍、可信的相互沟通、成员之间为了组织的成功和健康发展相互负责,以及有理想的、一致的治理机构。

(三) 以民族和国家的凝聚力来建设共同体

二十多年前,费孝通提出了"各美其美,美人之美,美美与共,天下大同"的著名表述,就是讲文化和民族之间的沟通问题。民族之间的沟通是多民族国家维护社会秩序的重要内容。要凝聚一个民族和社会的向心力,必须建立强大的社区。民族认同是在历史发展长河中形成的维系整个民族凝聚力的一种内在力量,从历史的经验看,民族认同和民族凝聚力是民族复兴不可缺少的条件。凝聚力是基于认同。凝聚力首先表现在感情方面。但凝聚力又不完全归结为情感。我们可以把凝聚力界定为一种理念形态(价值观、理想、感情),它蕴藏在每一个社会成员之中,是社会成员共同的心理和精神的集中体现。民族凝聚力是某个民族整体对其民族成员的吸引力、这个民族的成员对民族整体的向心力以及民族成员之间的亲和力。这三种力量有机统一起来,才能形成强大的凝聚力。而民族整体吸引力处于决定地位,它

---

① 《费孝通文集》第十五卷,群言出版社2004年版,第8页。

决定着民族成员的向心力和民族的亲和力。

人类发展的历史表明，文化的复兴是民族复兴的重要标志。文化也是一个民族、一个国家、一个社会健康、稳定、协调发展的保证，也是一个民族、一个国家、一个社会立于不败之地的根本所在。中华民族的崛起离不开我们祖先留下的文化。进入新的历史时期，中华民族的发展已经不再是面对民族生存的巨大挑战，它正以重新崛起的面目立足于世界民族之林。与20世纪上半叶不同，中华民族在当前的任务已经不再是挽救民族危亡，而是促进民族复兴，在促进民族复兴的过程中，提升整个中华民族在世界民族之林中的地位，这也是当前提高民族认同和强化民族凝聚力的基础。要在提升整个中华民族地位的过程中，提升民族整体对民族成员的吸引力、民族成员对民族整体的向心力和民族成员之间的亲和力。

（四）以关注信息化时代的社会沟通来建立新的社会沟通方式

互联网已经形成了一种新的政治生态，既要谨防互联网问题引发的社会管制危机，又要充分利用新媒体化解各种社会风险。互联网是一把双刃剑，人们可以利用互联网来满足生活需求，提高便利性，创造一个新的社会环境。但是也有很多人利用互联网来传播虚假信息，带来社会混乱，造成很多社会问题。解决好这些问题需要各国政府、社会、企业的共同努力，我们将其视为未来的全球社会治理。全球社会治理已经不再是很遥远的事情，对此，我们要有足够的心理准备。

当前互联网出现了一系列过去不曾出现的新情况，需要以新的思维方式方法认真对待。例如，过去中小学生各自写作业，现在利用QQ，他们可以通过建立一个QQ群来沟通和完成作业，这就形成了一种新的交往圈子和社会关系。年长的一代如何理解这种新的方式方法非常重要，父母理解这种现象，有利于了解孩子的行为，也便于沟通；老师了解，有利于与时俱进，改进教学方式方法，提高教学水平和质量；领导干部，尤其是从事社会管理的领导干部了解，会改进管理方式方法，使社会管理的方式方法更有针对性，更加贴近实际，达到维护社会秩序、激发社会活力的目标。

在当前，面对互联网迅速发展带来的各种新现象，要解放思想，首先要跳出简单的"管理"的思考问题和处理问题的模式，认真考虑如何利用互联网与社会沟通，进而采取各种方式方法进行引导。这样，我们的工作才能适应新的历史条件出现的新情况、新问题。

（五）领导干部要学会和敢于与群众沟通

当前，各级领导干部要把社会沟通作为创新社会管理的重要手段和联系群众的重要方法，也要作为坚持群众路线、密切联系群众的重要修养。首先，要敢于与群众接触、交流，对于群众提出的问题，能够解决的要努力解决，解决不了的要耐心向群众说明情况，赢得群众的谅解，凡是涉及法律法规的问题坚决依法处理，只有这样才会赢得群众的理解、信任和支持，才能不断提升自己和党组织的威信，才会永远处于不败之地。毛主席说要相信群众和依靠群众。新民主主义时期，我们党依靠群众，夺取了全国的胜利，建立了中华人民共和国；社会主义革命时期，我们什么时候坚持了群众路线，我们的事业就不断前进，什么时候脱离了群众路线，我们的事业就遭受挫折，甚至失败。

创新社会动员方式

志愿精神与北京精神一脉相承。历史上,北京人就有着助人为乐、乐善好施的优秀传统。改革开放以来,各类志愿服务活动和组织在北京萌发、诞生、发展,并与国际上进入中国的志愿服务活动不断交汇融合,共同发展进步。2008年,北京奥运志愿者成为史上一届"无与伦比"的奥运会上的亮丽风景线,大大推动了北京志愿服务的发展,也在国内外产生了巨大影响。从全国来看,北京与上海、广东的志愿组织完善、志愿服务发达、志愿人员活跃,尤其是北京,正以其得天独厚的区位优势引领着我国志愿服务的进步与繁荣。

一、志愿服务发展的新阶段、新特点

(一)青年承担起志愿服务的重任

我们在本次调查中发现,大学生志愿者占被调查对象的68.3%,是志愿服务的主体。其实,日常志愿服务和历次大型赛事志愿服务也都是如此。参加2013年北京园林博览会的志愿者中,大学生志愿者占60%以上。参加志愿服务的受调查者中,大学文化程度居首,占52.34%,其次是高中生,再次是初中生,研究生或以上居第四位。这种结果可能与本次调查通过网络实施问卷调查有关。在各类网络使用群体中，大学生无疑是比例较高的。还有一个需要考虑的因素是社会动员，在各类社会动员中，各类学校的社会动员优势和社会动员能力得天独厚。通过学校的学生管理和青年组织有机结合实现社会动员目标，是具有中国特色的社会动员方式，值得结合中国历史和现实深入挖掘，不断发展，为推动中国特色的志愿服务机制服务。

（二）从组织动员走向社会动员

如果说2008年北京奥运会的志愿服务基本是通过组织形式实现志愿者动员的话，那么，2013年的第九届中国（北京）国际园林博览会则略有不同，后者充分发挥了各种新媒体在社会动员中的作用，甚至可以说是一个很好的创举。北京园博会共录取志愿者12 722人，其中高校志愿者11 855人，社会志愿者882人，港澳台地区及海外志愿者15人。在这场大型园博会志愿服务中，志愿者工作团队通过建立标准志愿服务的信息化平台激发志愿者的参与热情，发挥各种激励机制在志愿服务资源配置中的决定性作用；以"志愿服务的文化传承传播"和"志愿服务的移动互联和大数据整合"为两条主线，既在更深更广的社会范围内传递正能量，发挥文化的育人和引领作用，又有效促进志愿者之间、志愿者和工作团队之间的信息交互，提升管理运行效率；突出人性化、社会化、系统化三原则的统一，尊重志愿者主体性，回归志愿精神的本质，极大地调动了志愿者的积极性，提升了志愿服务质量。通过调研我们发现，电视和手机，尤其是移动互联网、微博、微信正在改变人们的交往方式，在志愿服务的社会动员中发挥着重要作用。2013年的北京园博会标志着北京大型活动志愿服务已经进入到社会自我动员的新阶段，这是它不同于2008年奥运会的一大特点。

我们也看到，网络已经成为人们获取志愿服务信息的主要渠道，43.07%的受访者通过网络获得志愿服务信息，其次为相关组织，占40.91%，再次为工作单位，占39%，排在第四位的是朋友推荐。单位依然是人们参与社会生活的主要途径之一。很多人只有在单位组织时才参与志愿服务，这也就是我们经常讨论的所谓志愿服务的"灰色领域"。它从另一个角度说明,中国的社会转型还没有完全实现从单位人到社会人的转变。通过单位实现社会动员,在现阶段依然是社会动员的重要方式和途径,对此,要有一个全面深刻的认识。

(三)建立和完善适应新形势的激励机制

2013年北京园林博览会建立了360度志愿服务激励考核体系,主要包括:一是神秘人机制。凭借神秘人卡片,志愿者能够获得志愿者吉祥物的玩偶奖励和蜜糖积分的奖励。二是状态评价机制。骨干志愿者负责考核每名志愿者的上岗情况,在网站评价系统中选择"卓越""勤奋"或"低落"对志愿者工作状态进行评价。三是鲜花评价机制。由每一位上岗的大学生志愿者和社会志愿者在工作结束后,对本岗位的骨干志愿者进行反向评价。四是骨干评价机制。片区长针对各服务载体岗位的骨干志愿者综合表现进行"卓越""辛勤"或"低落"评价。五是片区考核机制。将各个片区每个月度的各项指标结果通过月度工作会公布。六是片区巡视机制。由志愿者组下设片区巡视组,不定期对园博园内所有片区的服务岗位载体和志愿者进行巡视督导。七是游客投诉机制。凡属接到游客投诉志愿者服务的问题,会通过运营调度中心反馈给志愿者组,建立问责机制。

(四)志愿服务还处在成长阶段

我们通过研究发现,志愿服务的主要领域是社区服务,包括邻里互助,占36.53%;其次是关爱服务,占35.96%;再次是文化教育,占30.14%;绿色环保居第四位,占27.46%;赛会志愿服务居于第五位,占24.94%。如果按照国际上通用的办法来衡量北京的志愿服务,其特点之一是非正式志愿服务占多数,在各类参与率中居首,占38.45%。这说明,北京市的志愿服务还是处于成长阶段。而且,每年参与20个小时以下的占49.77%,几乎为一半。每一两周固定参与的占14.59%,志愿服务还没有成为人们日常生活的一部分,更没有成为一种生活方式。节假日参与的占18.04%,表明只有在节假日期间人们才有闲暇时间参与公共事务和公益活动。或者,人们把节假日的休闲活动拓展到公民服务领域,把个人的休闲与公共生活联系起来。

日常生活领域的志愿服务仍然是志愿服务的主要领域。这既是北京志愿服务的特点，也大体代表了整个国家志愿服务的发展状况。2014年2月19日，中央精神文明建设指导委员会发布《关于推进志愿服务制度化的意见》，对中国志愿服务发展的阶段性特征做出了一个基本判断："总体而言，我国的志愿服务还处在初始阶段。"做出这样的判断还是比较符合中国实际的。

二、志愿服务发展面临新形势、新挑战

（一）社会认同依然是一个值得关注的问题

在各类影响志愿服务发展的因素中，"公众对志愿服务缺乏了解和认同"居首，占47.76%。公众对志愿服务缺乏认同是个老问题了，早在20世纪90年代，志愿服务在中国兴起与发展的初期，这个问题就被提上了议事议程。2001年国际志愿者年的主题之一也是呼吁世界各国要加强和促进志愿服务的认同。为什么这个问题倡导了如此之久，依然是人们开展志愿服务面临的最为困难的问题？这需要从深层次来研究一些超出志愿服务的社会环境，诸如社会发展环境、核心价值取向、社会成员行为选择等。从道理上说，历经2001年国际志愿者年、2008年北京奥运会、2010年上海世博会、2011年国际志愿者年、2012年广东亚运会，各种媒体对于志愿服务的宣传力度足够大了，志愿者的事迹比比皆是。可是，人们依然缺乏对志愿服务的认同，这不能不引起我们的深思。

（二）工作和生活方式挑战志愿服务

因为大学生居多，本次调查中，没有收入的志愿者占66.77%也就比较容易得到解释了。通常闲暇时间是决定人们参与社会和公共生活的重要因素。从以往的经验看，大学生参与志愿服务的动机多与未来的就业选择有关系，这些大学生多是80后和90后，有着自己的人生选择。职场人员有收入，但是有工作压力，所以参与志愿服务的时间和机会就受到限制，越是收入高的群体，工作压力越大，时间越有限，参与志愿服务的机会就越少。当然，另外的情况是，那些收入达到相当水平的人会例外。我们经常看到像王

石这样的企业家积极参与并倡导公益事业。值得进一步深思的是,参与志愿服务积极性高的会不会在两头?一头是大学生群体,一头是已经发展起来的大企业家,前者追求机会和发展,后者追求社会认同和自我实现。中间的中产阶级往往是压力最大和"我太忙了"的那群人,没有足够的时间,他们要在职场进一步上升,还要供养房子和孩子,大部分时间必须为工作和收入奔波。"没有时间",确实反映了当前中国社会生活的实际状况。大学生的就业观念同样也在发生变化,职业的社会化决定了他们不可能只从事一项工作直到退休,在预期的工作历程中,他们可能会选择多个职业和工作,这也使得到他们在大学学习期间就必须不断深入社会去选择和发现机会。这些都值得在进一步完善志愿服务机制中深入探索。

(三)电视、手机等媒体是双刃剑

网络正在改变人们的生活和工作,这一点是毫无疑问的。社会组织,尤其是志愿组织,在动员人们参与志愿服务活动中的作用越来越凸现出来,这主要是指那些以志愿服务为使命的组织,使命决定了它们的工作重点和工作方式,社区志愿者协会、青年志愿者协会,乃至那些草根层次的社会组织都在动员志愿者方面发挥着重要的作用。过多使用电子设备会不会造成人们形单影只、被动消极、与他们的社区和群体分离?现在我们还无法完全确定。如果没有这些,也许人与人之间会更喜欢面对面的交流,社会联系会通过人与人之间的直接接触,而不是虚拟的网络。无论如何,在我们探索的社会参与和社会动员中,电子技术的扩展和广泛应用变成了一把双刃剑,一方面它加速了信息的交流和人与人之间的交流,另一方面它又减少了人与人之间面对面的、富有情感的交流。

(四)志愿服务水平受限于参与时间

在1900多名被调查的志愿者中,参与志愿服务并贡献时间超过100小时的大约占13%。13%是个什么概念?如果开展国际比较的话,2001年,美国18岁以上的志愿者的平均贡献时间是218小时,加拿大是162小时,澳大利亚是160小时,英国是170小时。北京志愿者在2014年只有大约13%的人可以年均贡献 100 小时以上。在这个意义上，中国的志愿服务还有很大的发展空间。对于中国的志愿服务的激励形式来说，需要的不是简单向发达国家看齐，而是基于自己的国情，鼓励国人通过各种各样的方式，包括非正式的方式，参与到志愿服务中来，在这个过程中，培育人们的参与意识、参与热情、参与能力。

三、志愿服务发展的新思路、新对策

（一）创造良好的社会氛围，不断提升社会认同水平

激发社会活力，除了物质的资助和支持，还必须建立和完善其他体制机制，包括与之相适应的价值体系。社会建设不仅仅是对社会领域的资金投入，还包括更加广泛的社会内容。市场体制需要信用基础，社会体制也同样需要社会信任。这些软性因素看起来不重要，其实非常关键，试想在一个百姓不信任的环境下，如何能调动他们参与的积极性？这就回到了一个老问题：人最需要、最看重、最认同、最为之所吸引、最崇敬的东西永远不是钱和物，而是思想、情感、道德、信仰、信念、价值。一个社会只有重视这些东西，这个社会才能回归秩序、活力、尊重、和谐。因此，跳出用经济建设的方式建设社会，逐步把经济的方式与社会的方式结合起来，这是社会建设面临的重大挑战。所谓重大挑战，要求我们社会领域的领导干部和各级政府及其有关部门，深刻认识和把握社会发展的规律，掌握社会建设的本质。

良好的社会氛围源于健全的人格和社会公平正义氛围。人格是指人在特定社会环境中形成的自己的行为模式、思维模式和情绪反应特征，是一个人区别于他人的属性之一，通常表现为性格和气质。对于一个人的人格的尊重是人与人之间建立关系的基础。职业是指人们参与社会分工，用自己的专业技能和知识智慧创造财富，获取合理合法报酬，创造物质或精神生活的一项活动。每一项职业都是社会分工的结果，也是社会发展必需的组成部分，社会不应当在职业上有贵贱之分，只有分工不同，不同分工下的职业都应当得到社会的尊重。这样，才能形成社会和谐的关系和舒畅的心态，奋发向上的氛围，才会激励人们不断参与经济社会活动，参与志愿服务。

(二) 改善生活品质,促进志愿服务发展

研究发现,98.35%的志愿者表示今后还会参与志愿服务活动,说明这个领域的前景越来越被人们认识到,也是看好的。志愿服务的发展有着光明的前景。这不仅是基于对于国内经济发展、人民群众物质生活水平提高的展望,也是基于对未来公共生活的信心。关键问题是,政府如何看待这种信心和提升这种信心。未来的生活品质不仅体现在个人生活空间的改善,更取决于公共生活空间的拓展。77.74%的志愿者动员其他人参与,这实际上是在一个公共领域中进行的活动。现代意义上的互联网和微信中的朋友圈,这些都构成了现代意义上的公共领域,而以微信为主要工具的交流和讨论,使公共领域的交流频率大大提升,交流的速度大大加快。朋友、同事、家人都成为这个公共领域的主体。推动志愿服务发展,必须重视和引导公共空间的拓展。

(三) 重视新媒体的作用,提高社会动员能力

在大数据时代,如何使用互联网提供的无限空间来提高志愿服务质量和志愿服务管理水平及能力?这实实在在是志愿服务水平的提升过程。具体来说,如何利用这一前景良好的新科技来加强社会融合?如何发展这一科技来加强志愿服务体系建设,获取社会成员反馈,了解社会成员暗示,发现志愿服务议题和社会关心的议题?如何利用高速、廉价的通信环境来加强我们真实社会已经淡化了的组织联系,而不是沉溺于非现实世界的"虚拟社会"的虚幻影像?简而言之,如何使大数据成为解决志愿服务问题的手段?这恰恰是在大数据时代完善志愿服务体制机制需要考虑的。

利用网络平台促进居民与居民、居民与政府、政府部门与政府部门之间的互动,就是通过网络建设创新社会互动模式。中国的社会关系和公众参与状况在过去三十多年中发生了一系列重要的变化。改革开放之前,国人参与所在单位和组织的政治生活非常频繁,尤其是政治运动。改革开放以后,由于社会结构的急剧变迁和人口的巨大流动,以及在相当长的一个时期内,对于物质利益和金钱的过度追逐,一些社会成员无心于公共生活,无暇

于公共事务。利己主义的盛行使人们奉行事不关己高高挂起的实用主义做人态度和行事方式。单薄、肤浅的交流方式取代了深厚、凝重、良好的社会联系。很多社会联系往往成了利己主义导向下的"一锤子买卖",私人利益超越了公共利益,私人社会取代了集体社会。这些,都是志愿服务缺乏社会认同的原因,也是进一步改革创新志愿服务工作的重点。

在这样的背景下,既要正视互联网形成的虚拟社会和虚拟社区,又要鼓励社会机构,包括政府利用互联网技术来建设社会。合理利用互联网可以跨越数字鸿沟、匿名问题,来强化政府与民众、民众与民众之间的交流,而不是取代他们之间面对面的交流。互联网完全可以在技术上加强面对面的交流,而不是造成人们时空上的隔离。

(四)贴近人民生活,设计喜闻乐见的服务项目

在谈及哪些因素影响参与志愿服务时,有 62.5% 的人认为"志愿服务过于形式化,没有实效",这实际上反映了志愿服务项目要贴近百姓生活的问题。志愿组织如何设计广大志愿者喜闻乐见的服务项目并吸引志愿者参与,使潜在的志愿服务力量变为现实的志愿服务,这是问题的关键。政府改革抑或政府简政放权究其实质来说是增进公民的公共利益,公共利益主要体现在公共卫生状况得到改善,公共安全状况得到促进,人民安居乐业,环境生态质量得到提高,以及许许多多涉及人民群众利益的问题得到解决,而不是看我们工作的投入产出是多么有成效。一句话,就是我们怎样改进了人民的福祉。我们必须时刻记住,"'贯彻'一部宪法比制定一部宪法更困难。"[①]要时刻记住,组织效率固然重要,社会效益更加重要。只有在这个意义上,社会动员才可能形成其行政基础。还有,在一定程度上,志愿者关注自己在参与志愿服务中的收获和感受,关注被服务者的感受,乃至全社会的感受,这些都是理解社会认同问题中不可忽视的因素,都值得我们关注和研究。

---

① 〔美〕珍妮特·登哈特、罗伯特·登哈特:《新公共服务:服务,而不是掌舵》,方兴等译,中国人民大学出版社 2014 年版,第 3 页。

基层的良好社会秩序呼唤善治
——对改革维稳一票否决方式的思考

1991年,党中央、国务院在总结改革开放以来我国社会治安综合治理基本经验的基础上,作出了《关于加强社会治安综合治理的决定》,明确提出社会治安综合治理要严格执行领导责任查究制度,加大对因领导干部工作不力而导致发生严重危害社会稳定和社会治安问题的地方、单位及部门进行领导责任查究的力度,坚决实施一票否决,追究有关领导的责任。二十多年来,各级党委和人民政府坚决贯彻党中央、国务院的决定,在维护社会稳定保障社会秩序工作中做出了不懈努力,为经济发展和人民群众生活改善创造了良好的环境。但必须看到,过去二十多年间,我国经济政治文化生活和社会环境发生了巨大变化,党中央、国务院审时度势,对加强和创新社会管理作出了新的部署,一些地方和个别领导干部未能正确理解党中央、国务院的要求和意图,不能加快社会管理创新步伐,社会管理科学化水平不高,为了避免一票否决,不惜截访,甚至通过付高价"封口费"等方式来回避问题,导致上访事件不断,矛盾激化,在社会上,甚至海内外,引起不良影响。2013年7月20日在首都机场发生的爆炸案说明,各级政府面对违法和不公不能科学处置必然会导致暴力事件的发生。首都机场爆炸案的肇事者冀中星曾经接受自认为没有"过错"的东莞市厚街镇公安分局的10

万元"救助款"。对于这种现象要深入分析,吸取教训。我国现行法律并没有对此类现象给予"救助款"这一说,厚街镇在不承认违法行政导致当事人致残,以及缺乏国家法律依据和《国家赔偿法》规定的法律程序等前提下,对当事人给予"救助款"是出于什么目的?不免有滥用纳税人费用之嫌。无独有偶,前不久发生在湖南的瓜农被殴打致死,在致死原因不清的情况下,当地政府就落实了补偿费89万元。正如大量报道所言,这种"救助款"带有"封口费"之嫌,目的在于阻止有关人员上访或缩小事件的影响范围,避免一票否决。实践证明,如果基层干部不是从人民群众的利益出发,而仅仅是要保住自己个人的"乌纱帽",仅仅是下级对上级负责,很多时候是买不到稳定和平安的,反而会适得其反。

造成当前此类现象屡屡发生的原因很多。首先,一些地方政府和个别干部对党中央、国务院的部署和要求缺乏全面了解和把握。一是党中央、国务院对社会管理的思路随着社会发展不断创新和改进。2004年6月,党的十六届四中全会正式提出"社会管理创新"。2011年2月,党中央举办省部级主要领导干部社会管理及其创新专题研讨班,强调要"扎扎实实提高社会管理科学化水平,建设中国特色社会主义社会管理体系"①。2011年3月,"社会管理创新"一词首次以重要篇幅写入政府工作报告,并在国家"十二五"规划纲要中单独成篇,把切实解决人民群众最关心、最直接、最现实的利益问题摆在更加重要的位置。二是社会管理创新,就是要求从传统的"政治命令"思维,到"寓管理于服务之中";从政府"包打天下",到注重运用社会力量,形成社会合力;从"灭火",到突出源头治理;从硬性行政手段,到重视运用经济、行政、道德、科技等手段综合管理。这是新形势下政府和领导干部必须具备的基本素质。其次,一些地方和个别部门面对新形势、新问题,缺乏创新社会管理的意识。一是不善于利用民意表达机制和协调利益关系,不懂得如何通过面对面交流增进相互理解,以信息技术促进政务公开,以体制创新建立回应机制等,面对群众,解决不好涉及居民根本利益的问题。二是对人民生活关注不够,不能夯实民生基础和及时把经济发展成果转化为

---

① 《扎扎实实提高社会管理科学化水平　建设中国特色社会主义社会管理体系》,《人民日报》2011年2月20日,第1版。

人民生活品质,把弱势群体放在民生事业的首位。三是重管理,轻服务,不能寓管理于服务之中,在服务中实现管理,包括健全社会服务体系,创新服务模式。不善于"让群众自己切蛋糕"和"把最棘手的矛盾和问题交给群众自己解决",反而是自己动手切"蛋糕",自己下手解决问题,由于方法不当或者出于私心私利,难以做到公平公正。四是不懂得如何发挥社会自治的作用。不能深入探索城乡社区治理模式,夯实基层社会管理基础。五是不懂得利用社会风险评估机制,包括依靠科技进步,完善工作程序,培养社会工作人才,提升社会管理专业化水平等。再次,在一些地方政府,个别官员本身就是群众上访的根源或导火索。一是一些干部忽视群众的声音,对群众主体地位缺乏认识,认为他们素质不高,只知道做基层群众的官,不知道如何做他们的服务员。群众有问题、有诉求不能及时回应。一旦出了问题,就不惜拦截、截访,导致问题和矛盾升级。二是在城镇化加速时期的拆迁过程中,一些地方政府政策过于坚持原则,只考虑一套住房补偿多少,而对拆迁户要求根据自己住房面积、建筑年代、房屋位置等给予相应赔偿考虑较少,由此引发了冲突和矛盾。土地引发的社会矛盾问题要及早引起重视。例如,国家规定征地标准和补偿办法,地方政府按照国家规定补偿农民,这是没有问题的。问题出在地方开发机构拿到土地后,按照市场价格出售,引起农民心理不平衡。地方政府以高价把土地卖给了开发商,开发商必须以高价把房子卖出去,物业公司是开发商的分支机构,也必须遵循着高利益的原则收取物业管理费,这就容易陷入一种恶性循环。业主与物业,甚至与开发商之间的冲突,最根本来自于地方政府谋取不合理的土地和财政收入。不要低估了土地财政的经济成本,更不能忽视财政的社会成本。土地财政的社会成本又分为两部分:一部分是当初为了吸引投资,地方政府不惜强行拆迁引发的社会冲突;另外一部分是地方政府以高额地价卖给开发商土地,开发商为了回收高额付出强加给房主的各种成本,这些成本会在居民入住以后逐步暴露出来,直接的矛盾是业主与物业公司或开发商之间的矛盾,最终还是要由政府通过"维稳"来解决。地方政府在自身的经济社会发展中埋下了短效和长效炸弹,对此要有清醒认识。何时引爆,要看各种矛盾积累到什么程度。面对这些挑战,源头治理才是根本。

鉴于上述原因,要积极创新社会管理,努力提高领导干部的社会管理科学化水平,用新的方式方法逐步完善一票否决制度。首先,要减少群众上访,领导干部必须"下访"。一是社会问题主要发生在基层,与群众的切身利益密切相关,因此,要进一步完善基层社会组织管理体制、利益协调机制和分配体制、表达和沟通机制,提高基层干部解决社会问题的能力和动员社会资源的能力。我们在调研中感受到,目前基层干部有这样的需求,应当抓住时机,因势利导,推进基层社会管理体制的完善和创新,通过各种方式提高基层干部的社会管理能力。例如,自 2011 年 10 月 20 日起,山西正式启动"邀请公民代表走进省政府"活动,每月两次。截至目前已经举办了 49 次,总计邀请公民代表 1770 人。2013 年 4 月,这项活动开始向省内县市延伸,目前已经有 13 个县市(区)启动了此类项目。如果政府能够在这方面更多地想办法,多开门路,"上访"必定会减少,不至于出现如此多的上访和截访。二是让老百姓自己切蛋糕,解决利益格局中的棘手矛盾和问题。近年来,面对产权制度改革、土地流转、土地综合整治、公共服务资金使用、房屋拆迁等复杂的利益问题,一些地方的基层组织一改过去靠传统的"村两委说了算"的做法,让老百姓自己切蛋糕,做到"民事民定、民事民管、民事民监"。三是实现公共事务由群众"自己议、自己定、自己干、自己管"。四是因势利导将社会管理模式逐渐延伸到利益关系协调和发展问题上。在土地确权、土地整合治理、公共服务资金使用、房屋拆迁、住房分配、道路建设、水利设施、集中居住、产业发展等涉及居民切身利益的项目上让居民全程参与、全程监督,保证项目的顺利实施。

其次,要加快改革政府社会管理体制。一是在新形势下,创新社会管理还应当包括政府如何进行自身社会管理职能的改革和创新。就政府而言,创新社会管理,必须正确处理权力与责任的关系、利益与风险的关系。在社会领域,更大的权力意味着更大的责任;在涉及利益等领域,权力越大,责任越大;社会管理主体的利益越大,风险就越大。只有实行多元治理,才能减轻责任,分散风险。二是政府要全心全意地提供公共服务,这是政府的根本职责。政府要部分地承担社会管理的责任,所谓部分承担就是说,社会管理的另外一部分责任实际上是需要居民自己负责,也就是社会治理。从政府为民做主,到政府代民做主,进一步到居民自己当家做主,是一个历史性转变。新形势下,基层党组织要从具体社会事务中解放出来,重点做好联系群众、引导民心、改进民生、推动居民参与的工作,提高居民议事会的议事能力。三是不断改善基层干部的领导方式。过去基层干部是按照上级党委和政府的要求工作,现在要按群众的要求,这就要求改变工作方法,进行工作方式的创新。

再次,要根据新形势和新情况,进一步完善干部考核制度。一是要从对单纯群体事件和"上访"事件的一票否决逐步过渡到对领导干部的社会管理科学化水平的考核。综合考察领导干部倾听民意表达、协调利益关系、关注人民生活、寓管理于服务之中、发挥社会自治作用、利用社会风险评估机制等方面的能力。二是逐步建立居民满意指标体系,实行自下而上与自上而下相结合的考核制度。中国共产党的根本宗旨是为人民服务,人民满意程度是考核领导干部和人民政府的核心指标,也是建设服务型政府的关键,要围绕着这一宗旨建立和完善相关的指标体系,引导领导干部眼睛往下看,步子往基层迈,心与人民群众连在一起。在这个过程中,逐步建立起党和人民、政府和公众、干部和群众之间的鱼水之情,探索善治的社会管理方式,形成和谐有序的社会关系,实现国家的长治久安。

社区建设要贴近人民生活

这几年,社会管理创新工作深入开展,社区建设蓬勃发展,快速长成。我在各地出差和考察中总要参观社区,井井有条的图书馆(室)、载歌载舞的老年活动中心、人来人往的社区广场、医疗服务中心实用便利令人印象深刻。每次到社区,都希望通过聊天来了解一些社区建设的情况,听听有关社区建设的各种问题,在此择要提出其中三点供关心社区发展的朋友们参考和研究。

一、社区工作者的苦恼

基层社区存在的主要问题还是行政力量介入造成的对基层社会的侵蚀。行政力量介入造成的最大问题是对于居民的需求缺乏了解,不对路子,居民需求得不到满足,居民反映的问题得不到解决,最终形成基层社会冲突。现在人们经常谈论由单位人到社会人,再到社区人,既然是这样,没有社区人类共同体这是不是就成了个伪命题?

基层工作遇到的最大问题是实事求是问题。考察某社区,居委会主任说,在工作中感到最大的问题是实事求是问题。他举例说,本地外来人口很多,上级政府追求人均GDP,要求少报人口,但基层财政收入是按照人头拨付的,这就带来基层财力与实际人口规模不对称的问题,为了完成各项工作,基层干部不得不四处化缘,压力很大。基层资金少、人员缺、任务重,不得不应付上级交办的各种任务,有些机构,因为人手缺乏,对上级交办的各种报表,不得不应付,大致填写,很难做到准确。反过来说,一些在中央国家机关工作的决策人员又苦于得不到用于决策参考的真实数据。

社区建设遇到的另外一个问题是资源短缺。某社区党委书记说,社区原来的办公条件很差,后来看好一个危旧建筑,就向政府建议拆除后作为社区活动中心和办公设施,上级政府也答应了,建筑拆除后一年,放在那里不动,后来她借自己当人民代表的优势找到省委领导批示才把这块地拿到。土地拿到后,没有钱盖房子,又四处化缘,到省财政厅筹集几百万,到民政厅要几十万,再到市里要一些才把房子盖起来。

基层干部反映,有关社区建设的法律法规很多,但能够操作的很少,制定法律法规的人与实践脱节,基层不知道如何实施和贯彻,比如社区建设考核机制就没有可操作性。

社区工作者与居民之间缺乏沟通和理解也是他们很苦恼的一件事。一位社区书记说,社区的干部工作很难,每天主要任务是应付上级部门交办的各项工作,根本没有时间与社区居民接触,也没有机会考虑居民的需求和意愿,与居民基本是隔阂的。每次上级来社区考察,都要动员社区居民到各个活动中心和设施场地活动、表演,给来访的领导们看,好话说了很多,"大哥、大姐,求求你们帮个忙吧!"这样,凭着邻里邻居的面子,才有人到社区表演一番。上级领导为了面子和政绩,不断给社区加码,给社区的工作带来了诸多压力。

要体谅基层社区工作人员的辛苦,很多问题不是他们的原因,是体制造成的。政府包打天下、行政力量侵蚀、基层治理缺乏才是当下基层问题的根源。社区和基层工作就是要依据人民的需要开展各项工作,而不是从行政出发。至少要创造条件,让基层居民的意见可以表达,问题可以解决,生活得到安全保障。上级政府给了基层很多权利和义务,但没有赋予相应的资源,所以权利难以实现。退一步说,即使给了很多资源,也可能由于行政权力的侵蚀而影响居民的生活。

社区要创造条件让居民自己解决问题。举个例子,有一个楼宇前的空地适合居民活动,就有很多居民在那里下棋,但常有人在那里大小便,居民们找到居委会,要求给他们盖个厕所,免得老有人随地大小便。修建厕所涉及问题很多,诸如资金、规划审批等,后来居委会把问题交给居民自己解决,居民们建立了巡逻队,自我监督和自我管理,问题就解决了。

教会社区干部利用网络技术与居民交往也显得十分必要。根据调查,社区的干部工作很难,每天主要是应付上级部门交办的各项工作,基本没有时间与社区居民接触,而互联网可以成为社区干部与居民进行沟通交流的实用工具。

二、沟通交流,才有理解

社区建设要缩短居民之间的距离。在社区建设中缩短这种距离的方法多种多样,从身边的事情做起是最现实的。我经常阅读社区报纸,感觉报道各类活动的新闻多,介绍老百姓生活,或者老百姓自己写的东西少。在某社区看到社区小报上有一篇《学电脑 晚年乐》的文章,挺有意思的,是一位老人写自己学习电脑的过程,很有可读性。还有一篇《童年的记忆 小时的摊位》也不错。这引发我们进一步去思考社区报纸给谁看、为谁办的问题。

社区报纸应当是给社区居民看的。如果有这样的定位,报纸的内容可以考虑多刊登一些社区和市区街道办事处的公共议题,诸如财政预算、公共安全、环境生态、休闲娱乐、公共设施、邻里关系等,听取居民的意见和建议。也可以刊登一些有关居民生活的报告讲座信息。还可以刊登一些社区安全或者最近发生的偷盗、抢劫等事件,提醒居民注意,提高居民警觉,自我保护。可以通过报纸听取社区居民对社区发展的意见和建议,还可以刊登一些反映居民问题的来信以及文化信息。

社区报纸能不能发给社区居民一家一份,让大家熟悉自己的社区?只有熟悉自己的社区才能了解她,才能热爱她,才能有归属感。社区新闻小报可以把一家一户凝聚为公民群体,为社区自治和社会治理服务。可不可以考虑让社区组织和居民负责报纸的组稿和编辑,报纸免费发放给社区全体居民和驻区单位？

某社区行政服务中心设施设备堪称一流,但如何使这些设施得到充分利用,还需要进一步开拓思路。行政服务大厅不仅可以办成公事公办的场所,其实也可以考虑办成市民活动中心。行政服务中心的阅览室等完全可以开放给居民召开会议,包括社区居民的会议。这样,既可以发挥公共设施的作用,也可以推动更多的人参与到政府的各项社会事务中来。行政服务中心可以考虑与自己工作有关的公共议题,自己或者通过居民组织沙龙、座谈等方式,寻求更加符合居民需求的解决方案。

某社区建设了一福祠。福祠是以聚居为纽带的社区祠堂,其承载着社区议事活动、文化活动和文化传播活动等职能。作为社区议事活动的平台,福祠以家祠的形式为各方提供了一个严肃又温馨的议事场所,化解居民矛盾,解决社区纠纷,开展社区事务听证,推动社区慈善救助活动;作为社区文化活动的舞台,福祠以家园的方式为居民提供了一个休闲又雅致的场所,居民在其中可以开展家庭演出;作为涉福活动的礼台,福祠以家庙的方式为居民提供了庄严而又圣洁的典礼场所,居民的乐事、福事可以在这里举办,节庆、欢聚也在这里举行,它已经成为小区文化节、"天官赐福"、婚庆、祝寿和学子登科的庆祝场地;作为社区文化传播的平台,福祠以私塾的形式为居民提供学习场所,公德微博、文化大讲堂都在这里举行。

网络化下的社会结构变化对社区服务管理提出新要求。建立在数字化和信息化基础上的社区社会服务管理,除了利用数字和信息外,要考虑到社会生活网络化这一新趋势:居民中网民队伍的不断扩大,网络交往的日益频繁等,造就了社区居民之间、社区居民与社区外居民之间的"缺席互动",可以通过网络传递经验,并通过缺席互动和网络经验传播提升社会认同。这是一般意义上的社区建设所不曾拥有的现象。当"缺席互动"和网络经验传递改变了传统的社会结构,一般人们常用的行政层级式的"响应"模式就显得力不从心。

三、安居乐业,才有梦

随着经济发展和生活水平的提高,人们对于家园建设质量的要求越来越高。温馨宁静,庭院深深。有件事情是这样的,2013年春节前后,某小区发生恶性群发入室盗窃案。某日半夜,在外出差的朋友被家里安装的报警电话唤醒,有贼进入家中。因人在外地,朋友立即拨打了小区监控中心电话,监控中心工作人员接听报警电话后表示会派人去看。由于远方家里报警电话一直响个不停,若干分钟后朋友又打给了监控中心。有回应,没行动。物业指望不上,朋友就直接打了110。

所在小区公安分局和小区派出所的反应速度很快,他们比小区保安到得早。令人吃惊的是,当民警到达小区要求保安带他们到朋友家时,保安居然表示不清楚具体位置。由于物业对小区情况不熟悉,盗贼溜走了。

就在民警在朋友家出现时,接到另一距朋友家100米的住宅报警。从时间上判断,窃贼在民警已到小区的情况下,在距离不超过100米外的住户家大肆抢劫。之所以称为抢劫,是因为窃贼看到了家里有人,竟然猖狂地用手电照射业主,如入无人之地翻遍所有可翻之处,拿走一切可拿走之物。偷酒时还要挑了红方再选黑方。当天夜里,盗贼居然光顾了九家业主。连续发生这样的恶性案件。被盗的九家业主中的一家在两周内两次被盗。

为了解决小区存在的问题,业主们建议成立业主委员会。为了筹备业委会,业主们自发建立了业主论坛,一周内,就有70多名业主参与。大家竞相在这个平台上发布信息和言论,使论坛成为小区安全和小区建设的各种信息的发源地和集散地。这种虚拟网络与传统的"熟人社会"相呼应,使人与人之间的归属感大幅度提升。论坛把来自各个方面的意见和建议集中处理,形成强大的意见和建议集合能力,有利于舆论形成与传播。论坛体现社情民意,论坛影响社区舆论。像当前的微博一样,论坛用户关注的最大问题是公共安全问题,一方面,用户通过论坛关注公共安全事务;另一方面,也通过论坛发表评论,表达自己的观点,维护个人的权益。

使法治精神深入人心

实现依法治国,必须使法治精神深入人心。正如社会学家费孝通教授在其名作《乡土中国》中谈到中国的乡土社会秩序建设时所说:"法治秩序的建立不能单靠制定若干法律条文和设立若干法庭,重要的还得看人民怎样去应用这些设备。更进一步,在社会结构和思想观念上还得先有一番改革。如果在这些方面不加以改革,单把法律和法庭推行下乡,结果法治秩序的好处未得,而破坏礼治秩序的弊病却已先发生了。"[1]这实际上也印证了社会学的一个基本道理:任何一套制度背后都有一套价值体系,要使这套制度能够很好地运行,必须使其背后的价值体系得以完善。现实生活中,我们多是看到了制度文本及其执行机构,很少观察人们对于这些制度文本的态度、心理、趋向和取舍,而这,在事实上,是非常重要的。所有的法律制度最终都要通过个体去完成和履行。

法治社会建设的根本问题之一,是必须将法治理念和法治信仰内化于人心,外化于人们的行为。法治精神是社会主义核心价值观的重要组成部分。首先,要在人们心里建立起强大的法律秩序。没有内心的强大法律秩序,外部法律秩序要得以维护往往不会很容易。所以,一个社会不仅要通过立法、执法、司法强化社会

---

[1] 费孝通:《乡土中国》,北京大学出版社2012年版,第96页。

成员的行为规则,更要通过诚信意识、职业操守、自我克制、勇于担当、礼貌谦逊、全局意识、开诚布公、遵章守纪、权利义务意识等,来强化法治意识,使法治精神浸润人心,形成人们内在的心理秩序。潜移默化的内在法治意识和外在的法治行为,共同为法治的普及减少执行过程中的阻力、降低整个社会的守法成本提供了强大支持。另一方面,以法治精神为基础的法律制度能够使整体社会环境彰显内在的力量,使其内涵更加丰富。

在依法治国过程中,决不能忽视法治精神的培育。应当将法治精神培育放在战略高度来认识。面对纷繁复杂的国际国内形势,从事政策研究的人们在竭力通过完善制度来寻找解决各种问题的良策,尽力实现社会秩序。但是,应该看到和深刻认识到,许多问题的形成是由于缺乏法治精神造成的。例如,由于缺乏法治精神,一些食品企业负责人可以置人民生命安全于不顾,在其产品已经严重影响人民健康的情况下,依然强迫员工继续生产,甚至扩大生产,通过各种渠道销售给居民;由于缺乏法治精神,在社区环境遭受严重污染情况下,地方政府有关官员和企业负责人依然上项目、加大投资,致使社区环境不断恶化,群体事件不断发生;由于缺乏法治精神,一些企业的管理人员,极力压低雇员工资,置员工生活和健康状况于不顾,以致造成劳资之间的强烈对立,甚至是敌对,造成社会的巨大鸿沟和严重社会不稳定。实践证明,避免各种问题,不仅要靠制度建设和法律规范,也要靠培养法治精神。

法治精神是指在一定的社会生活中,为了维护正常的社会秩序,全体社会成员应当自觉地对社会和他人负责的一些最基本、最起码的法治准则。每个民族由于自身的历史、文化、政治传统不一样,由于民族心理、风俗习惯等不一样,所具有的法治精神也就不一样,法治精神具有民族的传统和民族的特点。

人是社会的存在物,按照马克思的观点,人的本质是一切社会关系的总和。人要在社会中生活,就必须与他人打交道,也就必须遵循社会组织为维持一定的社会秩序而建立的各种社会规范。通常意义上,这些社会规范,通过家庭、学校、社会的教化而潜移默化,逐步积淀于人们内心,并不断在人们的行为中体现出来。人的成长就是一个社会化的过程,也是一个社会秩序内化的过程。在现代社会,法治精神是最普遍的、最广泛的、渗透性最强的社会规范之一,就像社会责任意识一样。作为个体的人之所以遵守社会规范,是出于自身和社会生存与发展的需要。一个人能否得到社会和他人的认同和赞许,是人的一切利益中最基本的利益,而得到认同和赞许的关键,则在于一个人是否有美德和具有法治精神。法治精神是培养人的道德品质和美德的重要途径,是满足人类生存和发展的客观需要。人类社会要存在和发展,就必须有共同的价值目标和行为规范,并要求全体社会成员共同去维护和遵守之,这就要求人们做出正确的选择。法治精神作为一种自主选择,旨在维护社会的和谐发展,实现个人的自我肯定、自我完善,法治精神对于社会发展和人自身的发展具有十分重要的作用。只有每个社会成员具有法治精神,才能保证法律和法规的有效执行。法治精神就是法律制度背后的价值体系。

培育法治精神将是我国推进依法治国进程中长期面临的、最为艰难的挑战。对于我国当前的精神世界状况,有人概括为道德滑坡,世风日下。改革开放以来,市场经济促进了经济增长,提高了人民的生活水平,但是,人们的精神世界却走向滑坡。"一切向钱看"的极端做派使一部分人过度逐利,失去信仰、理念、意识形态的支撑,缺乏社会责任感,缺乏法治精神,精神世界空虚,为所欲为。法治精神与丰富的精神世界可能是时下我国国民最缺乏的精神资源,这似乎成为许多学者和社会各界的共识。社会缺乏信仰,公民和企业缺乏法治精神,人与人之间缺乏诚信等,所有这些对于中国社会经济发展的深层次影响已经逐步凸显出来,致使有法难依,有制度难以执行。当然,也必须看到,自从党中央开展群众路线教育,贯彻八项规定以来,尤其是采取加大反腐败力度等一系列举措,在社会中产生了巨大反响,整个社会风气正在开始向预期的方向转变,人们的心态正在悄悄地发生变化。

进一步说,法治精神与精神世界问题是与治理危机联系在一起的,人们之所以失去法治精神、内心世界空虚,这与某些政府官员以权谋私、贪污腐败、败坏党风、败坏风气有着密切的关系。正是个别官员的腐败导致人民对未来的发展失去信心,也由此失去理想和信仰。法治精神与精神世界不单是一个内心世界问题,也是一个制度性问题。目前我国的法治精神与精神世界状况与一些国家的差距主要表现在：部分公民的社会责任基本属于空白，企业缺乏社会责任。没有法治精神和完美的精神世界，依法治国将大打折扣，对此，我们必须有充分认识，把培育法治精神作为依法治国的重要内容和推进国家治理体系和治理能力现代化的重要组成部分。

法治精神培育和精神世界建设都是硬道理。历史经验证明，没有法治精神，任何现代社会都不会长期繁荣和可持续发展。如果没有法治精神，自由市场就会盛行欺骗消费者行为，不断发生内部黑幕交易、虐待员工等现象；如果没有法治精神，社会精英只会创造出狭隘的理论，而不能为社会的长远发展服务；如果没有法治精神，个人的发展就会变成自私自利。在任何一种情况下，没有法治精神的社会，其凝聚力就会大大被削弱，社会的和谐程度更会受到损害。法治精神，是一种以人文、人生、人性、人格为本位的价值取向。法治精神是人类在建设法治社会过程中，通过对自身秩序、自身的发展、自身的完善和自身的需要的认识而形成的，并规范、指导和约束着人类自身的各种活动和行为。法治精神的特点主要表现为：追求秩序，追求行为规范，遵守法律法规，将核心价值转化为外在的行动。法治精神帮助人们努力挖掘人自身的本质力量和本性，强调自己的行为适合社会秩序的客观需要。当前，面对严峻的经济社会问题，倘若人们能够认识到法治精神的重要，大力呼唤和滋养国人的法治精神与精神世界，那么我们这个国家、我们这个民族，将在任何天灾人祸、突发危机中，异常坚强、成熟、战无不胜。在错综复杂的国际环境中，坚定自信、坚不可摧。

既然我们已经向法治社会建设迈出了重大一步，在推进法治社会建设过程中，我们不妨向触及人们精神世界的深处再迈出一步，培育法治精神，这是建设健康和谐法治社会所必需的一大步。

千里之行，始于足下。

第六部分

从顶层设计经济与社会的关系

努力打造宏观经济调控升级版

这个世界正在悄无声息地经历着一个创新革命,这是由技术革命带来的革命。对此,有人感觉到了,有人没有感觉到,最终人们都将感受到。当前我国经济社会发展正步入新的历史阶段,需要用全新的视野、全新的思路和策略,探索和解决经济发展中面临的新情况、新问题、新挑战,努力建立适合中国经济升级版需要的宏观经济调控升级版。

一、打造宏观经济调控升级版是当前经济形势变化的要求

(一)科学判断经济形势是打造宏观经济调控升级版的前提

宏观经济调控是建立在对经济形势科学判断基础上的。如何判断当前的经济形势,是短期波动还是长期萧条?是宏观经济调控不到位,还是调控手段不能适应新的形势要求?对这些问题做出回答是正确研判当前经济形势的关键。2013年6月以来,制造业PMI接近50%,环比下降了0.7个百分点,抵近荣枯临界线,为今年2月以来最低水平。同期,经过季节性调整的汇丰中国制造业PMI终值为48.2%,较5月下滑1个百分点,低于早先公布的

48.3%初值。汇丰PMI指数还显示了中小企业用工不容掉以轻心：6月用工数量指标出现了过去10个月以来的最大降幅。尽管前不久引发剧烈震荡的"钱荒"昙花一现，但它对下一步经济可能产生的负面影响不容忽视。国内制造业处境艰难：一方面，生产成本不断上涨；另一方面，终端需求萎靡不振。贷款艰难，利率高企，也给制造业造成巨大压力。为推高GDP总量，地方政府及所属机关事业单位、社会团体、融资平台公司违法担保承诺或违规融资行为导致地方债不断增加，房地产价格居高不下，房产交易因为价格和收入等因素制约萎靡不振。这一切倒逼我国的宏观经济管理从增速调控转向结构调控，从关注GDP转向关注环境、金融风险、生产和食品安全以及重大领域和关键环节的改革。

新旧产业处于胶着状态，仅仅依靠传统意义上的认识工具已经捉襟见肘，要么理解不了经济发展中出现的起伏波动，要么拿出的方案不能奏效。一是当前正在推进的新型城镇化忽略了一个重要因素，就是信息化和新产业革命可能带来的分散生产和居住，目前，各地开展的新型城镇化依然没有摆脱传统发展的模式。二是当前，要关注失地农民、拆迁过程中的城市居民、流动人口以及不能充分就业的大学生群体、被高房价缠身的"中产阶级"、由于体制原因走向体制外的知识分子、下岗失业人员组成的社会群体。尤其要关注他们对于经济的预期和消费预期。大量移民和资产转移实际上已经显现了人们的信心不足或缺乏信心。

（二）打造宏观经济调控升级版是适应发展方式转变的必然选择

伴随着新型城镇化建设加速和行政审批权改革逐步深入，地方政府和地产商在寻求新的增长路径，有些开始背离发展战略和改革初衷。一是在楼市持续调控背景下，开发商的开发模式从过去单一小规模的写字楼、购物中心，扩张成为大型城市综合体，甚至掀起千亿级"造城"运动。未来几年，房产和城市建设领域的过剩压力会伴随商业地产迎来一个风险难测的局面。二是轨道交通审批权下放，目前已批准计划建设轨道交通的城市有36个，到2020年轨道交通将达到6000公里，总投资达4万亿元。未来轨道交通将迎来建设潮，南通、唐山、洛阳、烟台、包头、呼和浩特等城市正积极准备上马城市轨道交通建设。三是近期各地密集召开经济形势分析会,投资仍是热议焦点,各地迫切渴望通过交通建设来刺激经济,把基建投资特别是交通运输业投资放在首位。湖北、江西、河南、安徽等地已经规划立项的机场项目进入密集建设期。不同的是,地方巨大投资动力遭遇2013年流动性紧张,投资回报率下降,政府还债压力增大,隐忧显露。四是过去几年地方政府单方面超大力度投资拉动带来的后遗症和效应,在一些地区显现。除纺织外,江苏省6大主要支柱产业产能过剩现象严重。1—5月,江苏新增不良贷款占全国的约40%。这些不良贷款主要集中在光伏、钢贸、造船等产能过剩的产业中。五是中西部城市近几年的大规模招商引资已经导致资本群聚,在地方经济快速增长下,弊端也已经显现,为争取庞大投资,中西部地方政府在土地、税收、政府补贴等很多方面做出了让步。这些会进一步加大产业升级和结构调整的难度。

二、打造宏观经济调控升级版是经济发展逻辑的内在要求

(一)宏观经济调控一直处于升级过程中

宏观调控的历史可以追溯到1929年至1933年的世界经济危机。当时,美国人民习以为常的繁荣消失,失业人数不断增加,很多地方出现骚乱和反饥饿游行,不满情绪在诸多地区蔓延,退伍老兵川流不息地进入华盛顿安营扎寨,与警察之间的冲突时有发生,农民也行动起来进行阻止拍卖丧失赎回权的抵押品运动。表面上井然有序的社会秩序受到冲击,联邦政府不惜动用陆军来平息事端。在这样的背景下,胡佛失去了总统位子,罗斯福继任。罗斯福出台了一系列措施,包括货币贬值、作物控制、刺激就业、联邦救济、田纳西流域实验、减轻债务负担、金融改革等。这些举措背后出现了一种倾向,那就是政府很乐意扩张其作用范围,这实际上就是后来人们所谓的凯恩斯主义经济学。纵观罗斯福以来的商业史,美国的政治家们不断变换使用宏观经济调控的手段。罗斯福试图在自由企业制度和政府主导的经济之间找到一条中间道路,从而把"资本主义"管理起来,以致创造了后来所谓的

"积极政府""干预政府"等,使得美国在1941年后迅速形成一种所谓的"混合经济"。第二次世界大战为现代政府干预经济事务提供了机会,也似乎肯定了凯恩斯赤字开支理论的正确性。第二次世界大战以后的冷战使联邦政府权力得到极大扩张。1946年颁布的《就业法》把充分就业作为政府的责任,政府要积极干预,以实现充分就业、充分生产和充分消费,这似乎开启了美国宏观经济计划的先河。其后,杜鲁门、艾森豪威尔等凭借建立北大西洋公约组织、进行朝鲜战争等吸引了无数大公司参与,政府主导地位可见一斑。肯尼迪为走出艾森豪威尔后期的经济放缓局面,主张大幅削减个人所得税和公司税。在肯尼迪遇刺身亡后,林登·约翰逊以"伟大社会"留下了一个伟大改革者的形象:低通胀加上高就业使20世纪60年代成为美国历史上最繁荣的时期。这十年中,经济年平均增长率达到4.7%,宏观经济调控也由此获得可信度。尼克松的真正兴趣在外交事务,但是他不得不采取措施,诸如冻结工资和物价、中止美元兑付黄金的兑换保证、单方面终结了《布雷顿森林协议》、对进口货物征收10%的附加费等来应对经济衰退和通货膨胀。20世纪70年代,美国出现了经济的"滑铁卢",人们似乎感到凯恩斯主义失去了效应,私有化、联邦政府的财政保守主义以及减税的呼声此起彼伏,在这样的背景下,罗纳德·里根提倡自由市场和精简政府。后来,克林顿采取平衡预算来应对老布什留下的财政赤字局面。而在我国,改革开放以来,在建立和完善社会主义市场经济的过程中,随着计划经济的羁绊逐步被打破,市场经济逐步建立,经济的周期性波动也自然而然浮现出来,保持经济的平稳运行就成为宏观经济调控的基本任务和首要目标。过去三十多年,宏观经济调控,通过货币政策和财政政策的有效利用,通过法律法规和发展规划的充分实施,适应了我国经济社会发展的若干周期,避免了经济的大起大落,保持了经济持续高速发展,创造了人类历史上不曾有过的奇迹。

(二)新产业革命要求打造宏观经调控升级版

就世界而言,当前经济形势处于低迷,实质上是第二次工业革命接近尾声和第三次工业革命刚刚启动这样一个转型时期经济自身的阵痛。一是在过去长达200年的工业化进程中,人类征服了自然界,损害了自然界;生产力发展造福了人类,改变和提升了人类的福祉,也带来了环境污染、气候变暖、生态恶化。也许可以把这样一个时期作为大转型时期,它不仅仅是一个五年计划或十年计划可以完成的,就像美国的大转型时期实际上历经了50年。进入19世纪,全球发展和繁荣的中心从东方(主要是中国)转向西方(主要是欧洲),20世纪前半叶,则从欧洲(主要是英国)转向了北美(主要是美国)。在两次世界大战中,欧洲逐步走向衰退,美国经过半个世纪的努力,经济实力在全球范围内逐步处于主导地位,进入大繁荣时代。从历史大跨度看经济发展,也看到了全球经济的消长,此起彼伏,一个国家和地区没有永恒的繁荣。政策制定者要有大转型这样的信念和战略,有长计划、短安排的战术。第二次工业革命的根本特征是标准化的机器大生产,它在生产领域造就了单一的产生品牌和生产标准,在政治、社会和文化领域造就了对于发展模式的线性思维。当前,科学技术发展,尤其是互联网的广泛使用,使得产品生产的差异化、生产活动的本土化、生活方式的多元化、居住方式的分散化、交往方式的虚拟化、自然资源使用的可持续性皆成为可能,这些也需要新的宏观调控思维。二是面对当前的经济形势,众说纷纭的实质是没有从传统意义的宏观调控的思维模式走出来。自2008年国际金融危机发生以来,各国政府、企业界、经济学家,甚至普通的老百姓一直就如何拉动经济增长进行热烈讨论。采取货币政策或财政政策、稳定市场预期等建议层出不穷,但是见效甚少,究其原因,主要还是难以摆脱传统的宏观调控模式。大机器生产和拥有丰富的石油使美国成为第二次工业革命的主导者和旗手。赢者通吃,经济上的成功促使美国在长达一个世纪的岁月中不断推出自己标准化的、大规模的、连锁式的产品和服务——通用汽车、电子产品、麦当劳、肯德基,进而是《泰坦尼克号》等文化产品,以及美式民主。2008年美国爆发的金融危机,也暴露出自身的特点和问题,迫使人们探索发展道路的多元特质。三是人们长期陷入的路径依赖是充分就业。在不改变既定条件,包括工作方式、工作空间布局、劳动时间等因素条件下,充分就业几乎成了一个不可能实现的目标。况且,为了建设小政府,各国政府也在精减人员,在税收监管、社会保障经办、兵役等诸多方面引进了智能技术。当前中国大学生就业难,实际上是中国按照传统的产业革命需要设置相应的课程和采取相应的教学方式,而在现实中,劳动密集型的重化工业接近尾声,难以吸纳更多人就业的结果。再加上,教育的产业化把应试教育推向极致,无以复加,使培养出来的人才难以与家庭、社区、社会、产业接轨,其结果是人力、物力和财力的极大浪费。在传统产业下,智能技术的应用越来越广泛,使得市场就业机会越来越少。

三、努力打造宏观经济调控的升级版

(一)重新制定衡量地方发展的标准

新产业革命的意义还在于,要彻底打破唯 GDP 的评价标准,建立当地人民满意和民生事业发展的标准。考察一个地区的经济发展是不是最佳,要看当地人民最迫切、最直接、最现实的问题是不是解决了,而不是看这个地区的 GDP 在国家或上游政府的评价中居于什么位置。接下来,要改变干部们在工作过程中醉心于"创造经验,推广做法"的思维模式,真正使其把精力和时间用于解决所在地区的问题。中国之大,发展之不平衡,很难将一个地区的经验照搬到另外的地区。但是在这个问题上,人们长期醉心于制造经验,造成一窝蜂和大量的人力、物力和财力的浪费。

(二)营造适应宏观经济调控升级版要求的新兴产业环境

"看大势、观大局、出大策",才能不因一时经济变化而改变既定的政策取向,保持经济政策的连续性和稳定性。一是"看大势",就是要用历史和发展的眼光看待当前的经济趋势,努力把握经济发展的内在逻辑。20 世纪 30 年代的世界经济危机反反复复,历时十年之久,直到太平洋战争爆发。历史经验会使人们的观察变得厚重,思考变得深沉,会使其结论更加具有穿透力和预见性,不因为一时一事而浮躁妄断,错判形势,贻误时机。二是"观大局",就是要从整个国际形势入手,深入分析相关国家和地区未来经济发展的特点和趋势。眼下,英国通胀率依然在上升,美国消费支出仍然明显不足,中国的出口要好起来,也不容易。据估计,经合组织的失业率到 2014 年前不会有明显改善,截至 2013 年 4 月,34 个经合组织成员国共有 4800 万人失业,为 2007 年的 150%。美国、欧洲经济形势包括就业情况时好时坏,波动起伏,仔细观察这些变化十分重要。更值得注意的是,欧洲甚至包括美国,几年前就已经开始关注第三次工业革命及其可能带来的影响,并积极应对。三是"出大策",就是要紧紧围绕打造中国经济升级版,提升制造业自主创新能力,着力培育战略性新兴产业,加快企业的技术改造,提高传统产业的整体素质,加快推进工业化与信息化的深度融合。信息网络技术的广泛应用,正在改变着生产方式和生活方式,未来的经济社会发展完全可以建立在信息技术投入带来的生产效率提高、经济发展方式转变和生活方式改变的基础上。要通过信息技术改造来提升传统产业水平,实现制造业的数字化、网络化、智能化。

(三)打造宏观经济调控升级版所要求的就业理念和就业方式

一是就业是世界性难题。其难就难在:一方面,劳动力供给具有无限性;另一方面,20 世纪 40 年代确立的充分就业的宏观调控目标和手段并没有因为人口不断增加而适度调整人们的就业方式和生活方式。在所有既定条件不变的情况下,劳动力无限增长,必然会使就业成为一个世界难题。还有一个误区需要走出来,就是实现"发展新兴工业化意味着劳动力从劳动率较低的农业部门转移到劳动率较高的工业部门"①,以高科技为核心的新兴工业往往是排斥劳动力的,包括智能设备和电子产业等。2013 年上半年吸纳就业能力较大的行业,如有色金属、煤炭、化工、交通等行业往往利润同比下降较大,电力行业、电子行业、石化行业、施工房地产行业等利润虽同比上升较快,但吸纳就业能力并不强。二是营造一个更好的社会环境。父母一辈希望年轻人成为精英,事实上,最终只有 3%的人能够进入这个所谓的精英群体,其他人都是无果而终。只是大部分人没有认识到,包括大部分父母也没有认识到这一点,还是一味地鼓励在一条道上拼搏,造成结构性自愿失业。三是要提高各级政府和全社会对公益问题的认识,营造人人参与公益

---

① 马建堂:《2013 上半年国企利润总额报告》,中国行业研究网,http://www.chinairn.com. 2013 年 7 月 17 日。

事业、支持公益事业的环境。要引导父母给孩子们多一点选择空间。四是各级教育机构要把公益教育纳入正式课程,引导青少年热爱公益、参与公益、了解公益,逐步引导他们在就业问题上走向多元选择。在世界范围内,年轻一代的许多人拒绝到市场和政府这些传统的部门就业,反而青睐非营利部门,是因为他们这一代是在互联网中成长起来的,适应分散式、协作式、虚拟式的工作和社会生活。这是在新的产业革命中发展分散式、协作式生产的社会基础和价值基础。

打造与新兴产业相适应的社会创新升级版

经济和技术的创新必然会带动人们生活的革命,事实上,通信技术已经引发了生活领域的一系列变革。生活方式的变革必然会引发社会交往、社会关系的变革。杰里米·里夫金的《第三次工业革命》的出版在世界范围内引起了不小反响。《经济学人》评论道,人类已经进入第三次工业革命。里夫金把21世纪的两种新技术——互联网和再生能源结合起来,探索人类未来新的经济发展模式。

《第三次工业革命》的过人之处就在于它不仅仅就经济来谈经济,而是把适应新经济模式所需要的社会发展模式也给描绘出来了。在里夫金看来,第三次工业革命本身就包含了正在全球蓬勃发展的社会企业家精神、法人意识和合作精神。这些非经济要素与经济要素密切结合,将治理20世纪经济社会发展中形成的种种弊端,尤其是将打破营利组织和非营利组织各走各的阳关道、营利组织过于强势以至非营利组织步履维艰的局面。社会创新与新产业革命将结伴而来。目前,全球范围内的社会发展正处在一个新的探索阶段,主要在两个方面酝酿突破:一是针对社会问题,通过各种途径和平台,在交流和碰撞中形成新的理念和方法,参加交流和碰撞的各方包括非营利组织、企业、政府、专家学者、职业服务供给商、创效评估人员等;二是在传统的金融体制内,植入社会和环境效果评价,引导私人资本进入社会和环境领域,产生了诸如社会创效证券、小额贷款、小额保险等新的金融产品和组织形式。

一、社会创新及其兴起

(一) 社会创新的内涵与外延

社会创新(Social innovation)是指与人类新的社会需求有关的新概念、新思想、新战略和新举措等,其范围从工作条件改善、教育变革,到社区发展、公共卫生,甚至拓展到非营利组织领域。社会创新具有交叉意义,它既可以指创新的社会过程,诸如技术方法等,也可以指创新的目的。面对国际国内的复杂形势,关注跨部门的社会创新尤为重要。在这个领域,多学科、多部门的合作更使社会创新成为可能。

社会创新在继承与发展中实现,它通过跨学科和跨部门形成新的组合与组织结构,在新的组织和机构中产生新的功能,形成新的理论。[1] 社会创新理论,尤其是关于社会机制体制的理论可以被视为社会学理论中的"工程学"。它不是关注和研究现有的社会机制体制产生的社会目标,预测和解释这些体制机制的预期结果,而是设计出适当的体制机制来实现设定的目标。"'创新'是指有完全计划的、有确定目标的革新活动,也指新出现和形成的部分领域、机制要素或者在一个已经存在的机制关系框架范围内的行为方式,其目标或者是使已经存在的各种方法、程序实现最优化,或者是更好地满足新出现的和发生变化了的功能要求。"[2]社会创新通过新的方式解决社会问题。解决的方式可以是商业模式,也可以是非商业模式,但必须是有效的、可复制的、创新性的。从国际经验来看,社会创新已经覆盖了就业、扶贫、社区服务、医疗卫生、教育等部门。未来它还将覆盖因互联网发展而导致的社会关系的变革和社会结构的调整。

---

[1] http://en.wikipedia.org/wiki/Social_innovation.
[2] 〔德〕康保锐:《市场与国家之间的发展政策:公民社会组织的可能性与界限》,隋学礼译,中国人民大学出版社 2009 年版,第 21 页。

区域性社会创新是通过团结、合作和文化多元化加快地区社会发展的过程。各国都非常关注如何探索和形成新的治理方法。20世纪80年代,加拿大等国进行了一系列的实验,重点放在社区合作和治理,以及地方和区域层面经济生活的社会角色定位。欧洲一些基金组织在城市规划中考虑社会因素,在建设城市网络和减少不利群体或缓解邻里关系紧张等方面开展实验,并对实验结果进行分析论证,纳入地方规划,推动地区社会健康发展。

(二) 20世纪后期以来全球范围内社会创新的背景

社会创新的概念始于20世纪60年代的实践探索。社会创新首先出现在20世纪70年代法国学者的文献中。[①] 当然,如果作为一个思想去追溯,可以延伸到19世纪的思想家的思考和探索,马克思、韦伯、欧文是这类探索的先驱。进入21世纪以来,社会创新蓬勃发展,出现了所谓的斯堪的纳维亚国家,以及亚洲国家政府在教育、卫生等公共服务领域的创新等。

1. 现代化进程中的矛盾与困境

在经济领域,"现代化带来了无数的制度安排,如扩大的产权、公司法以及金融制度等。这就为个体从事与新产品和新方法的融资、开发以及营销相关的创新活动,亦即商业创新,开辟了阳光大道"[②]。事实上,现代化也给社会领域带来了无数制度创新的机会,只是不像在经济领域,人们还没有放开视野来仔细透视和分析它给现代社会带来了什么,还仅仅局限于从传统的农业社会到工业社会,从乡村社会到城市社会的转变等问题的理解和解释上。实际上,眼下需要考虑的现代社会制度安排至少应当包括社会保险及其辅助要素、社会组织以及慈善制度改革创新等。如同在经济领域,社会领域中的机制和体制在严格意义上也不是一个东西。"要记住机制设计的基本思想就是给个体提供激励,以使他能够以确保最优结果的方式行事。"[③]市场机制是迄今为止最能给个体提供激励的机制,因为它很好地解决了价

[①] http://en.wikipedia.org/wiki/Social_innovation.
[②] 〔美〕埃德蒙·菲尔普斯:《现代经济的宏观经济学》,载中信《比较》编辑室编:《建立现实世界的经济学:诺贝尔经济学奖得主颁奖演说选集》,中信出版社2012年版,第187页。
[③] 〔美〕埃里克·马斯金:《机制设计:如何实现社会目标》,载中信《比较》编辑室编:《建立现实世界的经济学:诺贝尔经济学奖得主颁奖演说选集》,中信出版社2012年版,第232页。

格与产权和竞争之间的关系。如何设计一个在社会领域中能够激励个体的机制还需要深入分析各种社会条件。目前,现代社会学对于现代社会的研究和认识还达不到现代经济学对于现代经济的认识水平,这也是社会学不能像经济学一样成为一门显学的原因之一。不过,这也为社会学的进一步发展预留了空间。

2. 当代的社会差距与社会冲突

值得关注的是,不论是在发达国家还是在欠发达国家,都存在着社会差距和贫困问题,这是一个世界性问题。截至2008年,世界上全部人口中营养不良的发生率为12.9%。2011年,5岁以内儿童死亡率为51.4‰。2010年,12—23个月儿童麻疹免疫接种率为85.3%。2010年,日均收入不足2美元的贫困人口比重在一些国家达到40%以上,诸如中非、利比里亚、莫桑比克、坦桑尼亚等。在发达国家内部,收入分配问题也十分突出。2000年,美国的基尼系数达到0.4,占总人口20%的最高收入者的收入占全部收入或消费的比重达45.82%,而占总人口20%的最低收入者的收入占全部收入或消费的比重仅为5.44%。[①] 这些都是传统产业和传统经济导致的结果,需要通过新的产业革命和社会创新加以解决。

3. 反反复复的公共服务创新及其问题

在经历了传统的行政管理和新公共管理之后,新公共服务出现了。新公共服务倡导通过公众参与、公共利益和多元主体的合作与对话等来实现公共目标。这实质上是对里根和撒切尔倡导的基于新自由主义的新公共管理的否定,如果把传统的公共行政算在一起,就是一个否定之否定的过程。把居民满意的程度和投入产出共同作为公共物品的绩效指标比使用其中的任何单一指标都更能体现公共物品绩效的公共性和经济性。"当评价有关公共物品的决策时,我们通常用'社会净剩余'最大化作为标准:有关公共物品的决策是否使社会总收益与提供公共物品的总成本之间的差值达到最大化?"[②] 通常,在这样的决策面前,政府是一筹莫展的。"净剩余最大化的公共

---

① 国家统计局:《2013年国际统计年鉴》,中国统计出版社2013年版。
② 〔美〕埃里克·马斯金:《机制设计:如何实现社会目标》,载中信《比较》编辑室编:《建立现实世界的经济学:诺贝尔经济学奖得主颁奖演说选集》,中信出版社2012年版,第223页。

物品决策依赖于公众对这些物品的偏好,而无论如何政府也未必清楚这些偏好。"①最好的办法是,政府通过合同外包等方式交给营利组织或非营利组织去提供,政府负责推动社会体制改革和社会机制创新。

二、正在世界范围内开展的社会创新的主要内容和方式

(一)探索现代社会创新智库建设

1. 社会创新园区

位于西班牙和法国之间的社会创新园区(The Social Innovation Park)又被称作社会硅谷(Social Silicon Valley)。西班牙政府和地方政府出资600万欧元启动这个项目,旨在为社会企业和社会合作创造经营和发展环境。作为欧洲的一项新尝试,社会创新园区根据社会需求提出新的解决方案,吸纳初创企业、区域和政府组织以及慈善基金会共同参与,一道工作。园区的研究和开发需求由社会创新学校来完成——培育社会创新模式、开发社会创新方法和工具、吸引社会创新人才。慈善组织、非营利组织以及致力于社会创新的企业聚集在一起,一道工作,互相学习,在创新的环境中开发合作。为了促进思想领袖的成长,园区着力培育社会和环境领域的社会企业家精神。企业家精神是社会创新园区的灵魂。社会企业家精神意味着要结合独特的市场和经营模式探索有新意的思想、有特色的产品和服务。在园区中,公共部门和私人部门一道评估现有的服务供给模式的得与失,以便使创新方案更加贴近实际。园区也对新出现的创新企业展开培训、提供咨询和进行评估。

新加坡社会创新园区(Social Innovation Park Ltd,SIP)是一个孵化社会企业家和创新者的非营利组织,旨在于全球范围内为建设一个美好社会培育社会创新者。它的动议和项目瞄准教育、授权和提高。作为社会企业

---

① 〔美〕埃里克·马斯金:《机制设计:如何实现社会目标》,载中信《比较》编辑室编:《建立现实世界的经济学:诺贝尔经济学奖得主颁奖演说选集》,中信出版社2012年版,第224页。

家和创新者的孵化器，它努力在全球和地区范围内为充满活力的社会企业发展创造条件。PaTH（Pop and Talent Hub）是新加坡社会创新园区的启动项目，也是新加坡第一个社会企业发展平台。PaTH 通过开发性创新艺术倡导企业家精神，使一些非营利组织从传统管理走向现代管理。通过各种倡导和创新，PaTH 帮助一些组织接触有经验的顾问、网络和商业销售平台，给它们机会去创造可持续的合作经营。与此同时，PaTH 通过推动每个人积极贡献力量给社会来激活人们的心态。PaTH 模式的可持续和成功之处就在于它使受益者和天才的参与者把扩大就业、增加收入等与社区发展联系起来，与企业界联系起来，促进各种各样社会组织的提升。新加坡社会创新园区是全球社会创新者论坛（The Global Social Innovators Forum，GSIF）的发起者。自 2006 年启动以来，全球社会创新者论坛为全球社会企业家、私人部门领导人、公共部门领导人搭建了一个可以与来自世界各地的参与者分享创新理念和社会企业家精神，探索如何提高收入和如何增加就业机会等社会创新问题的平台。全球社会创新者论坛的目标是，在教育领域，引领社会企业家精神和社会创新，为变革建立知识储备和思想库；在授权领域，引导领导人支持企业形成可持续的社会影响，形成跨部门的能力以引领社会企业发展；在提高领域，形成对于引领建设一个美好社会的领导者们的认同。卓越人物对话（Giants In Conversation，GIC）是一个来自世界各地的杰出人物的系列活动，它旨在教育和鼓励来自世界各地的、不同背景的个人，培育社会企业家精神和社会创新精神。对话的话题囊括全球趋势、全球问题、有争议的创新以及演讲者个人的故事。谈话系列（Chatter Box）聚焦于地方社会企业家和社会创新者，邀请对专门话题有兴趣的参与者参与讨论，他们来自非营利组织、大学、社区组织等。任何对特别话题有兴趣的人都可以被邀请参与。谈话过程中，提出问题和解决问题并行。置身于社会创新的前沿，新加坡社会创新园区拥有一个关系密切的，由来自地方和全球的私人部门、公共部门、非营利组织的领导人和决策者组成的网络，拥有雄厚的社会创新的知识和资源。

2. 社会创新中心

作为社会企业，多伦多社会创新中心（Centre for Social Innovation，

CSI）的使命是在多伦多和全球各地催化社会创新。创建伊始，该中心精心发展自己的社会变迁理论，并以这些理论支撑了它的大部分工作。中心的理论建立在有三个层次的金字塔之上：空间、社区和创新。金字塔底部是一个物理空间。创新中心对物理空间的设计非常仔细，确保其功能诱人，富于想象力和活力。第二个层次是社区，它是通过一群人有意识地聚集在一起成为项目共同体。第三个层次是组织起来创新——相互认同的人群、共同的价值和宽松的环境组合起来就会产生意外发现、设计和思想。在这个过程中，制度创新非常重要。没有制度创新就不会产生有成效的结果。制度在激发活力和精心策划中发挥着核心作用，尤其是在应对气候变化和社会福利挑战上如何让小型社会企业和项目参与其中，制度、法律和规制不可或缺。

（二）实现社会发展资金的可持续性

1. 社会金融

2007年在英国出现了社会金融，它把拥有金融知识、战略思想和社会经验的专家们聚集在一起，去探索具有创新性、可持续和不断发展的投资议题，建立社会投资市场。这一年，英国建立了社会投资银行。社会金融把深刻了解社会问题的专家融入金融框架、金融活动和投资结构中，它的第一个目标是更加具体地探索社会投资银行的细节以及在英国发展社会投资市场的需求目标，为帮助建立社会投资市场提供金融咨询，也为优秀的社会项目寻求资金。它承诺通过设计社会产品推动金融领域的社会创新。社会金融具有双重目的，一方面实现投资回报，另一方面实现社会目标。迄今为止，社会金融已经衍生出了社区投资、小额贷款、社会创效证券、具有可持续性的社会经营和社会企业贷款、以绩效为基础的慈善筹资和与慈善项目相关的投资。澳大利亚社会风险投资项目下的社会创效基金由澳大利亚政府资助了大约400万美元，其他资金来自私人投资者。来自澳大利亚政府的资助放在社会企业发展和投资基金项目名下。以绩效为导向的慈善筹资和与项目有关的投资，有时是指风险慈善，都可以囊括在社会金融之下。在加拿大，促进社会金融的发展，一是靠社会企业家精神，二是靠更加灵活的国家和地方政策发挥创新作用。

2. 社会责任投资

社会责任投资(Socially Responsible Investing,SRI)是指可持续的、具有社会良知的、"绿色"的、道德意义上的投资。一般说来,社会责任投资鼓励投资者关注环境改善、保护消费者权益和生物多样性等,避免介入酒精、烟草、博彩、色情、武器等经营活动。社会责任投资关注的领域大致可以归结为环境、社会公正、共同治理等。

3. 社会创效证券

社会创效证券是基于绩效支付的一种社会金融模式,或者叫作根据结果支付。根据结果支付(Payment by Results)是指在公共服务供给过程中,合同文本要求根据服务供给者提供的服务效果支付资金,若是达不到预期效果,可以拒绝支付。这里的结果是指客户的感受和服务效果,诸如在减少犯罪、促进教育发展、增加就业等领域开展效果评价。这就需要委托者、服务提供者和投资者之间达成共识,在合同的基础上规划产出,不仅仅是直接产出,也包括间接产出。社会创效证券也被称作胜者奖励证券,是近年来兴起的一种旨在支持私人部门、非营利服务提供者和政府有关部门一道合作,致力于促进满足个人和社区发展需要的金融工具。波士顿的社会金融公司是一家非营利创效投资组织,其工作是把高效的非营利组织与资本市场有机结合起来,推动社会发展。作为一个独立投资和管理的机构,波士顿社会金融公司推动它在英国的分支机构——社会金融有限公司(Social Finance, Ltd.)利用社会创效证券探索减少刑释解教人员的再犯罪。社会创效证券是福利体系的重要补充:一方面,它为福利机构解决了资金不足问题;另一方面,它满足了不断增长的社会福利需求。

社会创效证券从私人和基金会筹措资金以支持促进社会进步的非营利预防项目,节省政府支出。如果独立的评估部门和专家证明非营利组织获得了预期的社会效益,政府将再支付给投资者一定的资金。世界上第一个社会创效证券由英国社会金融有限公司于2010年秋季发行,17名投资者参与了这一证券,该证券的目的是通过资助有经验的社会组织,诸如基督教青年会等,降低离开监狱后的刑释解教人员的重新犯罪率。项目规定,6年内这些社会组织帮助大约3000名刑释解教人员重归社会。如果这种主动干预达到预期目标，投资者可以得到政府的补偿。干预的效果越好，得到的补偿也越多。补偿的范围在2.5%至13%之间。自从第一个社会创效证券发行以来，人们对其兴趣与日俱增，澳大利亚、加拿大、爱尔兰等国家也开展了有关探索。社会创效证券的目标是，提高社会效益，减轻纳税人的负担，把绩效风险从政府转向投资者——一个更乐于冒险和善于冒险的群体，同时，用长期资金供给来鼓励绩效明显的非营利组织探索社会问题的解决方式。

伦敦的一项社会创效证券出资500万欧元支持St Mungo's和Thames Reach两个组织安置无家可归者，规定如果它们在3年内达到预期目标，大伦敦机构（Greater London Authority，GLA），社会创效证券的委托方，将偿付投资者500万欧元的投入。这是一个适应各个方面的制度安排。大量无家可归者露宿街头，通常占用政府的公共设施，诸如应急避难所等，需要政府管理。如果社会创效证券能够支持社会组织解决家可归者问题，政府就可以节省大笔开支。与此同时，把公共支出置于社会和市场压力下，只有达到预期目标，纳税人方可罢休，投资者也有法定的回报。对服务提供组织来说，诸如St Mungo's，其得到的资助，与政府购买公共服务或合同外包比较起来，数量大、周期长。这类投资方式是比较适合一些特定服务和社会问题的，比如无家可归者、吸毒者或刑释解教人员，对于这类人群的帮助或者改造非一日之功，需要时间，需要方法，需要耐心，这些都需要探索长周期下的资助方式。对无家可归者采取社会创效证券方式支持，是自2010年秋季发行减少离开监狱后的刑释解教人员的重新犯罪项目之后，在英国发行的14个社会创效证券之一。它已经在世界各地赢得不少的追捧者，目前，美国有三个社会创效证券，一个在纽约，2012年纽约用于监狱问题，两个在波士顿，还有28个申请项目在待批中。

在"发展创效证券"名义下，社会创效证券正在成为一个新兴市场。研究者也在探讨社会创效证券在发展中国家的应用问题。他们指出，由于社会安全网比较脆弱，与发达国家比较，发展中国家的政府偿还投资者的能力有限。所以，由国际开发机构担任担保者来开展实验会更合适一些。随着推动社会创效证券呼声的增加，相关问题的研究也需要深入：一些实施多年且有效果的项目并不能引起投资者的兴趣。在发展中国家,计量产出的数据很关键。除此之外,投资者更加关注是不是有更多的经济回报。英国彼得堡的社会创效证券把人们的胃口吊得很高,一旦实现再犯罪率每年下降到足够程度,投资者就可以得到高于13%的回报,但是若降低再犯罪率达不到预期的话,投资者将失去所有资金。这样的股市风险不能吸引更多的人参与。也有人建议,把社会创效证券改造为一个债务工具更好一些。不过,在美国,特别是在波士顿,社会创投证券还在实验阶段,有人将其称为一项"伟大的实验"。

4. 社会创效企业

成立于2010年的"香港有光社会地产有限公司"是一家创效企业,它利用市场方法,通过房地产开发创造经济效益和社会效益,在实现企业盈利和持续发展的同时,解决贫困问题。该公司的创效项目——"光房计划",把福利组织、物业组织、学者和志愿者组织起来,联合生产,开展社会创新。"光房计划"的主要做法是:物业投资公司把私人房产以合租方式租给住房困难的单亲家庭,单亲家庭视自己支付能力交纳房租,租金一般会低于市场价格。"光房计划"是香港社会创投基金的品牌项目。项目不仅解决了单亲家庭的住房问题,还使这些家庭建立了和谐的、守望相助的邻里关系。在"光房计划"的平台上,福利组织、物业组织、学者和志愿者组织设计了各种扶贫项目——食物银行、日用品超市、就业培训和职业介绍等。

5. 社会投资基金

社会投资基金(The RSF Social Investment Fund)代表了一种新的社会金融方式:达成社会和环境目标的同时获得利润回报。社会投资基金为社会企业借贷项目提供抵押贷款,专门为促进社会福利和环境改善设立金融、信贷资金在线服务。自1984年以来,社会金融(RSF)一直对其社区投资者保持100%的回报率。通过这个项目,社会投资基金已经向社会企业投入2.5亿美元。为促进社会公正,国际劳工组织社会金融项目支持把金融服务拓展到被排斥人群,主要强调两个目标:一是促进更高质量的就业;二是关注贫困工作人群,减少其弱势特征。所谓更高质量的就业是指创造更多的工作岗位和通过创新型金融服务以及有利的政策措施提升就业质量。所谓减少弱势特征是指为贫困工作人群提供适当的风险金融管理服务,包括小额保险等,提升其发展能力。

6. 参与型非营利组织

参与型非营利组织是一种"全新的组织","这种组织首先为公共事业服务,比如运营一所医院,并且不以营利为目的,但是又与传统的非营利组织稍有不同。参与型营利组织可以发行股票,购买这类股票等于向慈善事业捐款,也可以由此享受税收方面的优惠。出售此类股票不用交税,前提是将出售所得全部捐赠给其他慈善事业,比如再次买入其他参与型非营利组织的股票。""对于做善事的人而言,如果是以传统方式给非营利医院或大学捐款,那么钱捐出去之后就和自己没有关系了,但是如果以购买参与型非营利组织股票的形式捐出资金,那么这个善举和捐赠人之间还会一直维系着关系。购买此类股票的人会对这个组织产生一种心理上的期望,就像普通股东一样。"① 参与型非营利组织是对当前非营利组织概念的进一步拓展。

7. 社会经营

社会经营(Social Business)这一概念由诺贝尔和平奖获得者穆罕默德·尤努斯(Muhammad Yunus)首创。尤努斯将社会经营定义为"经营者的经营活动以造福他人为目的,而不以为自己谋利为目的,企业能够自我维持,以其经营收入抵销支出"②。他解释道:"社会经营理念的产生其实非常简单:不管我处理经济问题还是社会问题,都试图采用经济的手段。因为我一直坚信:这是解决经济和社会问题的基本途径。遗憾的是,经济学理论中却没有这样的分析视角。但我坚信,经济学应当也将会包含这样的内容。"③

尤努斯将社会经营视为资本主义的一种新的组织形式。根据我们的理解,尤努斯的社会经营理论实际上是当代思想家和实践者在事关人类发展重大问题上的一种有操作意义的探索。即便是社会经营在一定条件下允许营利也获得收益,除了最初的投入部分,经营者是不允许拿走任何利润的。

---

① 〔美〕罗伯特·希勒:《金融与好的社会》,束宇译,中信出版社 2012 年版,第 299 页。
② Muhammad Yunus with Karl Weber, *Building Social Business*: *The New Kind of Capitalism that Serves Humanity's Most Pressing Needs*, Published by Public Affairs, 2011, p. xvii.
③ Ibid., p. 17.

所以，社会经营是一种新型经营。它并不是想终结传统的市场经营活动，而只是想拓宽现有的市场和消费模式，为市场经济增加一个新的尺度、一个新的社会理念而已。

三、为打造与新兴产业相适应的社会事业升级版营造环境

（一）逐步完善分类解决社会问题的方式方法

现在看来，要根据社会问题、社会服务、公共服务的对象、活动类型、评价效果、时限等进行分类，然后采取不同的处理和解决办法。不同的社会问题需要采取不同的解决办法，如针对老年人和残疾人采取慈善可能更好一些，而对于刑释解教人员可能采取社会经营会更加有效。在基本公共服务供给领域也是如此。具体而言，比如社会经营的根本特征是在其设计上要求必须是可持续的，这也就要求它的服务对象不能仅仅依靠捐赠，社会经营必须在社会发展中帮助穷人和其他人群就业和增加收入。与社会慈善比较，社会经营鼓励受助者保持个人尊严和自立，我们看到，即便是一些很好的慈善机构和慈善项目也往往难免使受益者的自我发展动力消失殆尽。

（二）重新理解和界定市场与社会的关系

社会创新还意味着要进一步解放思想，走出传统上仅仅认为要依靠政府、社区、慈善组织等解决社会问题的思路，积极探索发挥私人部门和资本市场作用的办法和途径。由于社会金融、社会经营，以及企业社会责任的出现，市场与社会的边界也越来越模糊，双轨体制可能会逐步走向单轨。利用私人部门和资本市场不仅仅是为了解决资金问题，也可以发挥它们的社会和环境价值。这代表了当前推动社会发展和公益事业的最新战略构想。一批新兴的企业慈善、非营利组织、合作社和社会企业家正在探索经营模式和转向私人投资领域，以获取开展项目和进行创新需要的资金，实现自己组织的持续发展和满足更大范围的社区发展需求，推动经济增长，最终使投资者

获得更多投资回报和获得更大的社会和环境效益。

（三）改革和完善现行法律法规

有关营利企业和传统非营利组织的法律法规在世界各地已经日趋完善，但是涉及社会金融、社会经营的法律法规还是凤毛麟角，处于空白状态。无论是在现有的法律框架还是非法律框架内开展社会创新都存在诸多难题。目前一些国家和地区已经进行了有益的尝试，譬如，2007 年，加拿大政府以及一些美国的地方政府开始考虑社会经济有关的法律。如何通过技术研发来提供一些能够解决贫困、饥饿、疾病、健康、失业、遗弃儿童、毒品、住宅、污染、环境问题的产品，这是社会创新的关键。要建立一个社会创新发展的全球环境，让企业家们充分认识社会创新，鼓励非营利组织、非政府组织、基金会以及慈善机构参与到这个领域。例如，奥巴马总统宣布 2012 财政年度将拨款一亿美元来支持社会创效证券，马萨诸塞州首先响应。2012 年 1 月，马萨诸塞州要求中间组织和非营利组织使用社会创效证券来为无家可归者提供稳定住房，为未成年犯罪者提供社会矫正等。其他一些州也纷纷探索社会创效证券。社会创效证券的应用和发行范围因地而异，从无家可归者到未成年犯罪、成年犯罪，以及低收入老年居民都可以成为社会问题解决的受益者。[①] 如果政府和社会都承认社会经营将是人类应对所面临挑战不可或缺的活动，那么为其立法就需要提到议程上来。社会经营的立法首先涉及如何鼓励企业家在实现自己企业正常运行的同时，也考虑一定程度的社会经营，相应的税收、财政和金融政策也需要进行调整。新兴产业的发展也意味着政府自身的改革和创新需要进一步加快步伐。

（四）培育适应社会创新需要的合作模式和复合型人才

社会创新，尤其是在金融领域的社会创新需要复合型人才和多部门、跨领域合作的智库。通过这类人才的培养和智库的建设，来打破传统意义

---

① Muhammad Yunus with Karl Weber, *Building Social Business：The New Kind of Capitalism that Serves Humanity's Most Pressing Needs*, Published by Public Affairs, 2011, pp. 127, 128, 129.

上的社会与市场、营利与非营利之间的分界，使社会问题得到全面、彻底的解决。以公共精神、企业家精神和慈善精神为价值基础的政府、市场和社会之间的密切合作是实现社会创新的组织基础，在此基础上，能够理解公共精神、企业家精神和慈善精神的复合型人才的培育是实现社会创新的关键。

把长江经济带建成实现中华民族复兴的支点

一、从全球格局演化和变动看推动长江经济带发展的战略意义

从世界经济空间格局的演变看,目前支撑整个世界经济发展的是六大经济带。第一个经济带是以伦敦为中心的英格兰经济带。这个经济带的形成始于16世纪英国工业革命。在这场工业革命中,伦敦周边形成了一些城市,产生了最早的现代工业集群和服务业聚集。16世纪后,英国工业革命慢慢延伸到法国,逐步形成了以巴黎为中心的欧洲西部经济带。这两大经济带支撑了欧洲经济发展,也是世界上最早形成的经济带。当前,这两大经济带依然在世界经济格局中发挥着重要的作用。昨天在来武汉的飞机上,我读了英国传记作家安格斯·洛克斯伯勒写的《强权与铁腕:普京传》,他在书中说,俄罗斯总统普京在考虑世界经济格局和选择战略合作伙伴时,优先考虑美国、欧洲和中国,最终在决策时,他把欧洲摆在第一位,中国摆在第二位,美国排在第三位。这说明了欧洲的战略意义和经济意义。欧洲地区拥有5亿人口,随着货币的统一,这个地区空间超越了国界限制,成为世界最大最强的市场之一。欧洲也需要自己的政治和经济伙伴,俄罗斯能够使欧洲直接

获得丰富的原材料和能源,欧洲唯有与俄罗斯合作,才会有一个安全的欧洲。还有,欧洲与俄罗斯的地缘关系和历史渊源也是一个重要因素。欧洲也是我们中国经济发展的重要国际合作伙伴,欧洲这个市场潜力是巨大的,而且它的社会稳定。19世纪工业革命在美国兴起,先是从纽约、波士顿这些大城市开始,逐步形成了以纽约为中心的美国东北部大西洋沿岸经济带和以芝加哥为中心的北美五大湖经济带。再后来,随着经济的发展,美国开始了西部大开发,就形成了现在的北起旧金山,中间经过洛杉矶和圣地亚哥,一直延伸到墨西哥的西海岸经济带。第二次世界大战以后,日本开始了经济复兴,逐步建立了以东京为中心的日本太平洋沿岸经济带。从英国的工业革命到日本战后崛起,全球经济空间布局既是一个地理上蔓延的过程,也是一个产业逐步转移升级的过程。正如美国学者托马斯·K.麦格劳在其《现代资本主义:三次工业革命中的成功者》中说到的,英国、德国、美国和日本是三次工业革命的成功者,在这个漫长的历史过程中,这四个国家"都取得了令人瞩目的经济成就,是当之无愧的优胜者。同样重要的是,每一个国家所体现的是一种独特的资本主义制度"。[1]

20世纪80年代,国际经济格局调整,严格说来,世界经济一直就处在这样一种不断调整的过程中,进行着一种滚动式转移,自从工业革命开始。面对发达国家产业转移,邓小平同志抓住这个历史机遇,承接来自发达国家地区的资金和技术,充分利用中国沿海的劳动力优势,发展外向型经济,实现了中国沿海地区的快速发展,逐步形成了分别以上海和深圳为中心的长江三角洲经济带和珠江三角洲经济带,我们可将其称为沿海经济带。中国沿海是一个拥有数亿人口的地区。在世界经济布局上,长江经济带是世界在发展历程中出现的第六大经济带,在时间上带有时序性,在技术上一开始带有模仿性,现在开始出现和要求必须带有创新性,在使命上带有开拓性。从历史趋势和中国整个经济战略布局来看,这个经济带是到目前为止最新的经济带。推动长江经济带的发展,是党中央、国务院作出的重大决策,更进一步说,是党中央、国务院审时度势,从历史发展大势作出的重大决策,所

---

[1] 〔美〕麦格劳:《现代资本主义:三次工业革命中的成功者》,赵文书、肖锁章译,江苏人民出版社1999年版,第3页。

以，一定要以大历史观看长江经济带的发展和历史地位。

以上我们是从世界经济格局的历史演变来看长江经济带发展的。如果从短的历史时段看长江经济带，也就是在改革开放的三十多年间，中国经历了世界经济政治格局的两次大变化。这两大变化，一是发生在20世纪80年代的世界产业结构的调整，发达国家和地区大规模的产业转移，给中国带来了机遇。为了抓住机遇，邓小平提出了创办"出口特区"，后来改名"经济特区"，并首先在深圳实施。经济特区以减免关税等优惠措施为手段，以创造良好的投资环境，鼓励外商投资，引进国外和境外的先进技术和科学管理方法。之后又成立了珠海、汕头、厦门等经济特区。那个时候，学术界的同仁把它叫作国际大循环，通过加入国际大循环，东部地区发展出来了一些区域和发展模式，诸如珠江三角洲的"三来一补"，长江三角洲的乡镇企业和苏南模式。它们左右开弓，依托两个市场——国际市场和国内市场。二是2008年国际金融危机发生以后，国际格局出现了新的变化，可以从两个方面看这个变化。首先，从美国经济看，2008年的国际金融危机的始作俑者是美国。美国金融危机的爆发，一方面反映了美国经济制度方面的问题，另一方面反映了这种制度导致的产业结构问题。2008年的这场国际金融危机以后，美国开始对其国内产业结构进行调整，包括发展实体经济。美国前总统克林顿就写了一本书，叫作《回到工作中去》，克林顿建议让实体经济回到美国，只有实体经济回到美国，美国人才会有更多的就业岗位，有更多的就业才能有收入，才能解决美国贫富差距不断拉大的问题。现在看来，一些原本转移到其他国家和地区的实体产业确实回到了美国，不仅仅是原有的美国产业的回归，而且美国在新技术和新能源上进行了一系列的创新，形成了适应新时期国际经济格局变动所需要的新的实体产业，这是一个方面。另外一个方面，就是在过去改革开放的三十多年中，国际上还发生了一些重大的变化，特别是20世纪80年代后期苏联的解体，从此，世界由两极格局形成了单极格局，美国开始主导这个世界。2008年国际金融危机的发生，美国的国际地位、经济实力、制度优势等存在的一系列问题都暴露出来了，一直被人们崇尚的美国民主和美国价值观开始遭到质疑，因此许多国家，包括中东一些国家，以及一些正在转型和发展中的国家，探索在适度条件下发挥政府的调控作用,把市场机制与政府调控有机结合的道路。这些新的动向,会使美国感到不如意。在这样的背景下,中国的崛起,一方面是经济实力的崛起,另一方面是在制度方面表现出来的优势,就构成了当前世界大国之间博弈背后的复杂因素。进一步说,改革开放初期,中国经济总量占世界经济总量的5%,但到2013年,中国经济总量占世界经济总量的11%,这也就是说,中国通过过去三十多年的改革,在全球经济中的份额增加了6%。这6%是从哪里来的?4%是从欧洲来的,2%是从美国来的,中国经济发展改变了世界经济格局,也改变了亚洲的经济格局,这种改变也引起美国和其他国家的高度警惕。在这样的背景下,我们必须关注世界格局的变化。在这样的大变局中,中国如何发展?这是必须考虑的问题。从这样一个角度来理解建设长江经济带,并联系习近平总书记提出的丝绸之路经济带的战略构想,寓意深远。

二、用下一盘大棋的思维来理解中央关于长江经济带的战略部署

新一届的中央领导集体接棒以来,抓住了几个人民群众最关心的、国家和民族急需解决的问题。一是反腐败。以反腐败进一步净化官员队伍,通过吏治,完善国家治理体系,提高国家治理能力,进一步推动整个国家的现代化,这是非常有必要的,也是必须做的。它会为国家治理体系提供人才,同时也可以保障社会参与。这些年来,群众最不满意的是个别官员的腐败问题,只有反腐败,才能赢得民心,实现整个社会风气的根本好转。二是转型升级。经过三十多年的发展,中国经济已经到了一个新的水平和新的阶段,中国经济的体量已经达到一定规模,2013年已经达到57万亿元,继续实现高速增长的环境和条件都发生了变化,必须通过转型升级给经济注入新的活力,转型升级的核心是科技创新。习近平总书记前不久主持召开中央财经领导小组第七次会议的核心议题就是要推动创新,通过创新来实现产业升级。三是外交方面的一系列改革和创新。习近平出任中共中央总书记、国家主席和中央军委主席以来的一系列外交活动,为中国发展创造了一

个良好环境。这三个方面,看起来没有什么关联,实际上是实现中华民族伟大复兴的一盘大棋,缺一不可。

20世纪80年代,中国沿海地区随着上一轮世界格局的发展变化,承接了发达国家和地区的产业转移,沿海地区发展起来了。但是,正如美国前国务卿基辛格看到的,"在中国社会中,发达沿海地区与落后西部省份之间的巨大差距令中国建设'和谐社会'的目标十分引人注目却又难以推进"①。沿海地区的发展确确实实是上一轮世界格局变化的结果。中国跟其他国家相比,在地理结构和空间布局上有自己的特点,比如说跟美国比较,有不一样的地方。美国先是从东部发展,从纽约、波士顿开始,逐步形成东部沿海的两大经济带:从波士顿到华盛顿绵延700公里的经济带和从五大湖开始到匹茨堡的经济带。然后是西部大开发,出现了从旧金山南湾开始,中间经过洛杉矶、圣地亚哥,一直蔓延到墨西哥的经济带。这三大经济带构成了美国整个经济的空间布局,聚集了美国主要的生产力、就业人口和城镇。美国经济的开发首先是东部开发,后来是西部开发,但是它的西部开发跟中国的不一样,美国东部西部都临海,临海发展经济有其区位优势,尤其是水资源优势,是经济发展的前提。水在经济发展的过程中具有非常重要的作用。中国恰恰是西部没有海,而且中国西部地区的自然生态有其特点,西藏虽然矿产资源丰富,但是受文化和高原等影响,不适宜大规模开发,青海地域辽阔,但存在三江源自然保护区之类的区域,也不宜大规模和深度开发。而沿长江开放开发,以上海为龙头,以武汉为龙腰,以重庆为龙尾,既是中国特有的国情决定的,也是历史发展的必然。因此,从空间布局上来说,党中央、国务院基于中国的实际,对整个长江经济带进行了重要的布局,在这样的布局中,实现中国经济的空间布局规划,为实现中华民族伟大复兴提供了一个支撑。长江经济带与沿海经济带呈现丁字状。

除了这样一个纵向的经济带,还有一个京津冀经济带,也是中国经济发展的重要地区,目前也已经列入国家发展战略规划,中央也专门成立了京津冀协同发展领导小组。京津冀与长江经济带的不同之处在于,长江经济带

---

① 〔美〕基辛格:《美中关系的未来:冲突并非必选项》,载郑必坚、〔美〕基辛格等:《世界热议中国:寻找共同繁荣之路》,中信出版社2013年版。

水资源非常丰富,京津冀经济带最大的问题是水资源约束,北京、天津都要靠从外地调水,它们自己拥有的水不能支撑其发展,北京发展依靠的是河北、山西等地的水资源,将来还要靠南水北调,这是这个经济带的重要约束。我们以北京为例,2014年夏季,北京城区日供水量达到310万立方米至315万立方米,接近318万立方米的日供水能力极限。目前,北京全市年用水量的缺口近三分之二,不得不依靠超采地下水、从外地调水来缓解用水矛盾。在这样的情况下,中央作出了建设长江经济带这样一个重大决策,发展长江经济带,确实是经过深思熟虑,而且是站在一个历史高度来考虑和作出安排的。

不仅美国有三大经济带,日本也有三大经济带,比如说日本以东京为中心构成一大经济带,以大阪为中心构成一个经济带,以名古屋为中心又构成一个经济带,这三大经济带把日本GDP和人口的70%聚集在一起。发展经济带是一个国家发展到了一定阶段的必然结果,也是经济发展战略的必然选择。在这样一个意义上,发展长江经济带既是基于国际经验,也是改革开放发展到了一个新阶段的必然选择。站在这样一个高度来看现在采取的一系列措施就不一样了。前几年,中央党校前常务副校长郑必坚同志领导的北京市国家发展和创新研究会举办了一次国际会议来讨论中国和世界发展,他邀请了一批世界政要参会讨论,大家畅所欲言。前英国首相戈登·布朗在其题为《向建立全球治理体系迈进》的演讲中说:"现在的中国如1947年的美国,正处在一个国际秩序的风口浪尖上。……如果正如他(指美国前国务卿亨利·基辛格——作者注)指出的,中国将可能最终成为全球化的最大赢家。"[①]1947年,当时的英国外相见到美国国务卿时说,现在美国是世界最大的债权国,因此美国应该考虑如何制定世界新的经济秩序和其他秩序,发挥自己的作用。现在,中国是世界上最大的债权国了。澳大利亚前总理陆克文在一篇文章中写道:"中国会接受战后国际秩序的文化、准则和结构吗?

---

① 〔英〕戈登·布朗:《向建立全球治理体系迈进》,载郑必坚、〔美〕基辛格等:《世界热议中国:寻找共同繁荣之路》,中信出版社2013年版。

还是中国将寻求改变这一秩序?"①戈登·布朗说道:"我想这也是21世纪前半叶的唯一核心问题,它问的不仅仅是亚洲,而是全世界。"②我们看到,第二次世界大战以后,美国通过建立联合国、世界银行、国际货币基金组织,确立了以美元为构架的世界货币体系,对整个世界发生了决定性影响,这个影响持续到现在。从历史发展看,从英国开始,英国殖民主义对世界格局和世界规则的制定产生了重大的影响,持续了相当长的时间。他们这些人的演讲后来编辑成为一个集子,叫作《世界热议中国:寻找共同繁荣之路》。世界各国的政治家们似乎都认识到,眼下的世界秩序和规则很大程度上是在没有中国参与的情况下制定的,所以,随着中国的和平崛起,中国如何面对这些世界上既定的规则,就是一个大问题。要建立一个适合当代世界经济发展的新的世界秩序和规则,就需要思考这个世界新秩序的制度安排问题。现在,整个世界格局正在发生一个重大的变化,在这个重大变化的过程中,中国采取了一系列政策,包括国内的空间布局、战略布局以及国际上的外交政策,意义是非常深远的。正是这种空间的布局、改革和政策选择,支持着我们实现中华民族伟大复兴的"中国梦"。这是一盘大棋,必须从做活一盘大棋来理解长江经济带的发展。

三、从战术入手来解决建设长江经济带的具体问题

要把长江经济带建设起来,使其成为支撑中华民族复兴的经济带,必须从战略着眼,从战略入手,扎扎实实做好各项具体工作。

一是要积极地推动有利于长江经济带建设的行政体制的改革。有的人提出这样一个问题:在建设过程中,怎么来打破各个部门、各个地区之间的分割,如何建立起统一的市场监管?我的理解是,要建设这样一个经济带,首先必须打破地区之间、行业之间的垄断,还有地区之间的封锁,让市场在

---

① Kevin Rudd, "The West Isn't Ready for the Rise of China", 11 July 2012, http://www.newstatesman.com/politics/international-politics/2012/07/kevin-rudd-westisnt-ready-rise-china.

② 〔英〕戈登·布朗:《向建立全球治理体系迈进》,载郑必坚、〔美〕基辛格等:《世界热议中国:寻找共同繁荣之路》,中信出版社2013年版。

经济区建设中发挥更加重要的作用。这就要求以一个全新的思维来看待当前的发展,特别是紧紧围绕对于"新常态"发展的理解。我理解的新常态,不仅包括发展速度的新常态,也包括发展思维方面的重大改变。比如说,有的人会问我们发展长江经济带有什么新的政策优惠。我一直在想,从深圳特区开始,就一直在向中央要优惠政策,当时,从计划经济向市场经济转轨,中央必须放权,激发基层的活力。发展到了今天这样一个阶段,不能仅仅依靠国家的优惠政策,还要提高驾驭市场的能力,驾驭国际国内两个市场大局的能力。所以发挥市场在配置资源中的决定作用,不是说政府的责任小了,反而政府的责任更重大了。一方面,政府要创造条件,为市场发挥决定性作用建立一个良好环境;另一方面,政府的作用主要是体现在公共服务和社会管理,或者叫社会治理方面。打破地区封锁,实际上就是要加快行政体制改革,新一届中央政府已经下放和压缩了接近700项行政审批权。尤其是今年以来,触及根本利益的行政审批事项在进一步下放。地方政府还有1万多项行政审批权,要不要下放和压缩?可以通过审批权的下放、压缩,进一步打破地区之间的壁垒,形成统一的市场,让市场在区域资源的配置中发挥决定性的作用,政府才能更好地提供公共服务,推进社会治理,为整个经济带的发展创造一个良好的发展环境。

二是建立起有利于区域发展,同时又超脱于传统行政体制的统计系统和统计口径,这是一项基础性的工作。推动区域的行政体制改革,必须打破原有行政意义上的统计系统,建立起有利于区域发展的统计体系。这里有两项工作要做:第一,是在一些重要指标上实现统一,便于计算和考量;第二,是适应大数据要求,建立统一的数据标准,为同一个信息平台和网站奠定技术基础,也为进一步实现各个信息平台和网站之间的并联和对接创造条件。

三是要在改变决策机制的过程中,积极探索怎么更好地发挥信息技术、大数据在决策过程中的作用。因为现在每个部门和地区,都有自己的网站、信息平台,要考虑如何使它们在支持决策方面发挥作用。最近我在北京的调研给了我一个启发,2008年奥运会北京动员了170万志愿者为北京奥运会服务,当时大学分管学生的党委书记及学生管理部门做学生的工作,要求他们参与这些活动。时隔5年,在北京丰台区举办的第九届世界园博会的动员完全改变了方式,组织者利用互联网这个新技术,同样是动员大学生参与,不是通过组织,而是通过网络等。过去是通过组织动员安排,而现在通过网络和微信,非常方便。大数据系统完全可以根据每个人的机动时间,把整个活动安排得井井有条,同时人员也动员起来了。这个与过去单靠组织动员的志愿服务活动就彻底不一样了,主要是技术基础是不一样的,基础就是大数据。所以大数据的应用,怎样在我们大的区域的开发中发挥作用,要好好研究,把它们完善起来,来推动决策,支撑决策,实现整个经济带的协同发展、协同创新、协同升级。

四是要转变观念,特别是政府部门,要建立和培育适应区域发展、合作共赢的理念和价值体系,从传统的以行政、单位为主体的合作,转向合作共赢的价值理念,这不是一件容易的事情。要紧紧围绕长江经济带的发展改革,紧紧围绕转型升级进行设计,创新体制机制。要完善与上游、中游、下游之间合作的工作机制。上海经济技术高度发达,人才济济,高端产业集中。武汉也有各种各样的科学技术研发机构,也是人才济济,各类大学研究机构能力非常强。武汉的大学和科研机构,还有企业,如何形成协同创新的体制机制,这是一个值得深入研究的问题。在一些重大问题,特别是科技创新、技术创新的重大问题上,实现协同创新,是当下必须做的。要通过政府部门、研究机构、大学机构协同攻关,打造协同创新中心,夯实中游地区经济发展的技术基础,在这个基础上形成中游地区的产业升级转型,这就要求建立起高科技、中小城市、中小企业一体化的开发体系。我们知道美国的硅谷是按照这样一个模式来开发和建设这样一个体系的,值得我们借鉴,但不是照搬。

五是建立和完善有利于区域一体化的基本公共服务体系。这个服务体系既包括基础设施,也包括社会公共服务体系及其他。虽然叫它长江经济带,但是经济发展到了这样一个阶段,离不开社会建设。比如说有三大问题,在经济发展的过程中,必须要考虑,不能忽视。首先,要建立起支撑区域人口技术流动、资源合理配置、基本公共服务体系和基本公共服务均等化的体系,这是实现区域统一发展的基础。比如,一些地区在财政资金方面都面临着一些压力,在这样的情况下,建立一个统一的经济区域,就需要上游政府,包括中央政府和省级政府在这些问题上统筹考虑。在经济发展的同时,要考虑在基本公共服务方面,怎么把公共服务体系建设起来,使流动人口得到妥善安置,包括科研人员能够留得住。要建设这样一个均等化的基本公共服务体系,就要进一步加快财税体制的改革,这要由中央进行部署,需要从财政预算、税收体制、中央和地方的事权与财政责任等方面入手,包括上游政府、中游政府、下游政府之间以及地区和地区之间横向转移支付体制机制的完善。

六是把环境保护摆在重要位置。长江经济带依托长江发展,首先就要把长江的生态环境保护摆在首要位置。长江是中国水资源最丰富的河流,总量9616亿立方米,其中地表水资源9513亿立方米,地下水资源2463亿立方米,重复水量2360亿立方米,几乎是全国河流径流总量的36%,是黄河的20倍。因而要实现持续发展,使其成为一代又一代人能够持续生产和生活的地方,把这里的生活建设得更美好。我们依赖于生态环境,因此必须保护环境,保护生态,这是一个重大的问题,应该把它摆在重要位置。以黄河为例。虽然黄土高原的水土流失与黄河下游的泥沙堆积在史前地质时期存在,但是,后来人类活动的影响与日俱增,对其造成了严重破坏。这些教训我们一定要汲取。现在就认识到这个问题非常重要,正如艾伦·格林斯潘所说:"我们对于自己所处世界的事件进程预见得越多,就越有能力为应对这些事件做好准备,从而改善生活品质。"[1]尤其是需要让在一线规划和布局长江经济带的领导干部们认识到这个问题。同样也要让这个流域的人民认识到长江是中华民族的生命线,他们子孙后代的命运与长江流域的生态环境息息相关。

七是坚持转型升级,积极推进新型工业化。习近平总书记在两院院士大会讲话中指出:"进入21世纪以来,新一轮科技革命和产业变革正在孕育兴起,全球科技创新呈现出新的发展态势和特征。"[2]互联网经济将成为创新

---

[1] 〔美〕艾伦·格林斯潘:《动荡的世界》,中信出版社2014年版,"前言"。
[2] 《习近平在中国科学院第十七次院士大会、中国工程院第十二次院士大会上的讲话》,2014年6月9日,新华网,http://news.xinhuanet.com/politics/2014-06/09/C_1111056694.htm。

型经济的主要形态及实施创新驱动和新战略的重要载体。长江经济带要充分利用信息技术革命带来的机遇，破题产业发展瓶颈，率先实现转型升级，引领国家科技经济占领发展制高点。举例来说，第三次工业革命还有一个重要的技术，就是3D打印技术，这种新型铸造技术可以满足个性化需求，与第二次工业革命中的标准化机器大生产形成鲜明的对照。人工智能代表了互联网的发展趋势，也代表了计算机科学发展的未来，蕴含着国家产业变革和升级的重大机遇。3D打印技术不仅可以满足人们的个性化需求，还将大大改变现有的生产方式、生活方式和居住方式，也必将带来人口布局的革命，换句话说，城镇格局的变革。这一点对于长江经济带的发展尤为重要。有的人还在沿用第二次工业革命的思维方式设计沿江经济发展、布局沿江经济，这势必会带来一系列环境和生态问题，最终危及长江。从我们的时代和整个世界经济发展来看，长江经济带的设计和发展趋势必将是新技术和新型工业化，以及在此基础上的新型城镇化。要把人联网和物联网作为振兴经济的新兴产业。2013年，中国物联网盈利近800亿美元，仅次于美国，居世界第二，对于新技术和新的生产方式，中国有其后发优势。以物联网和人联网为基础，重新布局长江流域的经济发展、社会建设、城镇化格局，将是长江经济带建设担负的历史使命。我们必须时刻记住，当以互联网为核心的各种技术进步结合在一起的时候，它会产生工业革命以来最强大的推动力，并改变我们这个世界的物质运转形态。换句话说，"智能工厂""智能生产""智能制造"与"智能生活"结合起来，将形成新的社会分工、生产组织结构、消费模式、居住方式和行为方式等。因此，在制定新的发展规划的过程中，必须始终记住，不能再重复"资源消耗＋牺牲环境"的道路，要超越"自然资源＋传统机器大生产"的思维模式，走出"利益个体＋公地悲剧"的发展格局。

我们正在进入一个新的时期，人们通常认为的那些不可思议的理想，终将实现。我们的任务是，激励那些看似弱小的事物成为强大的力量。对于处在艰难转型时期的中国来说，没有什么比抓住机遇更重要、更迫切的了。

为创新和产业升级创造制度环境

纵观世界经济，一部经济史就是一部创新的历史，创新是现代经济增长的重要动因。自工业革命以来，经济增长有一个不可忽视的因素：知识资本的增加推动经济效率不断提升。物质资本和人力资本投入是经济增长的重要因素。OECD国家经济发展的历史表明，资本增长与效率提升之间有着明显的相关性。从统计学来看，两个相关性极强的事物之间必然会存在着某种因果关系。带来效率进步的知识资本必定会大大推动经济增长，而且是大部分经济增长，这也是现代经济增长的主要原因。当前，推动中国经济升级，必须加大知识资本投入的力度，不断提高经济增长效率。

就中国意义上的经济升级而言，实际上包含了两层含义。一是由传统的粗放型经济增长向集约型经济转变，即从经济增长主要依靠大量的物质要素的投入，包括资本要素、土地资源要素、劳动要素，以追求发展速度为主要目标的粗放式的增长，转变到更多地依靠非物质要素的投入，包括人力资本、技术要素、知识资本等要素的投入。这也就是我们通常所谓的转变增长方式，这个问题在"九五"时期就提出了，直到现在还没有完全解决。经济升级必须在"十三五"时期得到基本解决。二是从"十五"时期出现的能源问题和资源问题看，依靠高投入来维持GDP高增长，终非长久之计，早晚要出问题。今后一个时期，这个问题会尖锐到什么程度，最主要看投入产出。以前,我国 GDP 的高速增长,主要是靠几倍的投入,效率很低,这是问题的一个方面,也是经济风险的根源。另一方面,投资效率低,必然导致银行不良贷款,当前,我们面对的产能过剩就是这样一个问题。

就世界意义上的经济升级而言,包含了三个方面的含义。一是当前经济形势处于低迷,实质是第二次工业革命接近尾声和第三次工业革命刚刚启动这样一个转型时期经济自身的阵痛。第二次工业革命的根本特征是标准化的机器大生产,它在生产领域造就了单一的生产品牌和生产标准,在政治、社会和文化领域造就了对于发展模式的线性思维。当前,科学技术发展,尤其是互联网的广泛使用,使得产品生产的差异化、生产活动的本土化、生活方式的多元化、居住方式的分散化、交往方式的虚拟化、自然资源使用的可持续性皆成为可能,这些也需要新的宏观调控思维。二是在过去长达200年的工业化进程中,人类征服了自然界,损害了自然界;生产力发展造福了人类,改变和提升了人类的福祉,也带来了环境污染、气候变暖、生态恶化。也许可以把这样一个时期作为大转型时期,它不仅仅是一个五年计划或十年计划可以完成的,就像美国的大转型时期实际上历经 50 年。三是世界未来的发展将会受到能源和资源的制约。这不是说世界不具备足以满足需求的能源储备,而是说技术创新是否能够开发潜在的能源储备——沙漠中的石油、岩层下的石油、太阳能、生物能以及深海天然气,也许对于这些能源一般意义上的开发的成本会远远高于人们的预期价格。这样的问题也同样存在于水资源的短缺问题中。海水淡化是目前人们想象和实验中的解决淡水资源短缺问题的尝试之一。实践中,淡化海水的价格高于目前市场淡水价格,如何通过进一步的技术开发来降低海水淡化的成本,并使国家、企业和家庭能够接受,就显得特别重要。据美国商务部原副部长罗伯特·夏皮罗估算,从现在起到 2020 年,全世界能源需求量会增加 1/3 以上,其中大部分需求来自发展中国家,中国、印度等亚洲国家的需求会增加 80%,这种增长既反映了这些国家的经济快速增长,也反映了它们的产业结构特征——经济几乎集中在制造业和农业,而不是服务业。所以,产业升级与技术进步和创新是一个问题的两个方面。可再生能源和新能源的开发和利用很可能会减少对于石油的依赖。

中国要实现经济的转型升级,必须紧紧围绕打造中国经济升级版,提升制造业自主创新能力,着力培育战略性新兴产业,加快企业的技术改造,提高传统产业的整体素质,加快推进工业化与信息化的深度融合。信息网络技术的广泛应用,正在改变着生产方式和生活方式,未来的经济社会发展完全可以建立在信息技术投入带来的生产效率提高、经济发展方式转变和生活方式改变的基础上。要通过信息技术改造来提升传统产业水平,实现制造业的数字化、网络化、智能化。这个过程产生于科学技术的不断进步,技术开发与传播:一方面,它将通过技术开发来缩小我国与发达国家之间技术方面的差距,提高我国经济和社会发展的技术含量,促进产业结构升级和产业结构转型,加强我国在国际上的竞争力;另一方面,它将通过技术开发来应对日益严峻的环境和资源危机或公共卫生危机,缓解人口和资源压力。但是,必须清醒地认识到,中国是一个信息大国,但不是一个信息强国。2011年,每千人国际互联网用户,世界平均水平是 327.73 人,高收入国家是 756.02 人,中等收入国家是 271.99 人,中国是 383.98 人,中国高于世界和中等国家平均水平;如果从每百万互联网服务商看,世界每百万互联网用户的服务商是 183.94 个,高收入国家是 1067.16 个,中等收入国家是 11.62 个,中国是 2.42 个。掌握核心技术是中国发展和创新的关键。只有掌握核心技术才能掌握未来。另外,中国要实现经济的转型升级,必须大力发展新能源。能源和环境的可持续利用将为我国在 2050 年达到中等发达国家的战略目标提供强有力的基础,并保持一个良好的国际环境。为了实现这一目标,可持续的能源和生态技术开发是重要条件,这其中包括推进科学技术进步和确立全球化条件下的资源观和资源战略。

改革开放以来,中国在技术创新领域已经做了大量的工作,尤其是在科技创新投入方面。2009 年,研究和开发经费支出占国内生产总值的比重,世界的平均水平是占 2.14%,高收入国家是 2.43%,中等收入国家是 1.07%,中国是 1.47%;每百万人中研究人员和技术人员数,高收入国家是 3981.76 人,中国是 1198.86 人;2010 年,高技术产品出口额占制成品出口额的比重,世界平均水平是 17.48%,高收入国家是 17.36%,中等收入国家是 17.86%,中国是 27.51%。也必须看到,由于体制机制等原因,这些投入要达到预期的目标,还需要全面加快科技体制、教育体制乃至整个社会体制的改革。

要让科技人员享有自由的创造空间,获得应有的社会尊重,必须淡化学术领域的官化现象。在科技教育领域,官化现象表现在:一是行政官员占用了科研教学资源,尤其是通过科研和教学经费管理近水楼台先得月,极大挫伤了教师和科研人员的积极性;二是行政官员"双肩挑",既占用行政岗位,也占有教学和科研岗位,教研人员感到不公平;三是学校的科研成果、职称评审也"官化"了,以往学校职称评审、学术成果评审以专家为主,一个评审委员会只有两三个专家,摆摆样子,其他全是官员,没有专业精神。消除"官化"更有利于社会治理。"官化"集中反映了社会成员对权力的盲目崇拜,不利于社会树立正确的价值取向。在科技教育领域看到的风气是,人们多以官为贵,官微则利薄;多以权为贵,权弱则力单;多以位为贵,位卑则言轻。在无孔不入的负面引导效应之下,"官化"将会使"官本位"思想更加固化,渗透到社会生活的方方面面,固化了不合理的社会结构,引发人们把个别官员的不良行为误判为政府行为,增加了政府治理的难度。

党的十八届三中全会决定要求,创造条件,逐步取消学校、科研院所、医院等单位的行政级别。这是让科技人员享有自由的创造空间,获得应有的社会尊重的重要的制度设计,必须坚定不移贯彻落实,并在这个过程中,真正实现激发全社会的创新动力、创造潜力、创新活力,使创新成为中国经济升级的重要引擎。

社会责任投资加快金融体制改革

非常感谢主办方邀请我参加今天的论坛。这次论坛的题目非常好,叫"中国公益金融论坛",把公益与金融联系在一起来了,也就让人想到了社会与市场的关系。刚才几位发言人,来自国内的和国外的同仁们,也都讲得非常精彩。这些年,我一直在思考如何筹集社会发展资源来推动社会发展这个问题,所以对志愿服务这个非资本化的社会资源进行了深入研究。这是个大问题,值得深入研究。

记得十多年前,在筹备2001年国际服务年大会时,我们请了一位美国朋友来中国参加会议。在这次大会上,她引进了一个概念,不是我们今天讨论的"社会责任投资",而是叫"社会创新"。后来,大约是在2002年,我到荷兰的鹿特丹开会,在一次论坛上,听另外一位美国朋友介绍了美国社会企业发展,那是我第一次听说"社会企业"。"社会创新""社会企业",这些思想一直在激发我思考社会领域的创新问题。这些年来,尽管我对社会体制改革和社会治理体制创新关注得多一些,用的时间长一些,但是,我一直关注"社会创新"和"社会企业"领域的进展,今天很高兴看到了北师大和宜信合作,来推动对这个领域的研究,尤其是开展实践探索,我感到非常欣慰。今天发布的《社会责任投资指南》这本书主要还是谈实践,我相信这本书会大大推动这个领域的实践。

2011年，我在香港参加一个全球社会企业大会，会上一位朋友送了我一本书，叫作《社会经营》，是孟加拉的一位学者和实践者写的。后来，在去意大利的飞机上我把这本书看完了，非常受启发：在经营和公益金融之间有很多事情可以做，但也有很多关键问题需要我们学者和实际部门在政策制定和理论研究方面去做进一步的探讨。

我经常在思考：当我们把社会经营、把金融思想引入社会领域的时候，我们的评价标准是什么？市场最大的特点是要提高效率，社会的最大特点是要创造公平。效率和公平一直是我们讨论的核心问题。当我们把金融问题引入社会领域的时候，可能评价的标准应该是公平。怎么能够将各种各样的金融工具和市场工具引入到社会领域，并将其用于推动社会发展，而在解决社会问题时，又能够使社会更加公平、更加成功？这可能是我们在推动公益金融发展时必须考虑的问题，不能回避，我们不能以一种倾向掩盖另外一种倾向。

最近，我不仅在读美国朋友写的有关这方面的著作，也利用时间把俄罗斯总统普京刚刚出版的《普京文集（2012—2014）》读了一遍，他在里面讲了一个命题：一个成功的社会一定是一个公平的社会。最近还读了一本书，是一位美国学者写的，也就是哈佛大学教授迈克尔·桑德尔写的《金钱不能买什么》，他主要讲金钱能买到什么和金钱不能买到什么。他举了若干例子，其中有一个例子，比如当市场的方法被引入到社会领域的时候，确实提高了效率，提高了社会领域的效率，但是带来了不公平，尤其对于低收入群体、弱势群体、边缘群体、不利群体的不公平。这个问题就提醒我们在使用市场工具和金融工具推动社会发展时，要谨慎，要小心。不一定新的东西都是公平正义的。

在社会金融这个领域开展探索非常有意义。当前中国正在积极地推进市场化建设，党的十八届三中全会提出要发挥市场在配置资源中的决定性作用，同时也提出要更好地发挥政府的作用。社会领域发展和改革好多地方在探索，包括广东提出社会建设和社会发展，他们讲，要建设一个"小政府、大社会、强政府、好社会"。这个"小"，要"小"到什么程度？"大"要"大"

到什么程度？我们在实际操作中还没有把这个问题讲清楚。我的理解是，可能要小到对各类服务、各类人群做更加细致的分类，在分类的基础上，看看哪些人适合用什么方法来提供社会支持。哪一类服务需要什么样的方法，是需要市场的方法，还是社会的方法。也就是说，可能要有一个基础性的工作，把这些问题搞清楚。这个工作，我们过去一直没有做，我们一直讲小政府、大社会，再往下却没有操作的工具。这是一个重大的问题，不能过于简单。

《社会责任投资指南》这本书的出版，对于推动探索如何在中国经济和社会转型时期实现社会创新和社会体制改革，应该能发挥很好的作用。

第一，中国正在打造经济升级版，这就提出一个问题：跟经济发展相适应的社会建设应该是什么样的方式？这里面有很多事情可以做。要进一步跟踪经济的转型升级，研究社会领域的发展和社会创新。所以，我能理解，为什么党的十八届三中全会谈到社会体制改革的时候加了一句话：加快社会创新。这个社会创新，根据我的理解，就是包括我们正在进行的各种各样的探索和各种各样的实践。社会责任投资对于我们进一步深化社会领域中的创新和改革会发挥非常重要的作用。

第二，我们要进一步借助这样一个突破，这样一个研究，来对社会发展领域和市场经济理论、市场理论、经济理论做进一步的研究。社会责任投资这个问题提出来了，摆在大家面前，这就需要进一步研究两个关系，一个是市场和社会的关系，一个是政府和市场的关系。只有把这两个关系搞清楚了，这个问题的研究才会进一步深入，只有在当前的实践中把这两个问题与各地社会建设、社会工作的推进有机结合起来，将它纳入到政策体系里去，在实践中进行验证，才可以帮助我们进一步理解大家正在讨论的、在政策上想进一步明确的政府和社会的关系、政府和市场的关系。学者在参与到这项工作的过程中，不仅面临着实践的探索，也面临着在实践探索过程中，怎么去解决当前困惑人们的有关经济和社会关系的一系列问题。换句话说，政府、市场、企业在运作过程中，在推动社会发展和经济增长过程中，理论上的各个方面关系，还是需要进一步理顺的。没有科学的理论就不会有真正的有益实践。

第三,我们要把这件事情继续往下做,就需要创新宏观的社会环境和经济环境。也就是说,要使社会责任投资或者公益金融,能够在当前中国经济社会发展的转型时期更好地推动社会建设,更好地促进经济健康成长,还要为公益金融和社会责任投资创造一个更好的社会环境。这个更好的社会环境,我认为包括这么三个方面。一个方面要继续加快社会体制的改革,社会体制的改革是目前正在进行全面深化改革的所谓"5+1"改革的重要内容。"5+1"就是经济、政治、文化、社会、生态文明体制改革和党的领导体制机制的改革。因为社会体制是"5+1"改革的重要内容,而且它的改革跟其他几个领域的改革实际上是密切联系在一起的。社会体制改革的核心是利益关系的调整和如何在公平正义的原则基础上建立一个更合理的利益格局。社会体制改革的核心问题,与经济体制的改革,包括基本经济制度建设、资源价格体制改革、财税体制改革密切联系在一起。宏观环境的创造就是要加快体制机制改革。换一个角度说,社会责任投资及其相关领域的改革、创新,对于加快经济体制改革,特别是金融体制的改革和社会体制改革都具有非常重要的推动作用。

第四,创造好这样一个环境还要进行顶层设计,使其跟这些金融工具在社会领域中的应用相结合。特别是要把政府、市场和社会的关系设计好。一方面从理论上要进一步深入研究,另一方面要在已经进行的实践过程中,提出问题和解决问题。为什么要讲这个?人们在社会领域想做很多事情,也急于做很多事情,但是对社会领域中的很多问题,包括社会发展的规律还需要进一步认识,这些都给我们提出了新的问题。

第五,社会责任投资也好,公益金融也好,重要的是如何真正在中国发挥作用。一方面,要看它怎么和现有的话语体系有机结合;另一方面,应该通过各种媒体、各种研讨会和讨论,让大家知道这个领域,还要跟现有的政策体系有机结合起来。这很重要,实际上这就涉及我们引进的好多东西,怎么跟中国的水土相服的问题。

1998年,在中国第一次NGO发展论坛上,人们提出NGO这个概念来进行讨论，现在看来社会组织这个概念更适合中国的国情。社会组织和NGO这两个概念虽然在意义上差不多，但是社会组织可能更适合于我们的话语体系。所以，诸位，参与社会责任投资这件事情的人，要通过实践的探索跟有关部门合作，大家一道工作，找到共同的语言。如果今天发言的人来自更多部门的话，可能产生的影响就会更加广泛一些。

不管怎么说，大家已经开了一个很好的头，做了一个很好的工作，我也很看好这件事情，祝我们在下一步工作中取得更好的成绩。

发展的智慧来自实践

一、双重压力下的发展模式选择

面对经济下行和转型升级的压力,地方领导干部怎么看? 2014年6月14—15日,在人民日报社《思想理论动态参阅》主办的"县域经济发展与基层社会治理·繁昌实践"研讨会上,面对当前经济增长由高速向中低速换挡、转型升级迫在眉睫这一局面,地方领导用一句形象的话概括之:"我们现在的情况,就像在高速公路上行驶的汽车,不能减速停车,还要更换零部件。"一语道出了他们的发展思路。通常,人们认为,经济转型升级需要降低速度,进行适度的结构调整,然后再次驶入高速车道。然而,地方领导干部为什么不这样想? 在与当地干部的讨论过程中,我们找到了一些答案,这就是干部考核体制。在研讨会上,讨论到当前面临的问题之一,是一些干部担心经济发展速度降下来了,面子上不好看,也不好向上级交代,这种体制机制倒逼干部们形成了既保持速度,又要换挡的思路。

二、新阶段、新需求

繁昌是一个经济发达的人口小县,各项经济社会指标位居芜湖市前列。近年来,繁昌县新兴产业的产值年均增长25%以上,万元规模工业增加值能耗年均下降12%以上。2013年全县地区生产总值达到186.6亿元。尽管历经多次区划调整,在区域面积和人口规模不断减少的情况下,繁昌县地区生产总值仍比2005年增长406%,人均地区生产总值超过10 000美元,人均财政收入达到11 500元,在安徽省居于领先地位。

得益于改革开放和当地干部群众的拼搏,繁昌经济社会一直持续快速发展。20世纪80年代初,繁昌县的第一产业占整个地区生产总值的50%,地区生产总值7000多万元。2011年,繁昌地区生产总值超过140亿元。当时的繁昌,实现财政收入25.9亿元,第二产业的比重超过70%,第一产业比重由50%降到5%以下。但是,资源开发型发展方式使繁昌付出了惨重的环境代价。

一是能源消耗高昂。2012年底,繁昌规模以上工业企业能耗占芜湖市规模以上工业企业能耗的48%,全社会万元GDP能耗占芜湖市的42%,是芜湖市平均值的4.7倍。

二是生态破坏严重。21世纪初,繁昌县矿山企业曾达到270余家。但开采无序,周边生态环境破坏严重。繁昌境内,裸露山体惨不忍睹,粉尘扬尘漫天飞舞。矿山开采导致坍塌、水土流失、尾砂库等。

三是环境污染严重。部分企业环保意识和环保投入缺乏,尤其是一些小水泥和小烧结企业随意排放工业废水、废气、废渣,严重破坏了生态环境。面对这种境况,老百姓明确表示:"过去吃不饱,可以吃点灰;现在有饭吃,坚决不吃灰。"根据统计,居民通过市民热线、群众来信、上访等途径反映生态环境问题,一直居舆情的第一位,占比达15%。

三、"高速道上换零件"

努力追求不留后遗症的、群众认可的发展是繁昌县委县政府一班人的愿望和梦想。针对上述问题，繁昌县委、县政府提出了自己的发展思路：在转型中加快发展，在发展中加快转型，也就是所谓的"高速道上换零件"。为了实现这一目标，县委和县政府提出，下大决心，有破有立，加快结构调整，实现产业升级，走出一条更有质量、更具效益的可持续发展之路。为此，他们：

一是引进时尚生活产业。我们看到，溜溜果园集团已经进驻繁昌，这是一家致力于果品加工、销售、科研的农业产业化龙头企业，旗下自主品牌"溜溜梅""番茄仔""吾爱""热带风情"等系列产品深受消费者喜爱。

二是发展循环经济。芜湖市委、市政府着眼于国内外再生资源产业的发展趋势，考虑芜湖长远与未来，在繁昌打造新的千亿级产业集群和国家级循环经济再制造生态示范园区。借船出海，繁昌也加大创新型企业引进和培育力度，与中国循环经济再制造产业联盟共建再制造技术研究院。目前，园区的1.5平方公里起步区，正在加快基础设施建设，国家汽车零部件产品质量监督检验中心（芜湖）二期项目获批并正式挂牌，目前已经签约项目9个，总投资155亿元。繁昌还与中国人保财险签订协议，开展保险理赔收回汽车零部件再制造、再利用领域合作，构建汽车主要零部件再制造产业链，计划以华东地区为依托，建设能够辐射全国的废旧汽车主要零部件回收、交易、拆解、再制造和检测基地。

三是开发高新技术。芜湖瀚博电子科技公司已经落户繁昌，3D打印机有了"繁昌制造"。该公司自主设计生产的盘古牌3D打印机在国内市场上销量居于领先地位。

四是加快新农村建设。中分村，这个有着六百多年历史的古村落，是一个集旅游、度假、观光、民俗、文化、娱乐于一体的生态旅游型村庄。古老的村落蕴含着浓厚的人文气息。皖南地区鲜有的"父子墓""婆媳墓""兄弟墓"以及"中分徐氏祭祖习俗"被安徽省人民政府批准进入省级非物质文化遗产名录。村民自发筹资恢复重建的"新四军三支队司令部旧址"被批准为"繁昌县爱国主义教育基地"和"芜湖市文物保护单位"。中分村还被批准为"安徽省红色旅游景区"以及繁昌县美好乡村建设重点村。

五是改善人居和投资环境。繁昌县峨山下，映入眼帘的是：矿山一侧山体岩石全部裸露在外，另一侧则点缀着一些绿色，施工人员正在对裸露山体进行复绿作业。这样的废旧矿山，在繁昌县还有 89 座，目前，全部被纳入全县"三线三边"矿山生态环境治理项目规划。近年来，繁昌县依法大幅度减少、关停矿山企业，计划投入约 7700 万元专项经费，用 3 年左右时间对分布在"三线三边"的废弃矿区进行全面治理。繁昌县有关部门从 2013 年下半年引入先进的"喷播复绿"技术，先对县峨山水泥厂石灰岩矿进行地质环境治理试点，同年年底实现了基本修复。完成治理后，可恢复获得约 107 亩建设用地，使闲置土地资源得到充分利用，大大改善区域周边环境。

四、对几个深层次问题的思考

繁昌的探索隐含了当前国家发展中的一系列深层次问题。由于时间的关系，我没有能够对繁昌的发展进行更加深入的分析和了解，有走马观花之嫌。但是，繁昌提出的"在转型中加快发展，在发展中加快转型"和"高速道上换零件"的思路的确值得思考。

一是经济周期性波动下的决策问题。经济现象时常被经济学家称为"魔力无常，时有时无"。经济增长时快时慢，并且存在国家和地区间的差异，有时谁也说不清楚。一方面，它取决于通常意义上的要素投入；另一方面，它还决定于人们的感觉和情绪。前者可以用数字来表达，是可以预测的，后者是无法用数字表达的，因此是无法预测的。后者在经济运行中确实发挥着重要作用。当前的中国经济除了国际因素、国内转型升级，人们的情绪和感觉也在发挥作用。情绪和感觉会决定预期，预期会决定消费行为。经济不能保持平稳的增长趋势，总是在不可预见的衰退和复苏之间摇摆。面对这样的现象，决策者需要勇气和胆识。二是转型升级进程中的干部考核标准问题。尽管我们倡导不以 GDP 论英雄，但是，长期在人们思维中形成的增长出政绩的惯性思维和财税体制刚性约束，迫使我们的领导干部不得不考虑增长问题，否则，GDP 增速掉下来，总不是一件好看的事情。贯彻群众路线，发展和改革必须为了人民和依靠人民，使得领导干部必须在传统的考核体制与群众的诉求之间寻求平衡。这种现象，在最早实施计划经济的国家——苏联似乎也存在过,要不然,现任俄罗斯总统普京在谈到这个问题时不会说:"应当停止从地方层面为地方自治市制定指标,并根据这些指标确定财政支持。市政府领导应当对自己的选民汇报工作。"①在这一点上,与习近平总书记的要求也是不谋而合,在 2013 年 6 月下旬召开的全国组织工作会议上,习近平同志要求,要改进考核方法手段,把民生改善、社会进步、生态效益等指标和实绩作为重要考核内容,再也不能简单地以国内生产总值增长率来论英雄了。给地方政府更大的空间选择,可能会使他们的创造力得到进一步发挥。对于一个社会来说,没有什么比经济增长和经济稳定更重要了,同样,也没有什么问题比它们更棘手。繁昌基于各种考量,把给子孙后代留下点什么作为出发点,坚持在转型中求发展和在发展中实现转型,实际上,关注的是真正的经济稳定和可持续的、平等的长期增长。兼顾增长和环境生态,实际上是在探索一条增长和稳定之路。这也是当前中国宏观经济运行和调控的难点。三是发展速度问题。过去,我们一直担心经济增长速度下来会引发就业和社会稳定问题。繁昌人民所说的"过去吃不饱,可以吃点灰;现在有饭吃,坚决不吃灰",道出了一个深刻的道理:我国经济社会已经进入一个新的阶段,新的阶段必须有新的发展思路,选择新的发展方式。

---

① 〔俄罗斯〕普京:《普京文集(2012—2014)》,世界知识出版社、华东师范大学出版社 2014 年版,第 49 页。